城 固 宝 山

——1998 年发掘报告

西北大学文博学院

文 物 出 版 社

北京·2002 年

封面设计　张希广

责任印制　陈　杰

责任编辑　窦旭耀

图书在版编目（CIP）数据

城固宝山：1998 年发掘报告/西北大学文博学院编著.
北京：文物出版社，2002.12
ISBN 7－5010－1389－6

Ⅰ. 城…　Ⅱ. 西…　Ⅲ.①新石器时代文化－文化
遗址－发掘报告－城固县②文化遗址－发掘报告－城固
县－商代　Ⅳ. K878.05

中国版本图书馆 CIP 数据核字（2002）第 065829 号

城　固　宝　山

——1998 年发掘报告

西北大学文博学院

文物出版社出版发行

（北京五四大街 29 号）

http：//www.wenwu.com

E－mail：web@wenwu.com

北京美通印刷有限公司印刷

新　华　书　店　经　销

2002 年 12 月第 1 版　2002 年 12 月第 1 次印刷

787×1092　1/16　印张：18.75　插页：1

ISBN 7－5010－1389－6/K·636　定价：148.00 元

THE SITE OF BAOSHAN

——Report on the Excavation in 1998

(With an English Abstract)

By

College of Archaeology and Museology of Northwest University

Cultural Relics Publishing House

Beijing·2002

序

李学勤

2002 年秋天，西北大学欢度其一百周年的校庆。在这前后，西大文博学院考古专业发表了一系列代表性的成果，包括扶风案板、西安老牛坡等发掘报告。《城固宝山——1998 年发掘报告》系最新出版的一种，是对商代考古的重要贡献。

西北大学的考古专业已经有四十多年的历史。大家知道，近代考古学在 20 世纪初传进中国，经历了曲折的发展道路。最早由中国学者自己主持的考古发掘是在 1926 年，随后于 1928 年开始了殷墟的发掘，从而奠定了中国考古学的传统。当时负责工作的考古学家，不少曾在外国留学，我国尚无考古学的系统教育。建国后才在大学里创设考古专业，首先是 1952 年院系调整后的北京大学。1956 年，西大开设考古专业，是全国第二个开设考古专业的高等院校。

在西大设立考古专业，当然并非出于偶然。学校所在地西安是周秦汉唐古都，而以西安为核心的大西北，又在史前和历史时期考古中居十分重要的地位，于此设置发掘研究、培育人才的中心，实系势所必至。因此，西大考古专业一开办，就得到考古、历史、古文字等多方面著名专家的支持。近半个世纪的事实证明，西大考古专业在科研、教学方面都成绩卓著，推动了学科的前进。出身西大的考古学者，不仅遍布于西北各省区，还支援了国内各地，成为考古文博界的重要力量。

《城固宝山》报告所体现的，是西大考古专业近年的最新收获之一。

陕西汉中的城固、洋县一带，传说很早就有青铜器出土。其受到考古学者的注意，始于 1955 年城固苏村商代青铜器的发现。其后自湑水河到汉江沿岸，出土青铜器的讯息陆续不绝，学术界迫切要求对其情况有较深入的了解。特别是 1983 年洋县张村所出的牺尊，因其形制、纹饰与早期流散，为美国沙可乐氏收藏的一件几乎全同（参看白克礼：《沙可乐氏藏商代青铜礼器》，1987 年），使外国学者的目光也集中到这里来了。

《城固宝山》的作者赵丛苍教授，在撰写学位论文期间，即对城固、洋县青铜器作了系统的综合研究。1990 年春，他率学生在城洋进行考古调查，历时两个多月，搜集了大量材料。宝山遗址便是在这一期间发现的。他的论文《城固洋县铜器群综合研究》（《文博》1996 年第 4 期），已为研究有关问题所必读。1998 年 1 月至 1999 年 5 月，由赵丛苍教授主持的宝山发掘终于施行，补充了这一地区殷商考古的空白。

　　过去人们重视城洋地区，如上所说，主要是由于青铜器。这里出土的青铜器，据赵丛苍教授统计，截至1990年已有14个点、26批、654件之多，其后又有一些新的发现，构成商代非中原青铜器中相当突出的群体。我曾有小文《非中原地区青铜器研究的几个问题》（《东南文化》1988年第5期）提到："中原以外的青铜器，不能简单地以中原青铜器的序列作为标尺。中原地区青铜器的演变序列，从夏商到秦汉时期，总的发展脉络已经清楚了。这一序列在多大程度上可移用于非中原地区，有待论证研究。"城洋地区的青铜器正是这样，要判断其具体时代，必须结合其整个的考古文化背景。宝山遗址的发掘，为这一点提供了线索和条件。

　　如《城固宝山》结语所说："宝山遗址的发掘，不但获得了丰富的陶器资料，而且发现了镞、镰等青铜器，从而使城洋铜器群与和宝山商时期遗存找到联系，……据现有资料，宝山商时期遗存上限约当二里岗上层，下延年代，依本次分期涉及内容，推定为约当殷墟三期。则城洋铜器群的主要存续年代，与宝山商时期遗存基本同步。文化面貌上的相似性以及年代上的一致性，说明二者有可能是同一个人类共同体所创造的文化。"这一观点，对于当地商代文化的认识，是非常有价值的。

　　我个人一直认为汉中城洋地区的这种文化属于《尚书·牧誓》"庸、蜀（可能包括巴蜀）、羌、髳、微、卢、彭、濮"等西南夷的范围。赵丛苍教授本书以城洋地区文化同周邻文化详细比较，指出其与宜昌路家河二期后段遗存所代表的文化面貌接近，推论为与鄂西巴文化有关，并提到："鄂西巴文化向汉水上游传播的路线，应当是在峡江地区某个较方便进入汉水流域的河谷通道，其中与长江交汇于小三峡一带的大宁河流域，是不可忽视的"，无疑是极有启发的新见解。

　　当前西部大开发的各项建设正迅速展开，与之配合的考古工作一定会取得日新月异的成绩，使我们还不深入了解的许多地区的古代文化面貌逐渐得到揭示。在这样的过程中，西北大学考古专业的作用将更明显地发挥出来。

2002年12月

于中国社会科学院古代文明研究中心

城 固 宝 山

——1998 年发掘报告

西北大学文博学院

文 物 出 版 社

北京·2002 年

封面设计　张希广

责任印制　陈　杰

责任编辑　窦旭耀

图书在版编目（CIP）数据

城固宝山：1998年发掘报告/西北大学文博学院编著.

北京：文物出版社，2002.12

ISBN 7－5010－1389－6

Ⅰ.城…　Ⅱ.西…　Ⅲ.①新石器时代文化－文化

遗址－发掘报告－城固县②文化遗址－发掘报告－城固

县－商代　Ⅳ.K878.05

中国版本图书馆 CIP 数据核字（2002）第 065829 号

城　固　宝　山

——1998 年发掘报告

西北大学文博学院

文物出版社出版发行

（北京五四大街 29 号）

http://www.wenwu.com

E－mail: web@wenwu.com

北京美通印刷有限公司印刷

新　华　书　店　经　销

2002 年 12 月第 1 版　2002 年 12 月第 1 次印刷

787×1092　1/16　印张：18.75　插页：1

ISBN 7－5010－1389－6/K·636　定价：148.00 元

THE SITE OF BAOSHAN

——Report on the Excavation in 1998

(With an English Abstract)

By

College of Archaeology and Museology of Northwest University

Cultural Relics Publishing House

Beijing·2002

目　　录

插图目录

彩版目录

图版目录

前　言

宝山遗址属陕西省城固县。

城固县位于陕西西南部，北居秦岭南麓，南处巴山北坡，中为汉中盆地东域，东西宽42公里，南北长101公里。其境西邻汉中市，西北邻留坝县，西南接南郑县，东及东北连洋县，东南界西乡县。

该县地处我国南北气候过渡地带，南有巴山，减缓由西南和东南北上的温暖气流，北有秦岭，阻挡由西北南下的寒冷气流，雨量充沛，四季湿润，十分适宜作物生长，自然资源丰富。

境内河流纵横，水系发达。长江主要支流之一的汉江横贯县境中部平坝区，另有湑水、文川、南沙、堰沟河等数条较大河流分由北、南汇入汉江，尤其是纵向流经县境北部秦岭山区与平坝区大部的湑水河，在境内的总长有100公里，为县境内汉江之外的最大河流。

优越的自然环境使这里成为人类理想的栖息之地。旧石器时代，已有人类在此活动。县境内发现从石器时代至秦汉及其以后的文化遗址10余处。

宝山遗址系1990年西北大学文博学院考古专业研究生在城固县做专题考古调查时发现。遗址位于城固县城北4公里的宝山镇宝山村（图一），地处秦岭南麓余脉南端一块凸

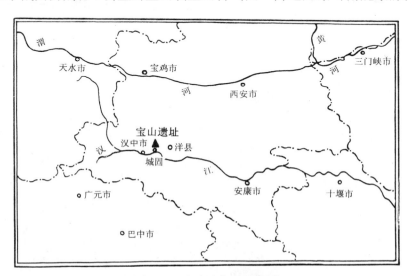

图一　宝山遗址位置示意图

起的山包上，其南有湑水河自西折向东南流过。地理位置北纬 33°11′55″，东经 107°20′7″。山包顶部海拔 534 米，相对高度 34 米，南、西两面陡峭，北边和东边与秦岭余脉台原相连，地势较平坦，遗址面积近 5 万平方米（图二；彩版一，1、2）。

　　1998 年，经国家文物局批准进行发掘。自 1998 年 1 月至 1999 年 5 月，发掘时间共 17 个月。

　　发掘分 A、B 两区进行，发掘面积共 1720 平方米。其中 A 区开探方（5×5 米）48 个，探方编号为 T1、T5、T10～T13、T15～T19、T26～T45、T51、T56、T60、T61、T67、T04、T06、T08～T016、T021（图三），面积 1200 平方米。B 区开探方（5×5 米）24 个，由于现代建筑压住部分遗址和客观条件限制，实际发掘 520 平方米。A 区发掘收获丰富，计有新石器时代和商时期烧烤坑 65 个、房屋基址 6 座、墓葬 8 座，汉代储藏坑 7 个以及其他遗迹，并首次发现了重要的地层叠压关系，使认定该遗址的遗迹遗物时代和分期研究成为可能。本报告所公布的即为此次发掘 A 区的全部资料。

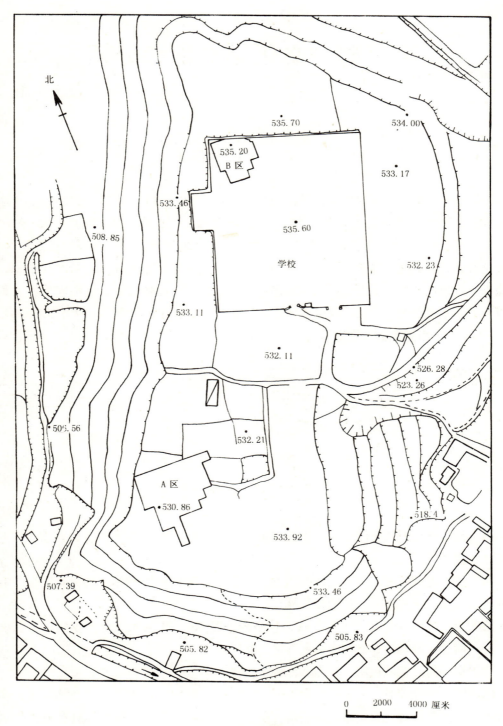

535.70

534.00

535.20

B 区

533.17

533.46

535.60

508.85

学校

532.23

533.11

532.11

526.28

523.26

506.56

532.21

A 区

530.86

518.4

533.92

507.39

533.46

505.83

505.82

北

0　　2000　　4000 厘米

图二　宝山遗址发掘区位置图

第一章 文化层堆积和分期

第一节 文化层堆积

A区地表平坦,中南部略高,最高处位于 T16、T17、T11、T28、T10 及 T15 这几个探方。发掘区以 T16 西南角为水平基点,位于发掘区北端的 T43、T44、T45 等探方,低于水平基点约 70 厘米。地层堆积厚度一般在 80~120 厘米之间,最厚处达 335 厘米。一般是耕土层、近现代堆积层下为汉代堆积,再下为商时期堆积和新石器时代堆积,少数探方,近现代堆积之下即为商时期或新石器时代堆积。总体而言,自地表至原生黄褐土以上,基本可分为 6 大层。现以 T44、T43 南壁剖面和 T16 东壁剖面为例加以说明。

T44、T43 南壁剖面(图四)。

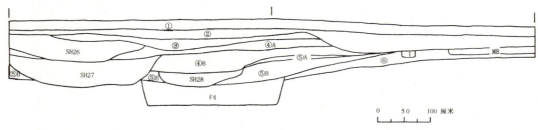

图四 T44、T43 南壁剖面图
1.F3 柱洞(D9)

第①层,现代农耕土层。土色浅褐,质疏松,厚 18~22 厘米。内含物较少,有近现代瓦片、瓷片等。

第②层,近现代堆积层。浅黄褐色土,较坚硬,厚 12~40 厘米。内含物较多,有近现代砖、瓦片,宋代及其以后的瓷片等。

第③层,汉代堆积层。土色红褐,较坚硬,厚 10~23 厘米。内含物较多,有汉代砖、瓦、陶片,可辨认或复原陶器有陶瓮、盆等。

第④层,商时期堆积层。分为 A、B 两小层:

④A 层,土色浅褐,夹杂有少量灰屑,较坚硬,厚 10~25 厘米。内含物较多,多见夹砂褐陶、泥质灰陶、泥质黑皮红胎陶片等,可辨认器形有豆、釜以及具有商式作风的鬲等。SH26 打破此层。

④B层，黄褐色土层，夹杂少许红烧土渣，质坚硬，厚15～41厘米。出有较多饰篮纹夹砂橙褐陶片。SH27打破此层，SH28叠压于此层之下。

④A层和④B层，系分别为构筑SH26、SH27而堆垫。

第⑤层，龙山时期堆积层。分为A、B两小层：

⑤A层，土色灰褐，夹杂灰屑，甚坚硬，呈油饼层状，属踩踏所致，厚5～9厘米。内含物不多，所见陶片基本都为饰篮纹夹砂橙褐、泥质黑皮红胎陶片，可辨认器形为喇叭口折肩壶、宽沿大口缸、敛口钵等。此层与SH28西部相接，据踩踏迹象分析，前者应为后者的活动面，二者属同时堆积。

⑤B层，橙红色土层，夹杂有大量红烧土渣，质地坚硬，厚10～37厘米。出土饰细绳纹、堆塑纹的泥质黑皮红胎陶和饰绳纹夹砂红褐陶片。SH28打破此层，F4叠压于此层之下。

第⑥层，仰韶文化堆积层。只显露于T43。土色橙红，夹少许红烧土渣，质较坚硬，厚7～24厘米。出土较多仰韶文化夹砂与泥质红陶片，陶片皆较碎。该层中部与西端分别被F3柱洞、M8打破。其下为原生黄褐土。

T16东壁剖面（图五）。

第①层，现代农耕土层。土色浅褐，土质较松软，厚24厘米。内含物较少，见有近现代瓦片、瓷片等。

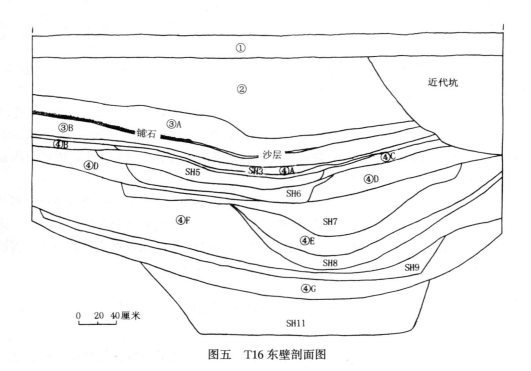

图五　T16东壁剖面图

第②层，近现代堆积层。浅黄褐色，土质较坚硬，厚 54～112 厘米。内含物较多，见有宋及其以后瓷片、明清兽面纹瓦当及砖、瓦等，尤以近现代砖、瓦片为多。

第③层，可分 A、B 两小层：

③A 层，红褐色土层，夹杂少许灰屑及红烧土块，土质坚硬，厚 8～32 厘米。底层北部见一片厚 5 厘米铺小石子的遗迹，与其南厚 5 厘米的黄沙层相连。包含物较多，主要出有汉代砖、瓦、陶片等，为汉代文化层。

③B 层，土色浅褐，较纯净，土质较硬。见有零星的夹砂褐陶与泥质灰陶片，并出土 1 块素面铜器残片。由于包含物太少，时代有待进一步认识。

第④层，商时期堆积层。烧烤坑分布集中。叠压与打破关系复杂，可分为 7 小层：

④A 层，土色灰褐，质地致密，厚 48 厘米。内含物较少，出有夹砂褐陶、泥质灰陶片。可辨认器形有豆、大口深腹罐等。SH3 叠压于此层之下。

④B 层，黄沙层，厚 3～6 厘米，较纯净，分布于探方北部，基本无包含物。SH5 叠压于此层之下。

④C 层，黄沙与灰褐土相杂，质地较硬，厚 7～10 厘米。该层主要分布于探方南半部，于探方中部被④B 层所叠压。包含物甚少。SH6 叠压于此层之下。

④D 层，土色浅褐，夹杂少量红烧土块及灰屑，不甚坚硬，厚 5～29 厘米。内含物较少，陶片以泥质灰陶多见，并有夹砂褐陶片。可辨认器形有豆、釜等。SH7 叠压于此层之下。

④E 层，橙白色土层，较纯净，质坚硬，厚 3～36 厘米，基本无包含物。SH8 叠压于此层之下。

④F 层，橙红色土层，夹有很少量灰屑，质较坚硬，厚 6～60 厘米。内含物较少，出土泥质灰陶与夹砂褐陶陶片。SH9 叠压于此层之下。

④G 层，淤积状黄绿色沙层，夹杂有少量灰屑，土质较硬，厚 10～38 厘米。其底部有一层厚 1 厘米左右的断续黑灰层。内含物较少，陶片有泥质黑皮灰胎、黑皮红胎陶，并有夹砂褐陶和夹砂灰陶。SH9 打破此层。该层之下两端为黄褐色原生土，中部叠压有打破生土的 SH11。

上述④G～④A 诸层，是自下而上堆积于原先人工构筑的一个弧凹形坑（参见第四章第二节"烧土圈〈坑〉遗迹"）中，各层堆积的形成，是为了构建新烧烤坑而堆垫的。诸地层所出商时期陶器（片），各与其下所叠压遗迹单位的商时期陶器面貌特征相同。前述 SH26、SH27 的情况与此相同。

第二节　遗址分期

据前述，本区在近现代堆积层之下为汉代堆积层，该层虽有较连贯分布，但遗迹少见，不为本书讨论的重点。汉代文化层之下，据目前所知，有三个时期的文化堆积，即商时期堆积、龙山时期堆积和仰韶文化堆积。

仰韶文化堆积，为本遗址最早的文化堆积，即第一期遗存。

龙山时期堆积，可分为早、晚两段，早段即本遗址第二期遗存，晚段即第三期遗存。第二期遗存堆积于仰韶文化层之上，较完整的地层和遗迹，见于 T44、T43 的⑤B 层和 F4。第三期遗存以 T44、T43 南壁剖面的⑤A 层和 SH28 为代表。

商时期堆积即本遗址的第四期遗存，文化层厚而遗迹丰富。上列 T44、T43 南壁剖面的④A、④B 层及 SH26、SH27，T16 东壁剖面的③B 层以下诸文化层及遗迹皆属于此时期。

第二章 仰韶文化遗存

仰韶文化遗存即一期遗存于本区分布普遍，但由于后世的破坏，堆积保存不连贯，基本未发现遗迹。在 T28 西南角发现一小片平面呈月牙形的红烧土堆积，残存长度约 40 厘米，烧面平整。出有数片夹砂和泥质红陶片，似为陶窑遗迹，但由于范围太小，不能确认。遗物有属于生活用具的陶质器皿残片和属于生产工具的陶锉两类。现叙述于下。

盆 依口沿特点分为 3 式。

Ⅰ式，标本 T11⑥:7，泥质红陶。敛口，唇向外翻卷，鼓肩。唇边饰一道黑彩，其下饰弧带纹黑彩。口径 34.4 厘米，残深 4.1 厘米（图六，1）

Ⅱ式，标本 T44⑥:2，泥质红陶。口微敛，唇外卷，腹稍鼓。口径 25.5 厘米，残深 7.6 厘米（图六，5）。标本 T11⑥:6，泥质红陶。口近直，唇外卷。唇边一道黑彩，口沿下饰弧带纹黑彩。口径 39.8 厘米，残深 4.3 厘米（图六，3）。

Ⅲ式，标本 T15⑥:5，泥质红陶。口稍敛，圆尖唇稍外卷，鼓腹。腹部剔刻 4 组或隐或现的双道线纹。口径 25.8 厘米，残深 12 厘米（图六，9）。

钵 标本 T15⑥:3，泥质红陶。口微敛，尖唇。口径 34.1 厘米，残深 4.3 厘米（图六，6）。标本 T44⑥:3，泥质红陶。尖唇，口微敛。口径 43.6 厘米，残深 3.7 厘米（图六，11）。

罐 可分 2 型。

A 型 标本 T15⑥:6，夹砂红陶。圆唇近方，折沿，肩弧鼓。口沿下饰斜绳纹。口径 23.5 厘米，残深 7.8 厘米（图六，12）。

B 型 标本 T11⑥:5，夹砂红陶。铁轨式口沿。口径 31.2 厘米，残深 4.8 厘米（图六，8）。标本 T11⑥:1，夹砂红陶。铁轨式口沿。口径 32.5 厘米，残深 4.2 厘米（图六，10）。

缸 分为 2 型。

A 型 标本 T15⑥:4，夹砂红陶。口稍敛，厚圆唇。口沿以下饰斜绳纹。口径 52.4 厘米，残深 5.8 厘米（图六，7）。

B 型 标本 T11⑥:8，夹砂红陶。敛口，叠唇。口沿以下饰斜绳纹。口径 46.5 厘米，残深 4.6 厘米（图六，2）。标本 T15⑥:2，夹砂红陶。敛口，叠唇。口沿下饰由双道和单道线相间的 4 组阴弦纹。口径 32.8 厘米，残深 7.5 厘米（图六，4）。

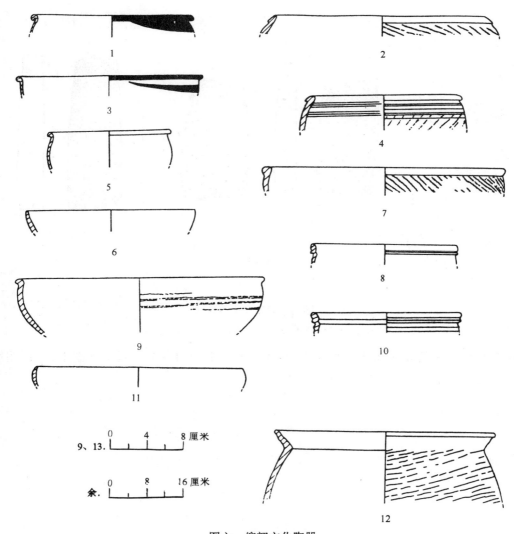

图六　仰韶文化陶器

1、9.Ⅰ、Ⅲ式盆 T11⑥:7、T15⑥:5　2、4.B型缸 T11⑥:8、T15⑥:2　3、5.Ⅱ式盆 T11⑥:6、T44⑥:2
6、11.钵 T15⑥:3、T44⑥:3　7.A型缸 T15⑥:4　8、10.B型罐 T11⑥:5、1　12.A型罐 T15⑥:6

锉　共发现5件，皆残损。泥质红陶。两面与两侧有如粟粒大小的密麻点窝。标本 T11⑥:4，正视为梯形，残长5.6厘米，宽1.2～2.2厘米，厚1.2厘米（图七，1）。标本 T11⑥:3，正视为梯形，呈弧弯形。残长4.1厘米，宽2.6～3.2厘米，厚0.9厘米（图七，2；图版一一，1，左1）。标本 T11⑥:2，长条形，残长6.4厘米，宽3.2厘米，厚0.9～1.2厘米（图七，3；图版一一，1，左2）。标本 T44⑥:1，正视为梯形，残长6.4厘米，宽2.8～3.7厘米，厚1.1厘米（图七，4；图版一一，1，左3）。标本 T15⑥:1，

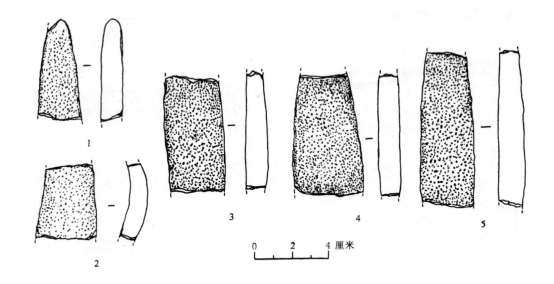

图七　仰韶文化陶锉

1、2、4.T11⑥:4、3、2　3.T44⑥:1　5.T15⑥:1

正视为梯形，残长 8.6 厘米，宽 2.2～2.9 厘米，厚 1.1～1.4 厘米（图七，5；图版
一一，1，左4）。

第三章 龙山时期遗存

本区龙山时期早段遗存的发现十分有限，晚段的遗迹遗物较为丰富。

第一节 早段遗存

一、遗迹

仅发现房屋基址 1 座，编号 F4。

F4（图八；图版一一，3），位于 T44 西南部，叠压于⑤B 层之下，打破第⑥层及生土，浅穴式，上口距地表 11.5 厘米。平面作长方形，南北长，东西宽，北端稍大于南端，西部大于东部，略偏东北西南向，周壁向外倾斜，底部小于上口。上口长 350～372 厘米、宽 280～306 厘米，底部长 332～360 厘米、宽 260～288 厘米，深 42 厘米。墙壁与地面皆较平整。于室内偏北部，发现有呈东西向排列的两个柱洞，由西往东编为 D1、D2。1 号柱洞口径 17 厘米、深 36 厘米，2 号柱洞口径 19 厘米、深 34 厘米。室内南墙中部，有 50×70 厘米、厚 10 厘米余的灰烬堆积。于其近处发现黑皮红胎陶残双耳罐 2 件及夹砂红褐陶罐类陶片数片。

二、遗物

仅发现少量陶器残片。陶质为夹砂红褐陶与黑皮红胎陶。纹饰以绳纹多见，并有禽爪迹状纹和链环状纹等（图九）。

双耳罐 标本 F4：1，腹下部以下残失。泥质黑皮红胎陶，侈口尖唇，束颈，肩、腹部圆鼓，口沿至腹上部处附对称双耳，胎壁薄。口径 13.2 厘米，腹径 14.6 厘米，残深 8.6 厘米（图九，1）。标本 F4：2，仅存腹下部。泥质黑皮红胎陶。平底，腹下部弧鼓。底径 6.2 厘米，残深 3 厘米（图九，2）。此应与标本 F4：1 为同类器。

深腹罐 标本 F4：4，仅存腹上部以上。夹砂红褐陶。圆尖唇，折沿，肩部稍鼓，从其造型特点看，腹应该较深。口沿下饰一周不连贯的禽爪迹状压印纹，腹饰零散的绳纹，纹路湮漫。口径 12.8 厘米，腹径 13 厘米，残深 5.6 厘米（图九，3）。

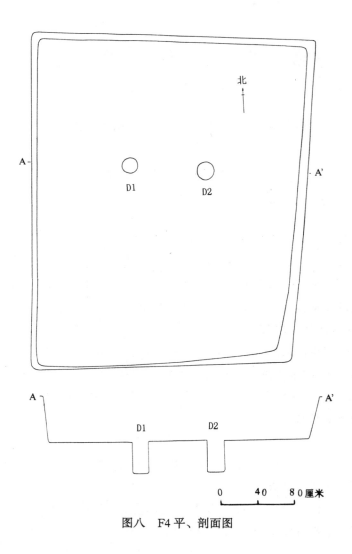

图八　F4平、剖面图

第二节　晚段遗存

一、遗迹

（一）房屋基址

发现本段房屋基址 3 座，编号为 F1、F2、F3，前两座为浅穴式，后一座为地面建筑。

F1（图一〇；图版一，2），位于 T15、T16、T11、T10 几个探方之间。叠压于第④层之下，打破仰韶堆积层及生土，上口距地表 90 厘米，门朝南，方向 218°。据观察，平

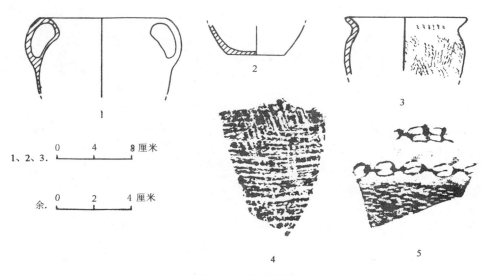

图九　F4 出土陶器

1、2. 双耳罐 F4:1、2　3. 深腹罐 F4:4　4. 饰交叉绳纹红褐陶片 F4:7

5. 饰链环伏纹和麦粒状绳纹陶片 F4:6

面应为东西长、南北宽的长方形。北部被商时期遗迹及近代坑打破，仅保留南半部遗迹。东西长 712 厘米，南北最宽处 396 厘米，深 60 厘米。南墙上部向外倾斜，东西墙基本竖直，墙壁面普遍有细泥浆材料的涂抹层。地面较平整，南壁开有两门。东边的门东沿距东墙 140 厘米，挖有由墙壁向外弧出的半圆形坑，作为踩阶。踩阶东西长 156 厘米，南北宽 60 厘米，阶底高出室内地面 10 厘米。西边门西沿距西墙 84 厘米，从墙沿内向外挖成一平面呈梯形的踩阶，稍向东斜，东西长 46～60 厘米，南北宽 32～40 厘米，阶底高出室内地面 8 厘米。西南角墙内发现柱洞 1 个，编为 D1，圆形，口径 22 厘米，深 26 厘米。南墙往北 130～145 厘米处，有东西向一排柱洞，自西往东编为 D2～D6。又在室内东北部发现柱洞 1 个，编为 D7，其西沿被商时期 SH14 打破。D2 圆形，口径 25 厘米，深 18 厘米，底部有一直径为 13 厘米的扁平石头。D3 椭圆形，口径 16×22 厘米，深 33 厘米。D4 圆形，口径 18 厘米，深 33 厘米。D5 圆形，口径 26 厘米，深 40 厘米。D6 上部呈瓢形，深 12 厘米，下部圆形，总深度 46 厘米。D7 椭圆形，口径 17～21 厘米，深 10 厘米。根据室内柱洞的分布来看，在 D7 东西一线，亦应有与南部柱洞对称的一排柱洞，惜已破坏，不可确知。于南排柱洞之北，即室内中心部分，发现一片保留面积为 65～73 厘米、厚 15 厘米的烧土范围，很致密，因被商文化层破坏而仅存底部堆积，出有夹砂橙褐陶与黑皮红胎饰蓝纹陶片多片，可辨器形有敛口钵、鼓腹罐等，应是该室内灶炊活动的遗迹。

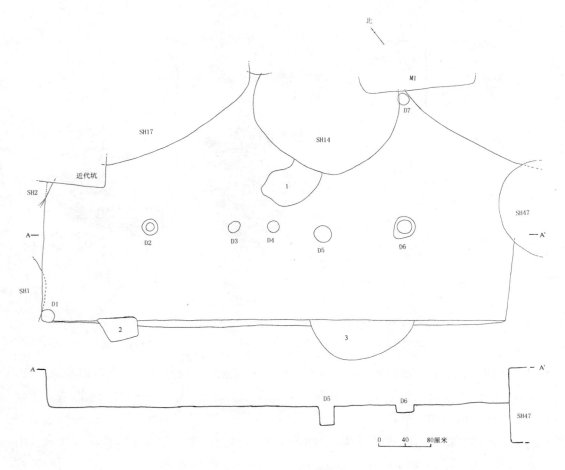

图一〇　F1平、剖面图
1. 烧土　2、3. 踩阶

　　F2，大部位于T27之内，并延及T26、T32、T31几个探方。叠压于T27第④层之下，打破仰韶堆积层及生土。其四边皆被近代坑及汉代遗迹破坏，仅保留东北、西北角及南墙小部分遗迹，上口距地表80厘米。平面为东西长、南北宽的长方形，稍偏西南东北向。东西长525厘米，南北宽415厘米，深57厘米。周围四壁稍向外倾斜，墙壁有用细泥浆抹光的墙面。地面平整（见图三）。室内中心处发现厚约10厘米的烧土堆积，由于商时期SH20破坏，仅保留很小面积的边沿部分。烧土近处及室内发现有较多黑皮红胎与夹砂橙褐陶片，有敛口钵等器形。

　　F3（图版一，3），位于T43探方内，叠压于现代堆积层之下，东部叠压仰韶文化层，西部叠压黄褐色原生土，西北被近代坑破坏，仅保留东边遗迹与南边大半遗迹。上距地表46厘米。面朝南，方向212°。平面为东西长、南北宽的长方形，东西长约506厘米，南北宽约 396 厘米，室内地面基本平整，东部略向东斜低。南沿东、西两边各发现一段沟槽，东边沟槽长 278 厘米，宽 23～31 厘米，深 12 厘米。西边沟槽残存长度 68 厘米，宽、深度与东边沟槽相同。两边槽内皆发现有柱洞，其中西边发现 1 个柱洞，编号 D2，位于沟槽东端，东边发现 3 个柱洞，由西往东编号 D3、D5、D9，D3 位于槽内西端，D9 位于沟槽长度的 1/3 处，正与东沿一排柱洞并列成行，D5 位于二者之间，间距 80 厘米左右。槽内并散见直径为 3～5 厘米的浅洞，应是竖立木棍的遗迹，知此沟槽应是立柱树棍以造木骨泥墙的墙槽。两段墙槽相距 152 厘米，其间铺设卵石呈内弧半圆形，应是门所在处。东沿安置成行的一排柱洞，墙槽之北共有 7 个，由南往北编为 D10～D15，墙槽之南 1 个，编号为 D8，其走向与墙槽呈直角。该排柱洞多为圆形，并见椭圆形，直径多在 15～20 厘米之间，深 8～14 厘米。柱与柱间距一般为 55 厘米左右。在东墙槽西端 D3 之东紧挨墙槽北沿，有一柱洞，编号 D4，西墙槽的东端 D2 之南，紧挨墙槽南沿有一柱洞，编号 D1，还在 D5 与 D9 之间的墙槽南外沿处见有两个柱洞，由西向东编号为 D6、D7。上述 4 个柱洞，口径皆为 12 厘米左右，深 8～10 厘米。据柱洞所在位置，知位于西墙槽东端处的 D1、D2 和东墙槽西端处的 D3、D4，是为门柱，其余皆为墙柱或檐柱。在门的卵石间隙及室内地面，发现较多黑皮红胎饰篮纹陶片和夹砂橙褐陶片，可辨认器形有敛口钵、宽沿深腹缸等。

（二）烧烤坑

烧烤坑共发现 4 座，编号 SH23、SH24、SH28、SH35。均为椭圆形，弧底，面积大小有别。

SH28（图一一；图版五，1），位于 T44 西南部，叠压于④B 层之下，东边南半部边沿被商时期烧烤坑 SH27 打破，打破⑤B 层。上口距地表 70 厘米。平面椭圆形，底弧形，东壁较陡，西部稍缓。口长径 315 厘米，短径 296 厘米，深 58 厘米。自底部往上较密集堆积有卵石，卵石或圆、或扁平，直径一般 8～12 厘米，多见由 3～5 个卵石堆成一面开口的半圆形空间，卵石间布满灰烬，夹有很多经火烧炭化的植物叶茎。卵石皆被烧成黑褐色，轻击则破。由此得知成组堆成的卵石，是用于置放炊具以利于烧火而有意摆置的。出土大量陶片，以饰篮纹夹砂橙褐陶和黑皮红胎陶最为常见，器形主要有宽沿大口缸、敛口平底钵、喇叭口折肩壶，还有敛口瓮、鼓腹罐等（图一二～一四）。

SH35（图一五），位于 T35 北部，叠压于④层（T33 活动面）之下，被 F6D9～D11 打破，打破仰韶堆积层及生土。上口距地表 80 厘米。平面椭圆形，西部较窄，底弧形。口长径 186 厘米，短径 152 厘米，深 29 厘米。自坑底往上堆积有较多卵石，成组置放。其间堆满灰烬，卵石皆烧为黑褐色。出有较多夹砂橙褐陶和黑皮红胎陶片，器形有宽沿大口缸、敛口钵等（图一六）。

SH23，位于 T33 东北角，叠压于④层（SH22 活动面）之下，西部被两个近代坑打

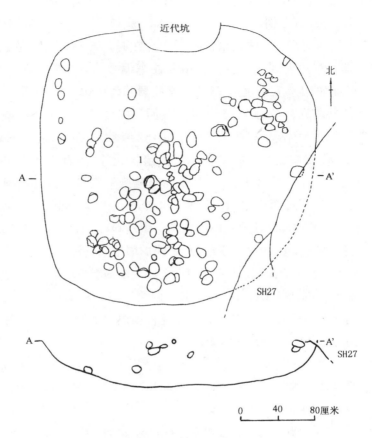

图一一　SH28 平、剖面图

1. 石块及陶片

破，打破 SH24、仰韶堆积层及生土。上口距地表 63 厘米。椭圆形，弧底，口长径 258 厘米，短径 215 厘米，深 32 厘米。由于受近代坑扰动，西边大半部灰烬与卵石保留不多，东部灰烬堆积较厚。出土一定数量的陶片，陶质、陶色及器类与 SH35 近同（图一七）。

二、遗物

本段发现的遗物基本为陶器，仅见个别骨器。

（一）陶器

陶片数量较多，但复原陶器较少，现将其面貌特征作一简要叙述。

陶系

经过对本期地层及遗迹中所出 5660 片陶片的统计与分析，其特征如下：

陶质　有夹砂陶和泥质陶两大类，其中以夹砂陶为主，占总数的 55.82%，泥质陶

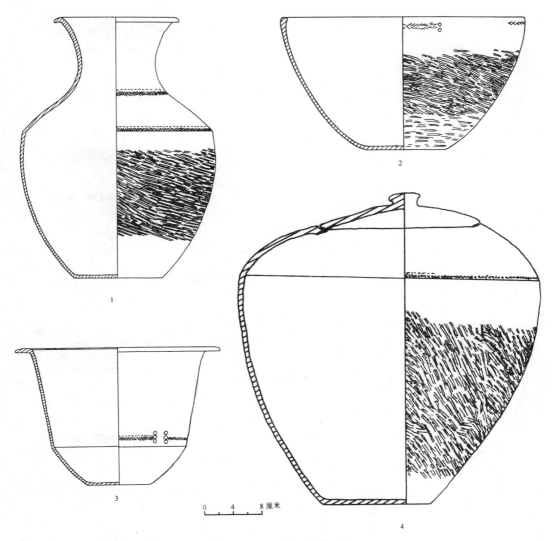

图一二　SH28 出土陶器（1）

1. 喇叭口折肩壶 SH28:4　2. 敛口平底钵 SH28:6　3. 宽沿折腹尊 SH28:5　4. 敛口瓮 SH28:3

占 44.18%。泥质陶是以泥砂质陶土为原料，不显细腻。夹砂陶的主体材料基本同泥质陶，夹砂量不大，砂粒较小。泥质陶主要用于制作壶、瓮等，夹砂陶主要用于制作缸、罐等。钵类器物既有泥质陶，又有夹砂陶，比例相若。

　　陶色　有橙褐、黑皮红胎以及黑皮灰胎几类，其中橙褐陶占总数 48.82%，黑皮红胎陶占总数 42.46%，黑皮灰胎陶占 6.6%，灰陶占 2.12%。橙褐陶一般是橙黄色与褐色相杂出现于同一件器物上。"黑皮"则多呈灰褐色，并见有深褐色，为称呼方便，本书仍沿用习惯上的"黑皮"称呼。

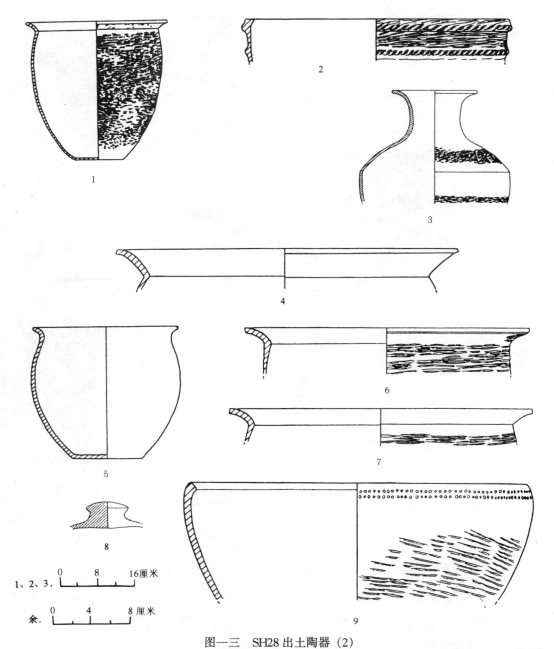

图一三　SH28 出土陶器（2）

1、4、6、7. 宽沿大口缸 SH28:27、25、21、12　2. 厚唇敛口缸 SH28:17　3. 喇叭口折肩壶 SH28:7

5. 鼓腹罐 SH28:5　8. 器盖 SH28:28　9. 敛口平底罐 SH28:8

以陶质、陶色综合观之，有夹砂橙褐陶、泥质黑皮红胎陶、夹砂黑皮红胎陶、夹砂黑皮灰胎陶、泥质灰陶、泥质黑皮灰胎陶等几类，其中夹砂橙褐陶占总数的 46.7%，泥

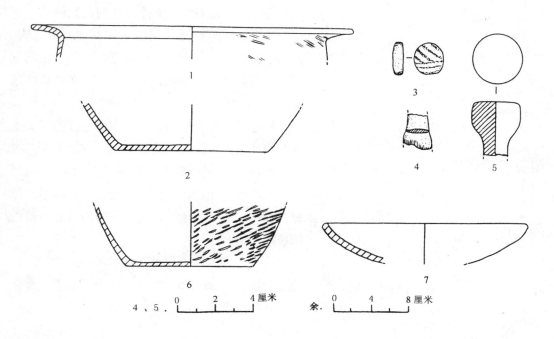

图一四　SH28 出土陶器、骨器

1、2、6. 宽沿大口缸 SH28:22、10、15　3. 圆陶片 SH28:1　4. 骨匕 SH28:2

5. 器盖握手 SH28:29　7. 豆 SH28:19

质黑皮红胎陶占 39.08%，夹砂黑皮红胎陶占 5.53%，夹砂黑皮灰胎陶占 3.59%，泥质黑皮灰胎陶占 2.98%，泥质灰陶占 2.12%。

纹饰

除素面者（占陶片总数 24.42%）外，纹饰有篮纹、附加堆纹、几何形图案纹、蜈蚣纹几类。以篮纹最常见，占纹饰 71.8%，几何形类图案纹占 16.62%，蜈蚣纹占 11.58%。施纹方法主要有拍印、附加堆塑、压印、刻划等。

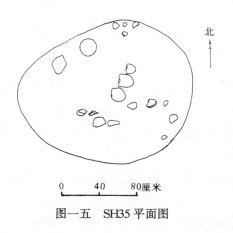

图一五　SH35 平面图

篮纹　篮格短窄，纹痕清晰，结构紧凑，拍印而成。施于本期大部分器类中。有的于篮纹之上刻划几道斜线或交叉斜线，一般见于喇叭口折肩壶之肩部。

附加堆纹　是指采用附加堆塑完成的纹饰，皆以圈带状形式施于器物的口沿、腹上部或肩部，高起于器壁形成凸棱，并于凸棱上模压或刻划图案纹样。

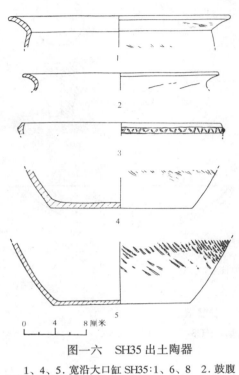

图一六　SH35 出土陶器

1、4、5. 宽沿大口缸 SH35:1、6、8　2. 鼓腹
罐 SH35:2　3. 敛口平底钵 SH35:4

几何形类图案纹　有连续排列的短斜线、交叉斜线、圆圈等纹样，用压印或刻划方法完成。或施于附加堆塑的凸棱上，或直接压印、刻划于器壁，后者多见于钵的口沿及壶、罐类的肩、颈部。

蜈蚣纹　是指用刻划方法画出连续的交叉短直斜线或侧人字纹表现身体，又于其前端压印 2 或 3 个圆圈以表现其头、目的长身爬行动物形象，与蜈蚣最相似，当是对蜈蚣的夸张描写，故称为蜈蚣纹。多饰于壶、钵类器物的肩部与口沿部位。

纹饰多施于一件器物的某个部位，如篮纹，或施于器物的腹上部，或施于腹中、下部。通体施纹的陶器少见。

制法

陶器基本为手制，多采用泥条盘筑法做成，壶等器物经慢轮修整。

器形

陶器器形绝大多数为平底器，偶见圈足器。种类主要有壶、缸、罐、瓮、钵等几大类，其中以宽沿深腹缸和敛口平底钵数量最多，分别占 33.1% 和 30.4%。其次，喇叭口折肩壶占 16.4%，敛口瓮占 8.1%，鼓腹罐占 5.9%，厚唇缸占 4.4%。还见有宽沿折腹尊、豆等，所占比例甚小。现将各类器形叙述于下。

宽沿深腹缸　其特征是：宽沿外折，口沿颈部折线明显，深腹，腹壁弧鼓，平底。皆为橙褐陶，器形大小有别。

标本 SH28:27，口沿外及腹部满饰篮纹至近底部。口径 30.4 厘米，腹径 27.8 厘米，底径 10.4 厘米，高 30.2 厘米（图一三，1；图版一二，1）。标本 SH28:25，残，仅存口沿及颈部稍下，口径 36.4 厘米，残深 4.4 厘米（图一三，4）。标本 SH28:21，残，仅存口沿及颈部稍下，口沿外及其下密饰篮纹，口径 30.2 厘米，残深 5.2 厘米（图一三，6）。标本 SH28:12，残，仅存口沿及颈部，口沿以下饰篮纹，口径 32.2 厘米，残深 4.1 厘米（图一四，7）。标本 SH28:22，残，仅存口沿及颈部稍下，口径 34.3 厘米，残深 3.6 厘米（图一四，6）。标本 SH28:10，残，仅存底部，底径 16.5 厘米，残深 5.2 厘米

（图一四，2）。标本 SH28∶15，残，仅存底部，篮纹饰至底，底径 19.7 厘米，残深 6.6 厘米（图一四，1）。标本 SH35∶1，残，仅存口沿及颈部稍下，口径 31.9 厘米，残深 4 厘米（图一六，1）。标本 SH35∶3，残，仅存底部，底径 17.9 厘米，残深 4 厘米（图一六，4）。标本 SH35∶5，残，仅存底部，底稍上处饰篮纹，底径 17.3 厘米，残深 8 厘米（图一六，5）。标本 SH23∶4，残，仅存腹上部以上，口径 29.5 厘米，残深 7.7 厘米（图一七，1）。标本 SH23∶1，残，仅存底部，底稍上处饰篮纹，底径 22.7 厘米，残深 6 厘米（图一七，3）。标本 T27⑤∶1，残，仅存口沿及颈部稍下，口径 25.8 厘米，残深 4.4 厘米（图一八，3）。标本 T11⑤∶2，残，仅存口沿及腹上部，口沿以下饰篮纹，口径 17.8 厘米，残深 2.5 厘米（图一八，2）。标本 T35⑤∶2，残，仅存底部，底径 10 厘米，残深 3.5 厘米（图一八，5）。标本 T15⑤∶5，残，仅存底部。

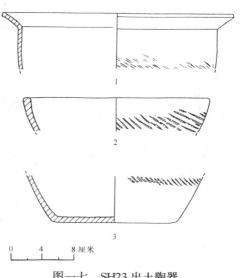

图一七　SH23 出土陶器
1、3. 宽沿大口缸 SH23∶4、1
2. 敛口平底钵 SH23∶3

底径 16.1 厘米，残深 2.9 厘米（图一八，4）。标本 T44⑤A∶3，残，仅存腹中部以下，底径 12.4 厘米，残深 12 厘米（图一八，12）。

喇叭口折肩壶　喇叭口，高颈，斜弧肩，肩、腹相接处折线较明显。

标本 SH28∶4，黑皮红胎陶。肩上、下部饰由交叉短斜线表现身体的蜈蚣纹，腹部大面积施以篮纹，口径 17.2 厘米，腹径 26.3 厘米，底径 12.5 厘米，高 36.8 厘米（图一二，1；图版一一，2；彩版三，1）。标本 SH28∶7，残，仅存腹中部以上。黑皮红胎陶。肩部及腹上部以下饰篮纹，肩部篮纹上并饰有斜线与交叉斜线。口径 18 厘米，腹径 31.5 厘米，残深 24.4 厘米（图一三，3）。标本 T43⑤A∶2，泥质灰陶。残，仅存口部。口径 16.1 厘米，残深 3.2 厘米（图一八，6）。

敛口平底钵　皆为敛口，弧腹，平底。标本 SH28∶6，泥质黑皮红胎陶。厚唇，内唇沿有凸棱。自腹上部至底饰篮纹，腹下部以下纹饰零散，口沿下饰以侧人字形表现身体的蜈蚣纹。口径 34 厘米，底径 11.3 厘米，高 18.8 厘米（图一二，2；图版一二，4）。标本 SH28∶8，残，仅存腹中部以上。泥质黑皮红胎陶。厚唇，内唇沿尖突。口沿下饰 2 周连续的小圆圈纹，腹上部以下饰篮纹。口径 35.6 厘米，残深 12.5 厘米（图一三，9）。标本 SH23∶3，残，仅存腹上部以上。夹砂黑皮红胎陶。厚唇，唇沿较平。口沿之下饰篮

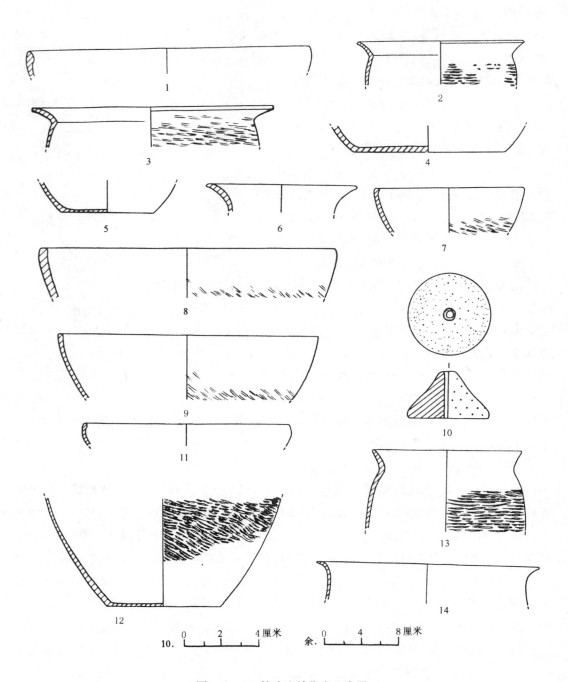

图一八　F1 等遗迹单位出土陶器

1、7～9、11. 敛口平底钵 F1:4、T35⑤:1、F2:3、F3:2、T15⑤:2　2～5、12. 宽沿大口缸 T11⑤:2、T27
⑤:1、T15⑤:5、T35⑤:2、T44⑤A:3　6. 喇叭口折肩壶 T43⑤A:2　10. 纺轮 T44⑤A:2　13、14. 鼓腹
罐 F1:1、F2:4

纹。口径 23.5 厘米，残深 4.4 厘米（图一七，2）。标本 SH35:4，残，仅存口沿。泥质黑皮红胎陶。方唇，唇沿平。口沿下饰附加堆纹，其上压印连续的三角形折线纹。口径 25.2 厘米，残深 1.7 厘米（图一六，3）。标本 F1:4，残，仅存口沿。泥质黑皮红胎陶。尖厚唇。口径 30.3 厘米，残深 2.8 厘米（图一八，1）。标本 F2:3，残，仅存腹上部以上。夹砂黑皮灰胎陶。方圆唇，口径 31.6 厘米，残深 5.3 厘米（图一八，8）。标本 T35⑤:1，残，仅存腹中部以上，厚唇。口径 15.8 厘米，残深 4.8 厘米（图一八，7）。标本 F3:2，残，仅存腹中部以上。泥质黑皮红胎陶，方圆唇。口径 28 厘米，残深 7.3 厘米（图一八，9）。标本 T15⑤:2，残，仅存口沿。泥质黑皮红胎陶。厚尖唇。口径 22 厘米，残深 2.5 厘米（图一八，11）。

敛口瓮 敛口，无唇，折肩，弧腹，平底，有盖。皆泥质黑皮红胎陶，以泥条盘筑法做成，口沿是以竹片类利器削割出凹下的沿部，器盖则削成与口沿相应的形状，正好扣合。盖上有帽顶状握手。标本 SH28:3，肩下部饰以侧人字形表现身体的蜈蚣纹，腹饰篮纹。口径 19.8 厘米，腹径 42 厘米，底径 14.8 厘米，高 44.8 厘米（图一二，4；图版一一，5）。

鼓腹罐 侈口，弧鼓腹，平底。皆手制。标本 SH28:5，泥质黑皮红胎陶，圆尖唇，微束颈。口径 15.2 厘米，腹径 16.1 厘米，底径 7.1 厘米，高 14.8 厘米（图一三，5；图版一二，3）。标本 F1:1，残，仅存腹中部以上。泥质黑皮红胎陶。长尖唇，微束颈。颈以下饰篮纹。口径 15.7 厘米，残深 8.8 厘米（图一八，13）。标本 F2:4，残，仅存腹上部以上。泥质黑皮红胎陶，尖唇平出。口径 23.8 厘米，残深 4.5 厘米（图一八，14）。标本 SH35:2，残，仅存口沿，夹砂黑皮红胎陶。方圆唇，束颈。口径 24.8 厘米，残深 2.3 厘米（图一六，2）。

厚唇敛口缸 敛口，厚唇，器壁较厚，多饰有附加堆纹。标本 SH28:17，残，仅存腹上部以上。夹砂黑皮红胎陶，方唇平沿。口沿及稍下处各饰 1 道附加堆纹，其上皆刻出 1 周斜凹槽。两道堆纹间及口沿处刻有较深的无规律排列的凹槽。口径 56.4 厘米，残深 8.9 厘米（图一三，2）。

宽沿折腹尊 宽沿，折腹，腹壁斜直，平底。标本 SH28:5，夹砂橙褐陶。圆尖唇。腹下部折线之上饰以交叉短线表现身体的蜈蚣纹。口径 29.5 厘米，底径 8.8 厘米，高 19.9 厘米（图一二，3；图版一二，2；彩版三，2）。

豆 标本 SH28:19，残，仅存盘部。泥质黑皮红胎陶。圆唇，弧腹，腹较浅。口径 22 厘米，残深 4.4 厘米（图一四，7）。

器盖 标本 SH28:28，残，泥质黑皮红胎陶。有帽顶状握手。残宽 7.6 厘米，残高 3 厘米（图一三，8）。形同 SH28:3 敛口瓮盖。标本 SH28:29，为器盖之握手，残断，泥质橙黄陶。上部大，俯视为圆形，平顶，下为圆形细柄。上端直径 1.7 厘米，残高 3 厘米（图一四，5）。

纺轮 标本 SH44⑤A∶2，泥质橙黄陶。呈截尖圆锥形，中间有一孔，满饰呈斜行排列的锥刺圆窝纹。底径 4.3 厘米，高 2.6 厘米（图一八，10；图版一一，4）。

圆陶片 标本 SH28∶1，以饰有篮纹的泥质黑皮红胎陶片磨为圆形。直径 3.2 厘米（图一四，3；图版一一，3右）。

（二）骨器

骨匕 标本 SH28∶2，残。系用动物肋骨磨制而成。残长 1.9 厘米，宽 1.1～1.5 厘米（图一四，4；图版一一，3左）。

第四章　商时期遗存

第一节　概述

商时期遗存为宝山遗址的主体遗存，文化层堆积遍及遗址区全域。发掘所划分的 A 区，属本遗址的南半部，本次的发掘位于 A 区西南部。此处由于汉唐以来人类活动频繁，特别是近代民居比较集中，近代坑及姜窖分布密集，扰动面积较大，使商时期文化层堆积受到一定程度的破坏，但发掘收获仍相当丰富。发现的遗迹主要有烧烤坑、房屋基址、墓葬等，遗物有陶器、骨器、青铜器、石器等。尤其是陶片存留数量巨大，据估算，本次发掘所见商时期陶片达 10 万片左右。

第二节　遗迹遗物

一、遗迹

（一）烧烤坑

烧烤坑是本区发现商时期遗存中数量最多的遗迹。共清理商时期烧烤坑 61 座（参见附表一），编号为 SH1、SH2、SH3、SH4、SH5、SH6、SH7、SH8、SH9、SH10、SH11、SH12、SH13、SH14、SH15、SH16、SH17、SH18、SH19、SH20、SH21、SH22、SH25、SH26、SH27、SH29、SH30、SH31、SH32、SH33、SH34、SH36、SH37、SH38、SH39、SH40、SH41、SH42、SH43、SH44、SH45、SH46、SH47、SH48、SH49、SH50、SH51、SH52、SH53、SH54、SH55、SH56、SH57、SH58、SH59、SH60、SH61、SH62、SH63、SH64、SH65。

烧烤坑一般建于露天，少数置于室内。基本可分 5 种形制：椭圆形的最常见，有 27 座，占总数的 44.26%；圆形的 12 座，占 19.67%；形状不规则的 7 座，占 11.48%；圆角三角形的 4 座，8 字形的 4 座，各占 6.56%。另有 7 座，由于受破坏严重或因为其部分位于探方之外而未清理完毕，形状不明。口径一般为 200 厘米左右，深 40 厘米上下。大型者口径达 650 厘米以上。坑内堆积主要为卵石、灰烬、动物骨头、陶器（片）等遗物。并普遍发现数量较多的取火石。大部分烧烤坑保存不完整，有的仅存底部，遗物甚少。

为客观反映其堆积及陶器组合情况，现将出土遗物较丰富和具有典型意义的 32 个烧烤坑列述于下（依编号为序）。

SH1（图一九，左；图版一三，1，上左），位于 T15 西中部，延及 T08 东部，叠压于 T15③层之下，北部和西北部分别被 M2、M3 打破，打破 M4、SH2、F1、仰韶堆积层及生土。上口距地表 65 厘米。平面呈椭圆形，西北高，向东南斜下，底为锅底状弧形，

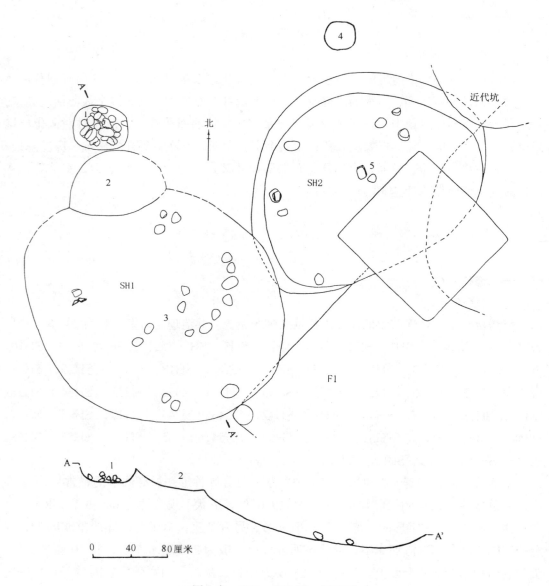

图一九　SH1、SH2 平、剖面图

1、4. 柱坑、柱洞　2. 踩阶　3、5. 石块及陶片

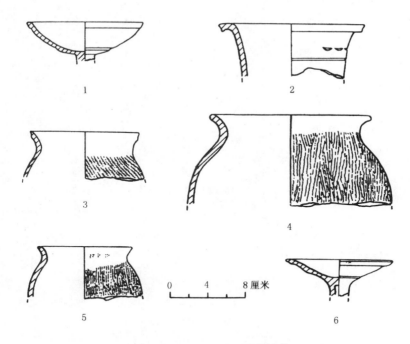

图二〇 SH1、SH2 出土陶器

1、6. 豆 SH2:2、SH1:2 2. 高颈小平底尊 SH2:3 3～5. 釜 SH2:4、5, SH1:1

高端有一平面作半圆形凹下部分，横宽 10.4 厘米，纵长 76 厘米。踩踏痕迹明显，应当为踩阶。踩阶之前有圆角长方形小坑，受汉代堆积破坏而仅存下部，长 60 厘米，宽 48 厘米，深 22 厘米。内置卵石多块，填土密实，当为烧烤坑所使用立柱的柱坑。坑口长径 296 厘米，短径 256 厘米，深 5～20 厘米。坑内堆积 5～20 厘米厚的灰烬，其间见有较多卵石及少量动物骨头，卵石皆被烧为黑褐色。陶片较少，可辨认器形有豆、高颈小平底尊、小底尊形杯、釜等（图二〇）。

SH2（图一九，右；图版一三，1，上右），位于 T15 北中部、SH1 之紧东北。叠压于③层之下，南部与东北边被近代坑打破，西南角被 SH1 打破，打破 SH17、F1、仰韶堆积层及生土。上口距地表 65 厘米。平面呈圆角三角形，西北高，东南低。西、北、东三面边沿斜陡，底部弧形。高端的北部边沿外 27 厘米处，有一口径 34×30 厘米、深 24 厘米的柱洞。坑口长 282 厘米、宽 216 厘米，底长 250 厘米、宽 196 厘米，深 15～37 厘米。坑中堆积厚 10～15 厘米的灰烬，灰分很重，呈灰白色，其间见有较零散的卵石，皆被烧为灰褐色。有少量动物骨头。陶片较少，可辨认器形有豆、高颈小平底尊、釜等（图二〇）。

SH3（图二一，图版七，3），位于 T16、T17 之间，叠压于④A 层之下，打破④B 层（北部）和④C 层（南部），打破 SH5。上距地表 123 厘米。北部高，南部低。平面作不规

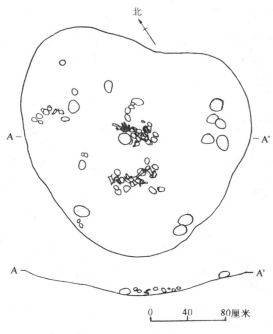

图二一　SH3 平、剖面图

则形，底弧形凹下。口长 244 厘米，宽 228 厘米，深 35 厘米，坑底垫一层厚约 2 厘米的沙子，中部及西北部排列有 3 组较密集的卵石，周围并有直径 25 厘米以上石头多块，石块及底部沙层皆被烧为黑褐色。堆满灰烬，尤其是卵石密集处，灰分达百分之百。陶片较多，可复原和能够辨认的器形有高颈小平底尊、小底钵、豆、小底尊形杯、高柄器座、罍、簋、釜等（图二二、二三）。

　　SH4，位于 T17 探方东南部，叠压于④A 层之下，打破④C 层，上口距地表 123 厘米。平面圆形，壁较直，底弧形。口径 143 厘米，深 48 厘米。坑内周围灰烬灰分较大，中间灰、土相杂。卵石和动物骨头较少，卵石基本见于坑壁处，被烧为灰褐色。陶片不多，可复原和能辨认器形者有豆、釜、簋、细高柄尊形杯等（图二四）。

　　SH5（图版八，1），位于 T16、T17 之间，叠压于④B 层之下，被 SH3 打破，打破④C 层（南部）和④D 层（北部），打破 SH6。上口距地表 129 厘米。北高南低。平面作不规则形，坑壁较陡直，底弧形凹下，不甚平整。口长 242 厘米，宽 201 厘米，深 42 厘米。底部垫一层厚 1~3 厘米沙子，自沙层往上堆满灰烬，卵石较多。石头及沙子均呈黑褐色。出土一定数量的陶片，可复原和可辨认器形有鬲、豆、小底尊形杯、高颈小平底尊、高柄器座、釜等（图二五）。

　　SH6（图二六），位于 T17 西半部，延及 T16，叠压于④C 层之下，被 SH5 打破，打破④D 层及 SH7。上口距地表 145 厘米。坑北高南低，平面椭圆形，底近平，壁较斜直，

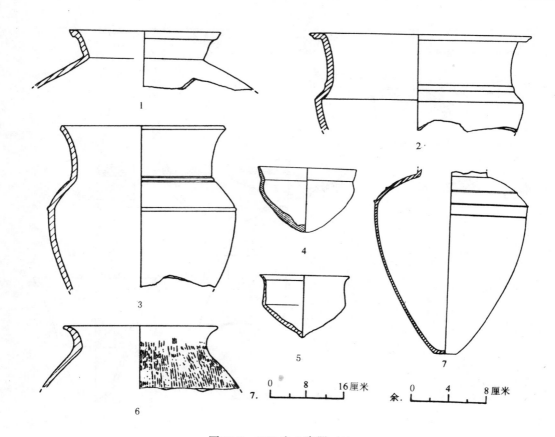

图二二　SH3 出土陶器（1）

1～3. 罍 SH3:9、4、14　4、5. 小底钵 SH3:6、8　6. 釜 SH3:15　7. 高颈小平底尊 SH3:20

底部有一层厚1～3厘米的沙子。口长径252厘米，短径222厘米，深35厘米。坑内石块较多，成组摆置，20厘米大小的扁平石块多见，其间堆满灰烬，灰为灰白色，质极细。并有较多动物肢体骨及鹿角等。石块及动物骨头皆被烧为黑褐色。出有大量陶片，可复原和可辨认器形有豆、高颈小平底尊、小底尊形杯、鬲、罍、高柄器座、大口深腹罐、釜等（图二七）。

　　SH7（图二八；图版二，4；图版四，3），位于 T17 西部，延及 T16。叠压于④D 层之下，被 SH6 打破，打破④E、④F 层。上口距地表148厘米。坑南部高，北部低。平面椭圆形，底部北边较平，南部凹下，北边坑壁较缓，其余几边较陡直。坑口长径430厘米，短径358厘米，深70厘米。坑内周围设置4个柱洞和一组柱础石，编号 D1～D5。D1 口径43厘米，深29厘米；D2 口径43～37厘米，深37厘米；D3 口径36厘米，深40厘米；D4 口径15厘米，深22厘米；D5 由两块较大的扁平石头及多块小卵石组成，径约48厘米。烧烤坑出土较多陶片，坑中灰烬为灰土相间，其中多见火烧炭化的植物叶

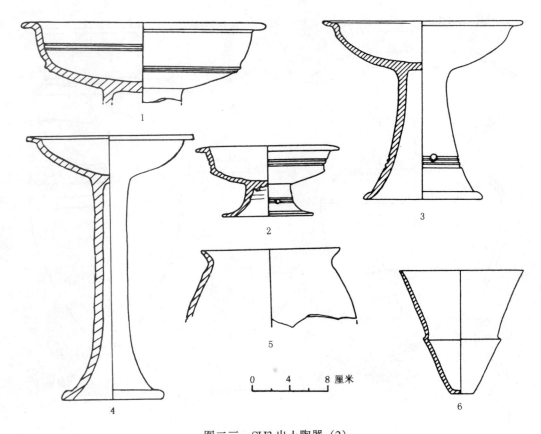

图二三　SH3 出土陶器（2）

1、3、4. 豆 SH3：21、5、3　2. 簋 SH3：7　5. 釜 SH3：12　6. 小底尊形杯 SH3：2

茎，动物骨头较少见。可复原及可辨认器形有豆、高颈小平底尊、小底尊形杯、细高柄尊形杯、高柄器座、罍、大口深腹罐、釜等（图二九）。

SH8（图三〇；图版四，2），位于 T17，延及 T16，叠压于④E 层之下，打破④F 层。上口距地表 145 厘米。坑东南部高，西北部低。平面作不规则形，如瓢状，底弧形深凹，北部较陡，南部较缓。口径 468×452 厘米，深 114 厘米。坑中灰烬厚 5～25 厘米，西北部边沿处灰层较薄，底部灰厚，灰皆为黑灰色，夹少许火烧炭化的植物叶茎，见较多烧为黑褐色的卵石，动物骨头少见。出土大量陶片，可复原陶器较多，器类丰富，有高颈小平底尊、罍、大口深腹罐、有鋬圈足尊、高圈足尊形杯、高柄器座、锥足鼎、豆、釜、小底尊形杯、扁腹壶、簋、瓠等（图三一～三三）。

SH9（图三四；图版四，2），位于 T16，延及 T17。叠压于④F 层之下，打破④G 层，上口距地表 218 厘米。东北部略高于西南部。中部南边沿被 M1 打破。平面椭圆形，北、东、南三面坑壁斜直，西部弧缓，底部略弧凹。口长径 656 厘米，短径 433 厘米，

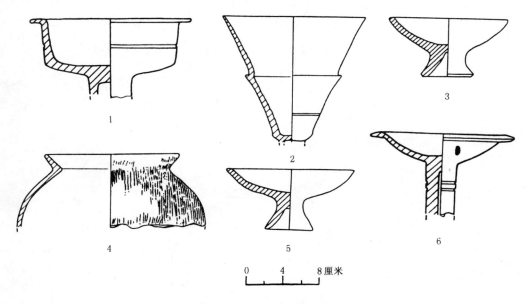

图二四　SH4 出土陶器

1.簋 SH4:2　2.细高柄尊形杯 SH4:5　3、5、6.豆 SH4:4、1、3　4.釜 SH4:7

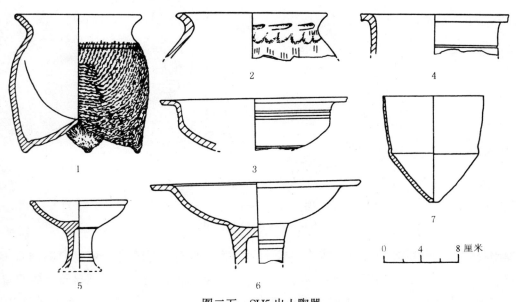

图二五　SH5 出土陶器

1.鬲 SH5:9　2.釜 SH5:3　3、5、6.豆 SH5:10、13、11　4.高颈小平底尊 SH5:5

7.小底尊形杯 SH5:14

深 61 厘米。坑中堆满灰烬，灰主要为质极细的灰白色灰，间有少量夹炭化植物茎叶的黑色灰，见有成组卵石密集分布。动物骨头多见。坑底有大面积的红、褐色烧结层。底中

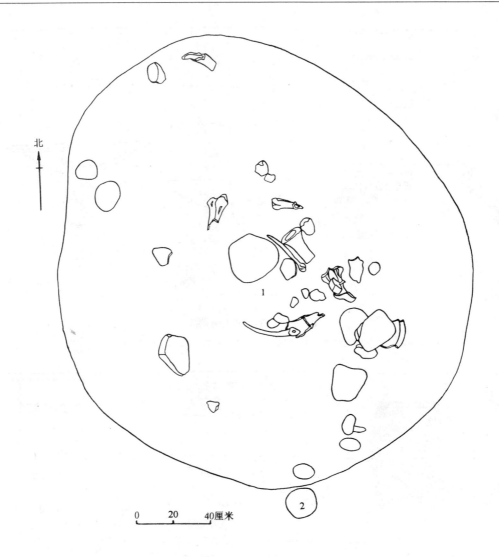

北

0　　20　　40厘米

图二六　SH6平面图

1. 石块、兽骨及陶片　2. 柱洞

部偏南处发现一鹿头骨，头骨上压有一较大的石头。出有大量陶片，可复原陶器众多，有豆、高颈小平底尊、高圈足尊形杯、曡、高柄器座、有鋬圈足尊、圈足罐、锥足鼎、大口深腹罐、圆腹罐、小底尊形杯、扁腹壶、小底钵、釜、簋、瓠、器盖等（图三五～三九）。

SH10（图四〇），位于 T17 探方中部偏西处。叠压于④G 层之下，打破生土，上口距地表 252 厘米。其西邻 SH11，二者同在一个大坑内，其间以高 40 厘米的土埂相隔。坑口东部略高于西部。平面椭圆形，坑壁斜直，底部平整。口长径 366 厘米，短径 210

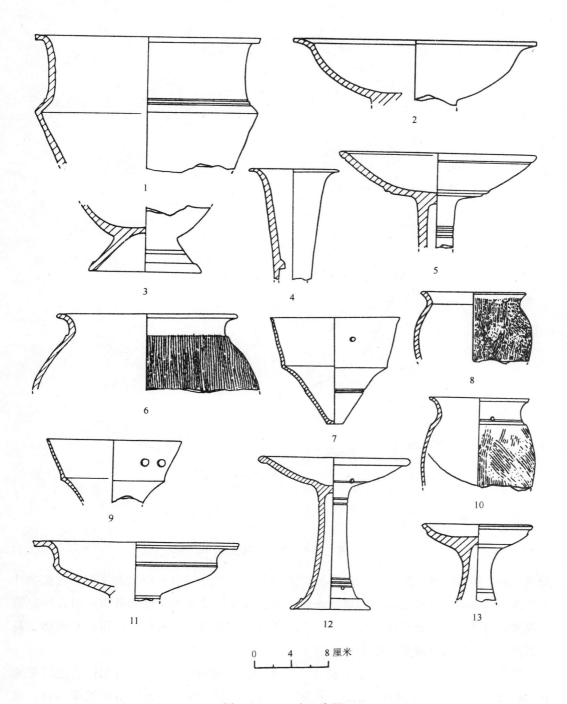

图二七　SH6 出土陶器

1、3.罍 SH6:15、16　2、5、11~13.豆 SH6:8、11、9、4、6　4.高柄器座 SH6:2　6、8.釜 SH6:5、7
7、9.小底尊形杯 SH6:1、13　10.鬲 SH6:17

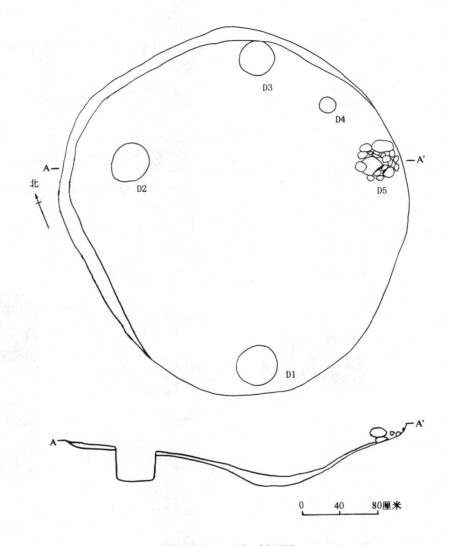

图二八　SH7平、剖面图

厘米，底长径312厘米，短径180厘米，深83厘米。坑内为灰分较大并夹有炭化植物叶茎的黑灰色灰烬，成组摆置的石块及红烧土块较密集，见有少量动物骨头。出有一定数量陶片，可复原及能够辨认器形有豆、小底尊形杯、高圈足尊形杯、高颈小平底尊、高柄器座、釜、尊形小罐等（图四一）。

SH11（图四〇；图版二，4），位于T16东南部，地层情况与SH10相同，上口距地表260厘米，西北部与SH12相接。平面作圆角三角形，北边与西、南边坑壁斜直，底平整。口南北长312厘米，东西宽255厘米，底南北长236厘米，东西宽210厘米，深75厘米。坑内堆积情况与SH10基本相同。出有较多陶片，可复原及可辨认的器形有小

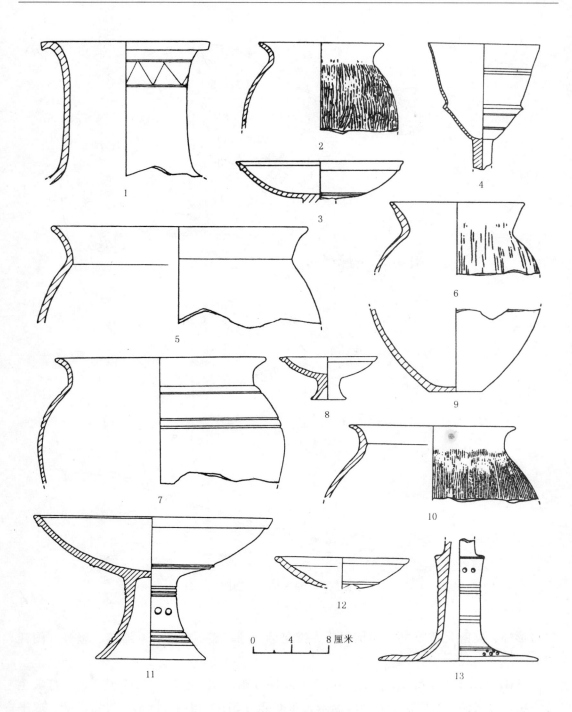

图二九　SH7 出土陶器

1、9.高颈小平底尊 SH7：18、19　2、6、10.釜 SH7：5、6、31　3、8、11、12.豆 SH7：2、9、3、26　4.细高
柄尊形杯 SH7：29　5.大口深腹罐 SH7：15　7.罍 SH7：33　13.高柄器座 SH7：22

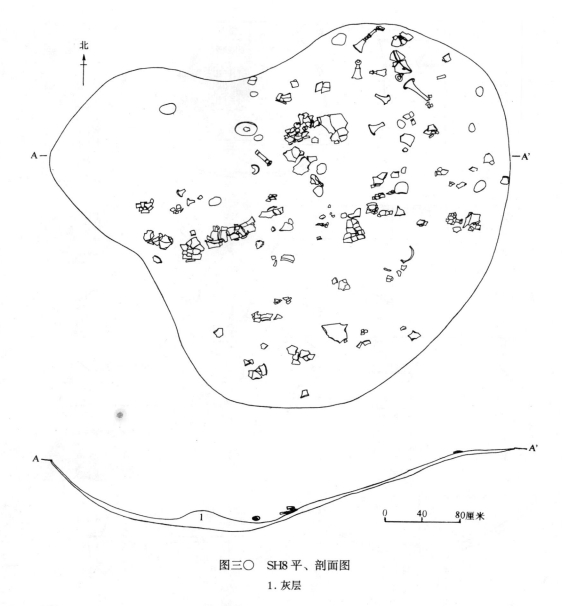

图三〇 SH8 平、剖面图

1. 灰层

底尊形杯、高圈足尊形杯、高柄器座、锥足鼎、罍、簋、筒形杯、器盖、釜等（图四二）。

SH12（图四三；图版三，2），位于 T16 探方东北角，叠压于④G 层之下，打破生土。坑仅存底部，上口距地表 300 厘米，东南部与 SH11 相接。圆形，坑壁斜陡，底平整。口径 238 厘米，底径 206 厘米，深 17 厘米。堆满灰烬，卵石摆置密集，皆烧为黑褐色，动物骨头较少。出土陶片较多，可复原及可辨认器形有小底尊形杯、豆、高圈足尊

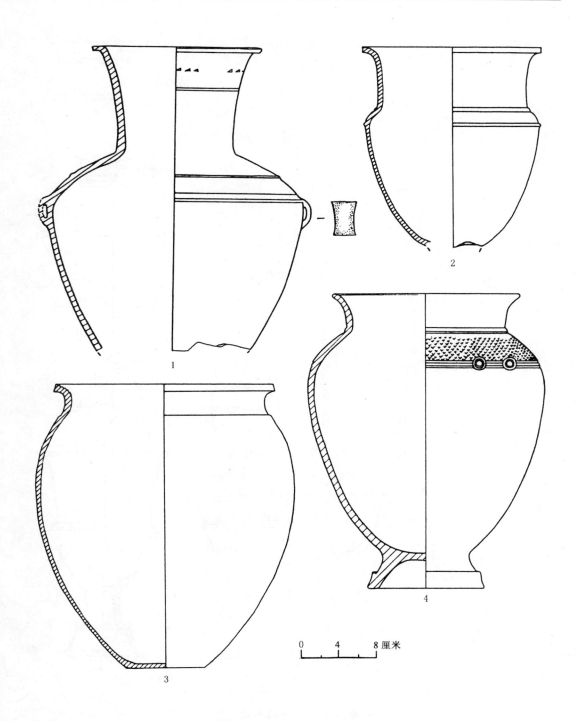

图三一　SH8 出土陶器（1）

1. 高颈小平底尊 SH8:73　2. 有柄尊 SH8:77　3. 大口深腹罐 SH8:16　4. 罍 SH8:67

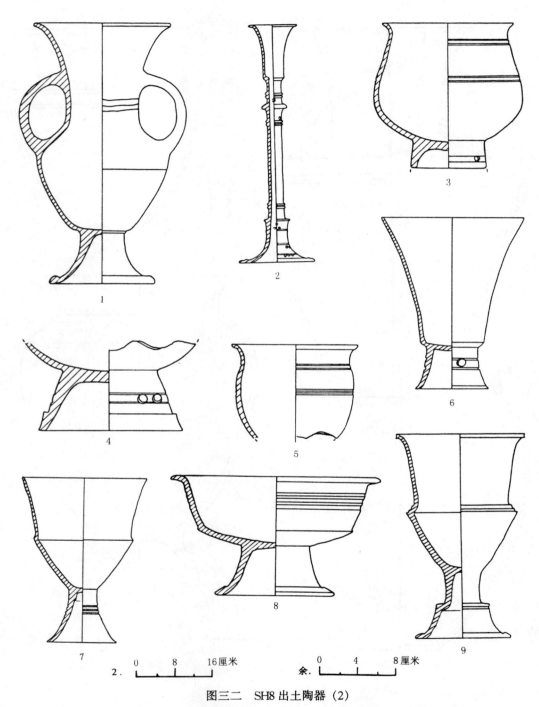

图三二　SH8 出土陶器（2）

1. 有錾圈足尊 SH8:20　2. 高柄器座 SH8:28　3、5. 圈足罐 SH8:26、32　4. 罍 SH8:51

6. 觚 SH8:27　7、9. 高圈足尊形杯 SH8:34、33　8. 簋 SH8:58

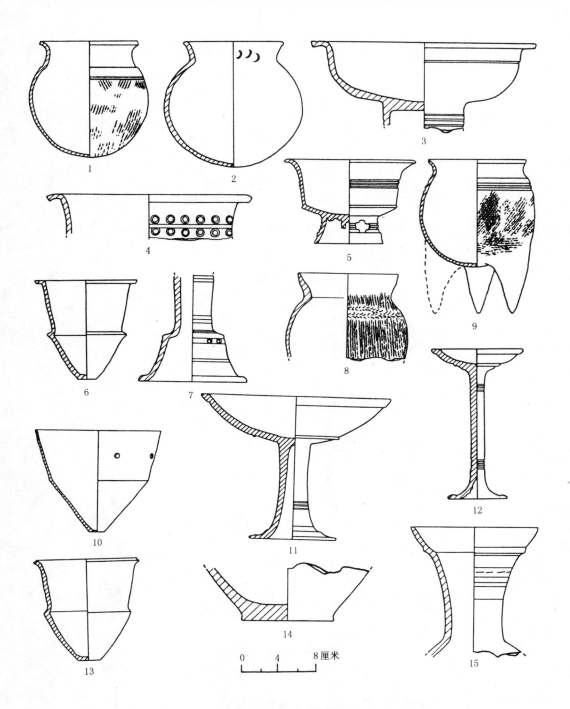

图三三 SH8 出土陶器（3）

1、2、8. 釜 SH8：21、18、22 3、11、12. 豆 SH8：59、62、66 4、14. 罍 SH8：55、81 5. 簋 SH8：57

6、10、13. 小底尊形杯 SH8：42、4、37 7. 器柄 SH8：54 9. 锥足鼎 SH8：84 15. 扁腹壶 SH8：30

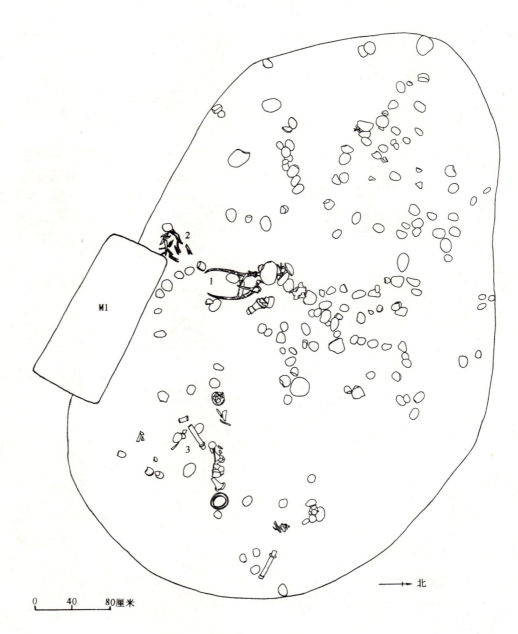

图三四　SH9 平面图

1. 鹿头骨　2. 兽骨　3. 石块、兽骨及陶片

形杯、圈足罐、高颈小底尊、曑、簋、釜、尊形双耳罐等（图四四）。

　　SH17（图四五；图版三，3；彩版二，4），位于 T16 西北部，延及 T15、T27 探方内，叠压于 T16④G 层之下，西边被 SH1、SH2 打破，打破 F1 及生土。上口距地表 137

图三五 SH9 出土陶器（1）

1、3.高颈小平底尊 SH9：86、64 2、8.大口深腹罐 SH9：95、91 4.釜 SH9：101 5.罍 SH9：90

6.有柄尊 SH9：60 7.扁腹壶 SH9：83

厘米。平面近梯形，坑壁较斜直，西边坑壁较高，东边较为低矮，底平整。坑东北角与 SH12 相接。坑口长 488～378 厘米，宽 320～140 厘米，坑底长 254 厘米，宽 186～135

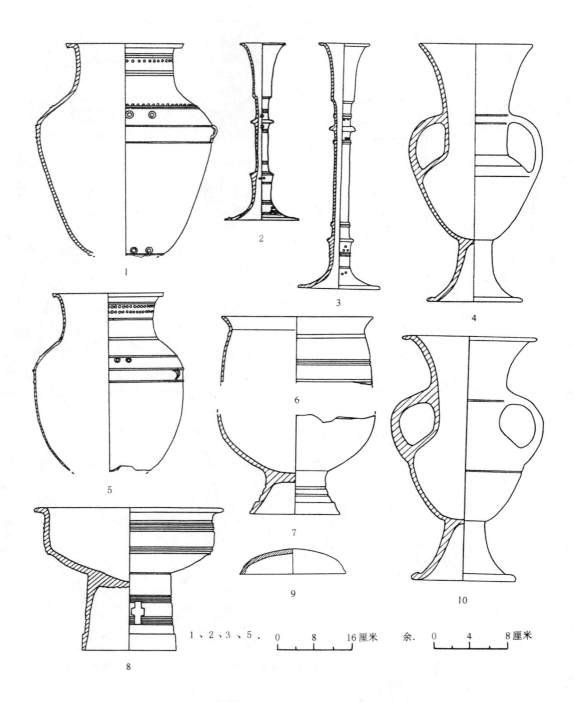

图三六　SH9 出土陶器（2）

1、5. 罍 SH9:80、81　2、3. 高柄器座 SH9:39、41　4、10. 有鋬圈足尊 SH9:79、78　6、7. 圈足罐
SH9:76、77　8. 簋 SH9:28　9. 器盖 SH9:131

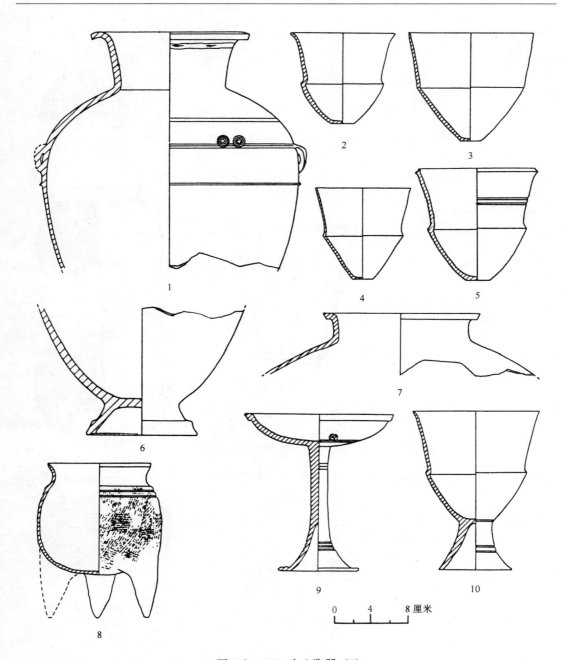

图三七 SH9 出土陶器 (3)

1、6、7. 罍 SH9:71、87、130 2~5. 小底尊形杯 SH9:15、9、7、6

8. 锥足鼎 SH9:13 9. 豆 SH9:29 10. 高圈足尊形杯 SH9:16

厘米，深185厘米。南端坑壁自口往下约100厘米处有一台阶。底部成组摆放的卵石分布密集，动物骨头较多。中心处扣置一完整龟背骨，南部扣置一完整动物头盖骨。坑内

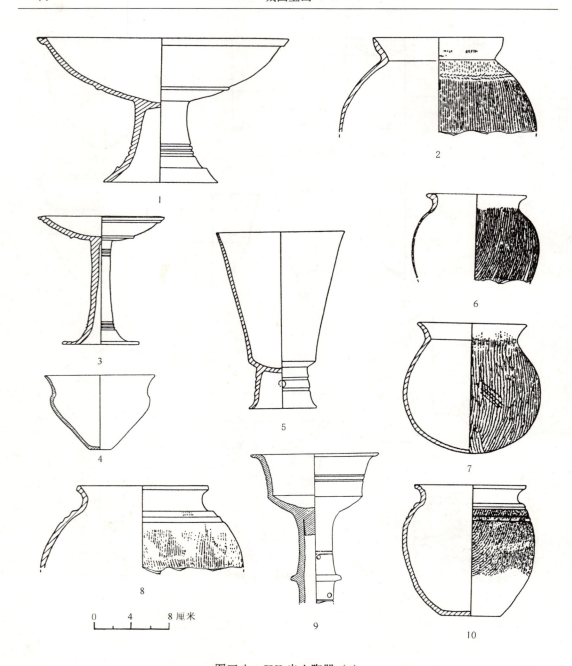

图三八　SH9 出土陶器（4）

1、3.豆 SH9:56、11　2、6~8.釜 SH9:121、103、108、115　4.小底钵 SH9:84　5.觚 SH9:38　9.簋
SH9:35　10.圆腹罐 SH9:106

堆积为灰土相杂，底部灰分较重。出土陶片较少，可辨认器形不多，有豆、高颈小平底
尊、器柄等。

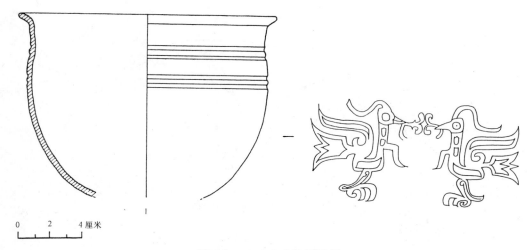

图三九　SH9 出土陶圈足罐

1. 圈足罐 SH9：75

SH19（图四六；图版九，1），位于 T28，延及 T33 等探方内。叠压于③B 层之下，打破龙山、仰韶堆积层及生土。上口距地表 113 厘米。平面呈 8 字形，壁较斜直，底部有高约 20 厘米的土塄将两个坑隔开。北半部底平面呈鞋底状，较平整；南半部底为不规则形，南端有高 28 厘米的烧土堆积，口总长度 600 厘米，宽度北半部为 260 厘米，南半部复原宽度与其相近。底总长度 485 厘米，其中北半部长约 208 厘米，南半部长约 236 厘米；宽度，北半部为 116 厘米，南半部为 152 厘米；深度，北半部为 150 厘米，南半部为 136 厘米。自上而下共有 5 层堆积。第一层为灰分很重的黑色灰烬堆积，厚 35 厘米，见有少量卵石，动物骨头和陶片较多。第二层，有一片约 150 米见方的红烧土遗迹从北半部的北边延伸至南半部，为灰、土相杂的堆积，厚 40～45 厘米，内含物情况与第一层同。第三层为灰分较重的灰烬堆积，厚约 30 厘米，摆放有较多卵石，被烧为黑褐色，动物骨头和陶片较多。第四层，南、北两部以土塄为界，堆积内容不同：南半部南端的底层有一个 108×96 厘米见方、厚 28 厘米的红烧土烧结层，其余部位堆积灰白色灰烬，厚度与红烧土层同，摆放较多卵石，动物骨头及陶片较多；北半部则于灰、土相间的灰层中密布石块，其间动物骨头及陶片较多，厚度 25～30 厘米。第五层，见于北半部，有 10～15 厘米厚的黑灰层，中间部位置一牛头骨，其北置一鹿头骨，并见少许卵石及陶片。

该坑出土大量陶片，其上、下部所出陶片面貌一致，应为同一时期堆积而成。可复原及可辨认的器形有豆、高颈小平底尊、小底尊形杯、高柄器座、大口深腹罐、圆腹罐、罍、釜、长颈圈足尊等（图四七、四八）。

SH20，位于 T27 西北角，叠压于③层之下，西边分别被汉代 K6 和近代姜窖打破，打破 F2 及生土。上口距地表 85 厘米。平面圆形，四周壁较直，底稍向下弧。口径 222

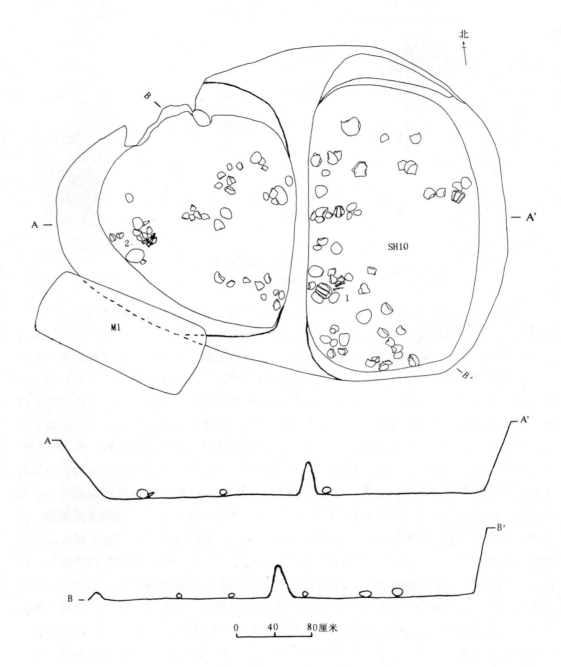

图四〇　SH10、SH11平、剖面图

1、2. 石块、红烧土块、兽骨及陶片

厘米，底径213厘米，深48厘米。坑内卵石分布密集，成组排列，堆满黑、白色相间的灰烬，动物骨头较多见，有肢体骨、下颌骨等。出有较多陶片，可复原和可辨认器形有

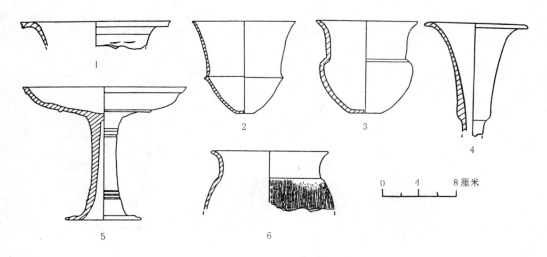

图四一　SH10 出土陶器

1.高颈小平底尊 SH10：8　2.小底尊形杯 SH10：9　3.尊形小罐 SH10：7　4.高柄器座 SH10：2

5.豆 SH10：1　6.釜 SH10：4

豆、高颈小平底尊、小底尊形杯、扁腹壶、釜、鬲等（图四九、五〇）。

SH22（图五一），位于 T33 北部，叠压于③层之下，西、北两边被近代坑和姜窖打破，打破龙山、仰韶堆积层及生土。上口距地表 81 厘米。平面为不规则的圆形，坑壁弧陡，底略下弧。口长 177 厘米，宽 169 厘米，深 52 厘米。在东南部和西北部坑沿处有两个柱洞，在坑内东边发现有自坑底堆起的数层卵石，上面一层皆为较大的扁平石头，当为柱础。柱洞、柱础依次编号 D1～D3，D1 基本呈方形，口边长 34 厘米，深 28 厘米；D2 近似长方形，长 23 厘米，宽 19 厘米，深 23 厘米；D3 平面 44×31 厘米见方。坑西南沿外有一向西南方向斜出的部分，较低，被近代姜窖口部打破。斜出部分横宽 44 厘米，纵长约 27 厘米，深 23 厘米，当为进出该坑的踩阶。坑西边修出一低于坑上沿的平台，保留高度 6 厘米。其上有一副幼儿骨架，由于近代坑的扰动，骨骼较凌乱。据清理时观察，该平台系对坑西沿稍加修整而成，应是与该烧烤坑同时的遗迹。

该坑中堆满灰烬，灰分较大，尤以下部为甚。所见动物骨头较多，卵石较少。出有一定数量陶片，完整陶器和可辨认器形有豆、高颈小平底尊、高柄器座、釜、敞口尊、盅等（图五二）。

SH26（图五三；图版五，1），位于 T44、T39 之间，叠压于 T44③层之下，打破④A 层及 SH27。上口距地表 28 厘米。平面呈圆角三角形，壁弧斜，东部较陡，西部较缓，底向下弧凹。坑口长 366 厘米，宽 303 厘米，深 57 厘米。底层西北部为大面积红烧土层，厚 9～15 厘米。烧土层之上及其余部位皆堆满灰烬，灰烬内约一半为沙子，呈红褐色，质密实，较坚硬。卵石成组摆放，分布密集，有很多动物骨头混杂在灰烬中。出土

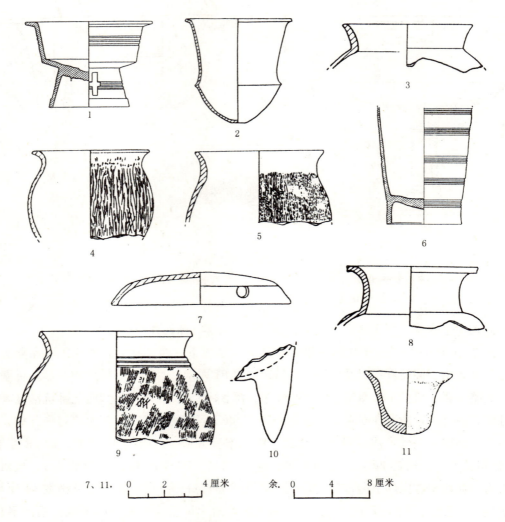

图四二　SH11 出土陶器

1.簋 SH11:10　2.小底尊形杯 SH11:4　3、8.罍 SH11:13、16　4、5.釜 SH11:18、17　6.筒形杯
SH11:15　7.器盖 SH11:14　9.锥足鼎 SH11:3　10.鼎足 SH11:2　11.盅 SH11:12

有大量陶片，可复原和可辨认器形有豆、鬲、细高柄尊形杯、扁腹壶、小底尊形杯、高柄器座、大口深腹罐、罍、簋、釜、高颈小平底尊等（图五四、五五）。

SH27（图五六；图版五），位于 T44 与 T39 之间，叠压于 T44④A 层之下，中部、东部被 SH26 打破，南端坑沿处被一近代长方形小坑打破，打破龙山堆积层、SH28、F4 及生土。上口距地表 70 厘米。平面近似椭圆形，由一土塇相隔为南、北两部分，壁弧状，较陡，底弧凹，北部较南部为深。口总长 550 厘米，其中北半部长 322 厘米，南半部长 228 厘米；宽 255 厘米；北部深 76 厘米，南部深 55 厘米。南部坑东边中间部位，

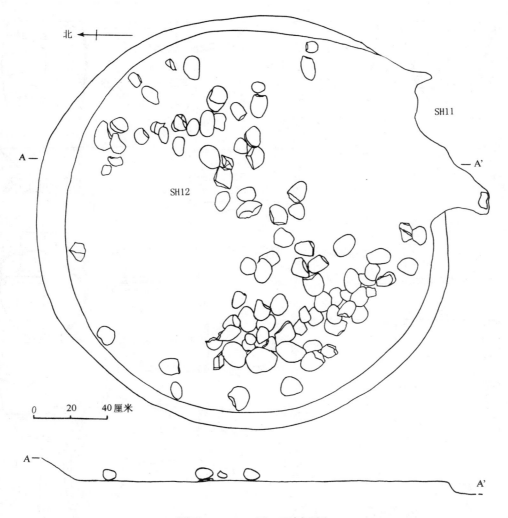

图四三　SH12 平、面剖面图

有一斜出的平面圆角方形踩阶，横宽 46 厘米，纵长 34 厘米，深 15 厘米。北部坑底中部有 3 组挖成半圆形的小坑，每组 2～3 个，烧为红褐色。南部坑底中间有一个含灰烬堆积的平面椭圆形小灶坑，火口朝西南，长径 32 厘米，短径 24 厘米，高 21 厘米。北部坑底偏南处，置一牛头骨。坑中堆满灰分很重的灰烬，灰白色灰与黑色灰相间，南部坑中堆满质地极细的灰白色灰烬。成组排列的卵石分布密集，动物骨头多见。卵石与骨头皆被烧为黑褐色，轻击即碎。出土大量陶片，可复原和能够辨认器形有鬲、高颈小平底尊、小底尊形杯、细高柄尊形杯、高柄器座、大口深腹罐、罍、簋、豆、小底钵、扁腹壶等（图五七、五八）。

SH33（图五九；图版六，1），位于 T35 西部，叠压于③层之下，打破 SH34、龙山、

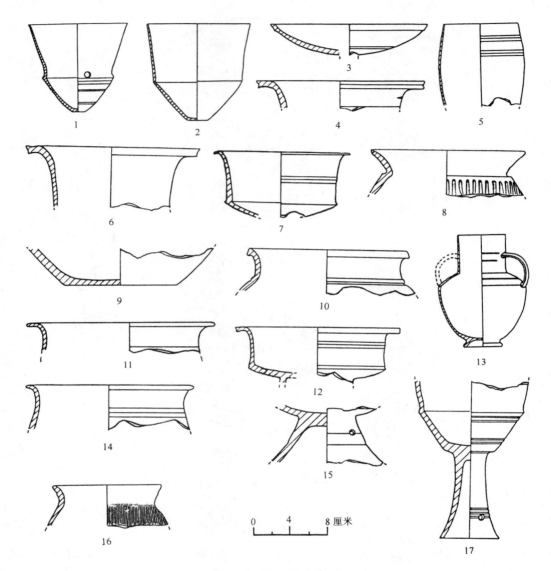

图四四　SH12 出土陶器

1、2. 小底尊形杯 SH12:3、4　3. 豆 SH12:11　4、6、9. 高颈小平底尊 SH12:4、5、16　5. 筒形杯 SH12:27
7、12. 簋 SH12:24、9　8、16. 釜 SH12:25、17　10. 罍 SH12:26　11、14. 圈足罐 SH12:18、12　13. 尊
形双耳罐 SH12:30　15. 圈足 SH12:19　17. 高圈足尊形杯 SH12:28

仰韶堆积层及生土。上口距地表 70 厘米。平面椭圆形，壁弧状，较陡，底弧凹，西部较深。坑口长径 258 厘米，短径 175 厘米，深 41 厘米。坑中部偏北处置一牛头骨。卵石成组摆放，分布密集，堆满黑色与灰白色相间的灰烬，下部灰分较重，上部灰、土相杂。动物骨头较多。出有较多陶片，可复原与可辨认器形有豆、高颈小平底尊、釜、大口深

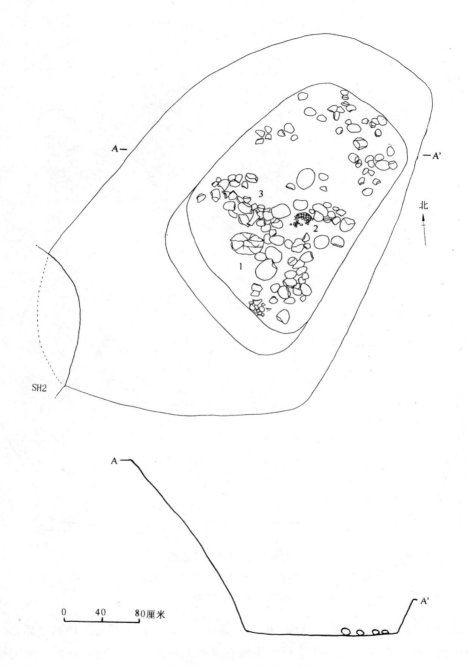

图四五　SH17平、剖面图

1. 兽头骨　2. 龟背骨　3. 石块、兽骨及陶片

腹罐、圆腹罐、小底尊形杯、高柄器座等（图六〇）。

该烧烤坑周围发现柱洞14个及柱础石一组，编为D1～D15。柱洞皆为圆形，直径

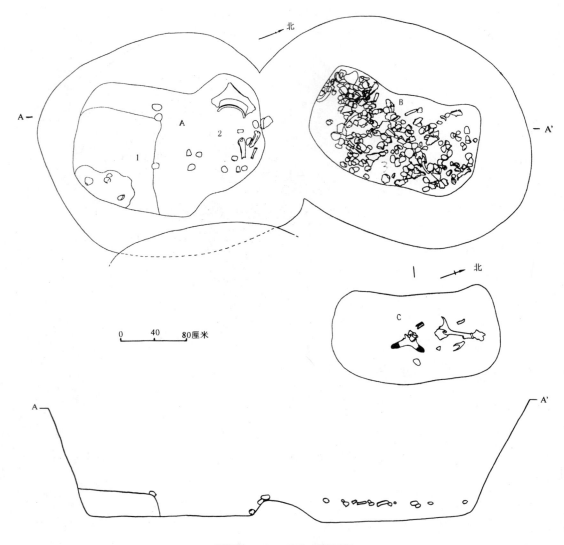

图四六　SH19 平、剖面图

A. 南半部第 4 层堆积　B. 北半部第 4 层堆积　C. 北半部第 5 层堆积

1. 烧土　2、3. 石块、红烧土块、兽骨及陶片

17~41 厘米，深 10~40 厘米。其中 D8、D9 紧排在一起。D14 只见两块扁平卵石，柱洞痕迹不明显，据其位置，当为柱础石。柱础石显示此坑之上应有建筑存在。根据柱洞的分布，建筑平面形状当为长方形。东南角与西北角因近现代遭到破坏，未发现柱洞。面积东西长约 496 厘米，南北宽约 408 厘米。此建筑编号为 F6。SH33 应是设于该建筑内的烧烤坑。由于未发现墙的遗迹，因此关于该建筑门的设置及其结构情况等尚不清楚。

SH34（图五九；图版六，1），位于 T35、T34 之间，叠压于 T35③层之下，东部被

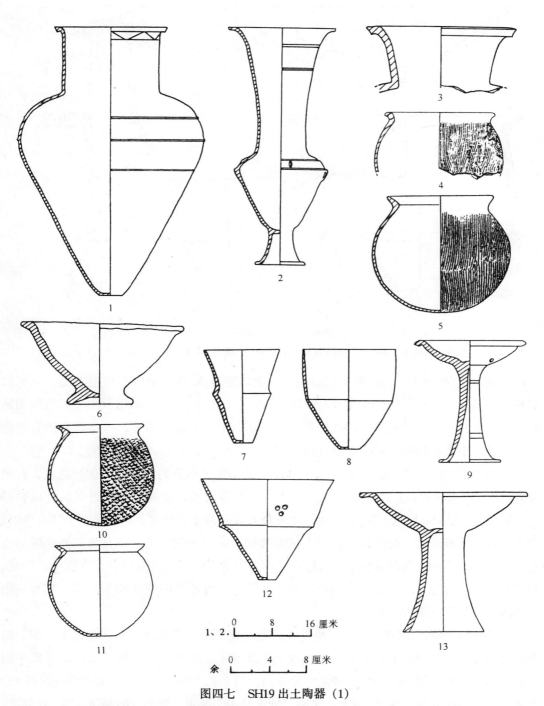

图四七　SH19 出土陶器（1）

1.高颈小平底尊 SH19：15　2.长颈圈足尊 SH19：16　3.罍 SH19：46　4、5、10.釜 SH19：57、21、29
6、9、13.豆 SH19：43、41、30　7、8、12.小底尊形杯 SH19：42、33、44　11.圆腹罐 SH19：31

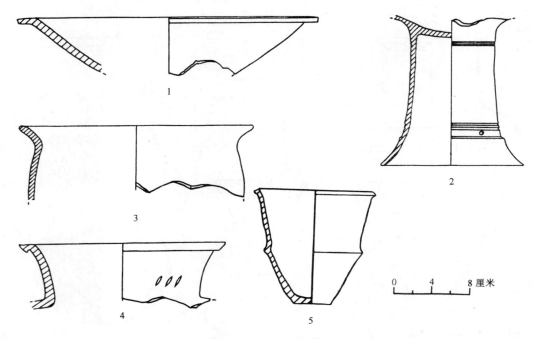

图四八　SH19 出土陶器（2）

1、2. 豆 SH19：53、40　3. 大口深腹罐 SH19：56　4. 罍 SH19：48　5. 小底尊形杯 SH19：32

SH33 打破，打破龙山、仰韶堆积层及生土。上口距地表 75 厘米。平面椭圆形，坑壁较斜直，底弧凹。口长径约 210 厘米，短径 128 厘米，深 35 厘米。成组分布的卵石较为密集。灰烬灰分较大，呈灰黑色。动物骨头稍多。出土一定数量陶片，可辨认器形有高颈小平底尊、小底尊形杯、罍、釜等（图六一）。

　　SH38（图六二；图版二，5），位于 T18，延及 T28 探方内。叠压于③层之下，打破 SH41、SH39 及生土。上口距地表 120 厘米。平面椭圆形，壁陡直，底近平。坑口长径 229 厘米，短径 154 厘米，深 61 厘米。坑中卵石及红烧土块极多。红烧土块上印有椽痕，当为木骨泥墙被烧烤后的遗留物，在本区商时期烧烤坑中较常见。卵石和红烧土块形成三个较明显的空间，其间堆满灰褐与红褐色相间的灰烬，动物骨头较多，有肢骨、肋骨、肩胛骨、下颌骨等。出土了许多陶片，但皆破碎，可复原和能辨认器形不多，有豆、小底尊形杯、釜等（图六三）。

　　SH39（图六四；图版二，5），位于 T29 与 T18 之间，叠压于 T29③层之下，东、西两边分别被 SH38、SH40 打破。上口距地表 120 厘米。平面呈 8 字形，二坑之间以平面为弧曲形的土墚阻隔，壁弧状，较陡，底弧凹。口总长 256 厘米。其中南半部坑纵长 152 厘米，宽约 195 厘米，深 25 厘米；北半部坑纵长 142 厘米，宽约 186 厘米，深 20 厘米。北半部石块少见，灰烬灰分较小，出土陶片不多。南半部卵石成组摆放，较为密集，西

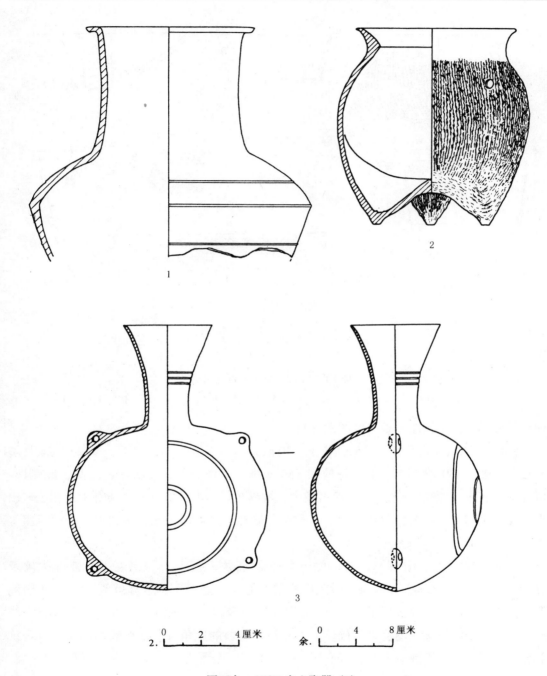

图四九 SH20 出土陶器（1）

1. 高颈小平底尊 SH20:6 2. 鬲 SH20:18 3. 扁腹壶 SH20:21

端有一块大石头，长约 40 厘米，厚约 28 厘米，坑中堆满灰烬，为灰白色与黑色灰相间。动物骨头较多，陶片较多见。南部、北部坑中所出陶片面貌一致，可辨认器形有豆、高

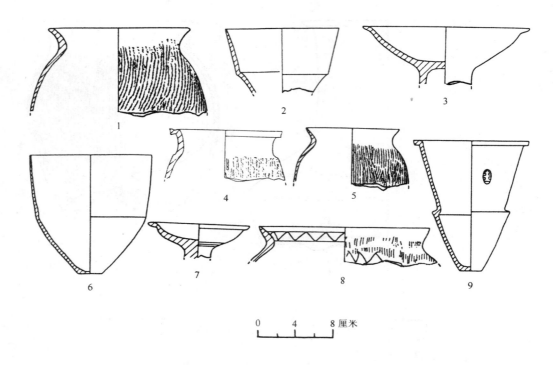

0   4   8 厘米

图五〇　SH20 出土陶器（2）

1、5、8. 釜 SH20：10、12、26　2、6、9. 小底尊形杯 SH20：8、23、22　3、7. 豆 SH20：17、15

颈小平底尊、高柄器座、釜等（图六五）。

SH40（图六四；图版二，5），位于 T29 西南角，叠压于③层之下，被汉代 K4 号坑打破，打破 SH39 及生土。上口距地表 120 厘米。平面圆形，壁弧状，较陡，底弧凹。口径 182 厘米，深 23 厘米。坑中卵石较少，堆满灰烬，呈灰褐色，并杂有少量沙子。出土一定数量陶片，可辨认器形有豆、高颈小平底尊、大口深腹罐、罍、釜、高柄器座等（图六六）。

SH41（图六七；图版二，5），位于 T19 西北角，叠压于③层之下，被近代坑及 SH38 打破，打破 SH42、SH44、仰韶堆积层及生土。上口距地表 130 厘米。平面椭圆形，壁陡直，底平，口长径 179 厘米，短径 149 厘米，深 45 厘米。坑中卵石及红烧土块成组摆放，堆积密集，动物骨头较多，并有用作骨料的鹿角等。出土较多陶片，可辨认器形有豆、高颈小平底尊、小底尊形杯、罍、釜等（图六八）。

SH42（图六七；图版二，5），位于 T19 西北角，延及 T30。叠压于③层之下，被 SH4 打破，打破仰韶堆积层及生土。上口距地表 127 厘米。平面椭圆形，壁弧斜，底弧凹，坑口长径 141 厘米，短径约 88 厘米，深 25 厘米。石块不多，灰烬满坑，动物骨头少见。出土一定数量陶片，可辨认器形有豆、小底尊形杯、釜等（图六九）。

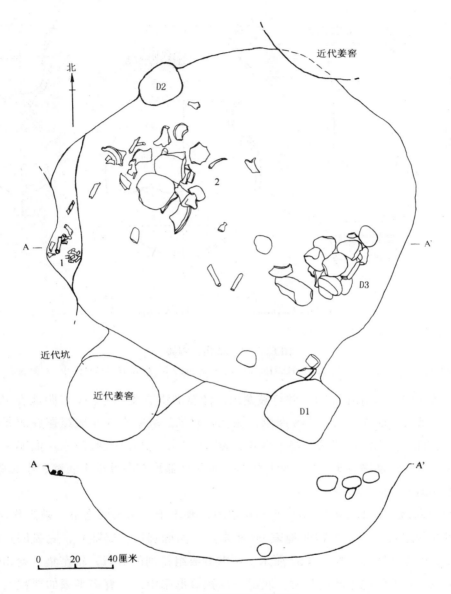

图五一　SH22 平、剖面图
1. 小孩骨架　2. 石块、兽骨及陶片

　　SH44（图六七；图版二，5），位于 T19 中部，叠压于②层之下，被 SH41 打破，打破生土。上口距地表 125 厘米。平面椭圆形，壁弧斜，底弧凹，坑口长径 149 厘米、短径 112 厘米，深 23 厘米。坑内石块与动物骨头皆不多。出土了一些陶片，可辨认器形有豆、高柄器座、釜、罍等（图七〇）。

　　SH47（图七一；图版七，2），位于 T11 东半部，叠压于③层之下，西、北两边分别

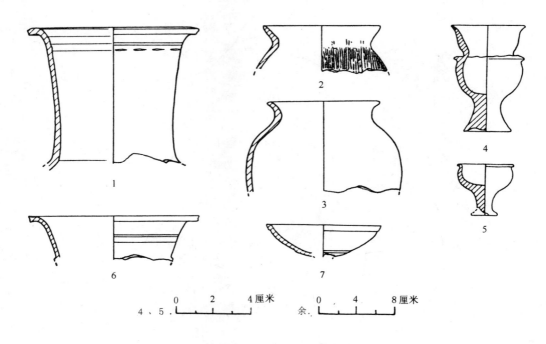

图五二　　SH22 出土陶器

1. 高颈小平底尊 SH22:15　2、3. 釜 SH22:16、10　4、5. 盅 SH22:6、1　6. 敞口尊 SH22:9　7. 豆 SH22:13

打破烧土圈（坑）西南沿和 F1，并打破龙山、仰韶堆积层及生土。上口距地表 70 厘米。平面圆形，壁直，底平。直径 148 厘米，深 120 厘米。坑中有 4 层成组摆放的卵石。底部靠西壁处有一块烧结特甚的红烧土堆积，宽 60 厘米，高 10～30 厘米。堆满夹有不少红烧土块的灰烬，动物骨头少见。陶片较多，可辨认器形有高颈小平底尊、小底尊形杯、篮、釜等（图七二）。

SH48（彩版二，2）位于 T06 和 T10 之间，叠压于 T10③层之下，被近代坑打破，打破仰韶堆积层及生土。上口距地表 96 厘米。平面椭圆形，壁陡直，底弧凹。口长径 249 厘米，短径约 181 厘米，深 57 厘米。坑内有成组排列的卵石，较密集，动物骨头多见，堆满包含较多红烧土渣的灰烬。底部一高颈尊形罐中，装有多半罐如粟粒大小的炭化植物果实。陶片多见，可复原及能辨认的器形有豆、高颈小平底尊、小底尊形杯、釜、大口深腹罐、器盖等（图七三）。

SH51（图七四；图版六，二），位于 T5 北部，叠压于③层之下，被汉代坑 K1 打破，打破龙山、仰韶时期堆积层及生土。上口距地表 65 厘米。平面呈圆角三角形，壁弧斜，底较平。口长 174 厘米，宽 164 厘米，深 29 厘米。南边中部偏西处有一平面为半圆形的踩阶，横宽 77 厘米，纵长 39 厘米，深 17 厘米。坑内近踩阶处放一牛头骨，其上横置一棒形长石头。坑内其他地方较密集地排列着成组卵石，堆满灰烬，灰烬中夹杂不少火烧炭化的竹片碎屑。有较多动物骨头，陶片较多，可复原和可辨认器形有豆、高颈小平底尊、釜、大口深腹罐、小底尊形杯、细高柄尊形杯、鬻、鸟喙形器柄等（图七五）。

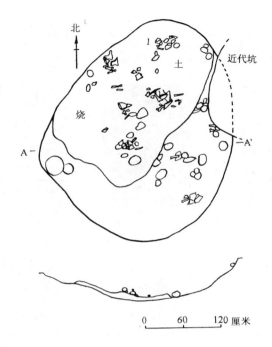

图五三　SH26 平、剖面图
1. 石块与陶片

　　SH57（图七五；图版六〇，2），位于 T04 与 T5 之间，叠压于 T04③层之下，被汉代坑 K1 打破，打破仰韶时期堆积层及生土。上口距地表 63 厘米。残存坑平面为半圆形，弧底，口径 93 厘米，深 27 厘米。石块较少，灰烬较厚，动物骨头少见。出土较多陶片，可辨认器形有高颈小平底尊、大口深腹罐、高柄器座、豆、釜、有柄尊等（图七六）。

　　SH58，位于 T06 南部，叠压于③层之下，被近代坑、汉代 K3 打破，打破仰韶堆积层及生土。上口距地表 70 厘米，平面为 8 字形，壁弧斜，底弧凹。现存长度约 140 厘米，宽 110 厘米，深 21 厘米。石块与动物骨头多见，灰烬满坑。陶片较多，可复原和可辨认器形有鬻、小底尊形杯、高颈小平底尊、釜等（图七七）。

　　SH59（图版七，1），位于 T06 西北部，叠压于③层之下，被近代坑及 M6 打破，打破生土。上口距地表 70 厘米。残存部分的壁陡直，底近平。残存口径 87 厘米，深 26 厘米。卵石较少，灰烬较厚，动物骨头少许。陶片不多，可辨认器形有小底尊形杯、高柄器座、鬻等（图七八）。

　　（二）烧土圈（坑）遗迹

　　位于 T16、T11、T12、T13、T18 等几个探方内。为一个坡度较缓的锅底状坑，沿坑周边有一条宽 70~120 厘米的红烧土圈，厚约 3 厘米，烧结较甚，质地坚硬。最高处上距地表 130 厘米。坑底底面有很薄的一层黑灰，断续分布，并有明显的踩踏痕迹，出土少量陶片。该坑叠压于 T16④G 层之下，打破 T16、T11 和 T12⑤、⑥层（即龙山、仰韶堆积层）及生土。其南边界限，在 T11 东南角基点往北 306 厘米处和 T12 东南角基点往北 363 厘米处，由 T13 西北角弧折向北延伸，被近代姜窖打破，于 T17 东南角基点往北 28 厘米处，向西弧折延伸，再前由于汉代堆积扰动较大，其局部迹象不明显，西端与 T11 北沿相接。西边界限在 T16 东南角往西约 200 厘米处，由此往北与 SH14 东边沿和

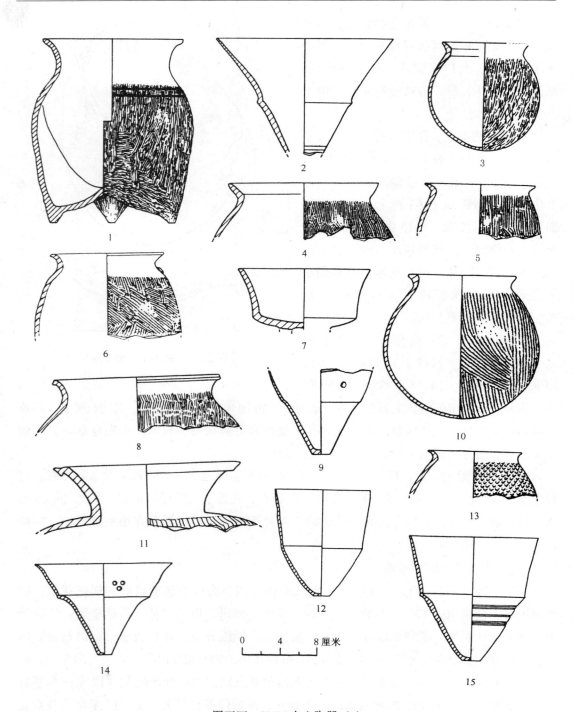

图五四　SH26 出土陶器（1）

1、6. 鬲 SH26：34、59　2. 细高柄尊形杯 SH26：55　3、4、5、8、10、13. 釜 SH26：45、81、48、94、42、79

7. 簋 SH26：61　9、12、14、15. 小底尊形杯 SH26：62、67、70、38　11. 罍 SH26：58

图五五　SH26 出土陶器（2）

1~4、6.豆 SH26:73、74、41、35、71　5.大口深腹罐 SH26:65　7.扁腹壶 SH26:56

8.高颈小平底尊 SH26:51

SH11 西边沿相接。东西长约 900 厘米，南北宽约 600 厘米，深（依 SH10 坑口高度计）122 厘米。SH10、SH11 是于此坑最低处下挖而成。该坑中未见卵石等通常在烧烤坑中可见到的遗迹，可能为 S10、S11 等烧烤坑使用者的生活活动空间。烧土圈是为了加固坑边沿而设置。据地层与出土遗物情况分析，此坑当与 SH10、SH11、SH12、SH13、SH14、SH17 几个烧烤坑属同时期构建（参见图三）。

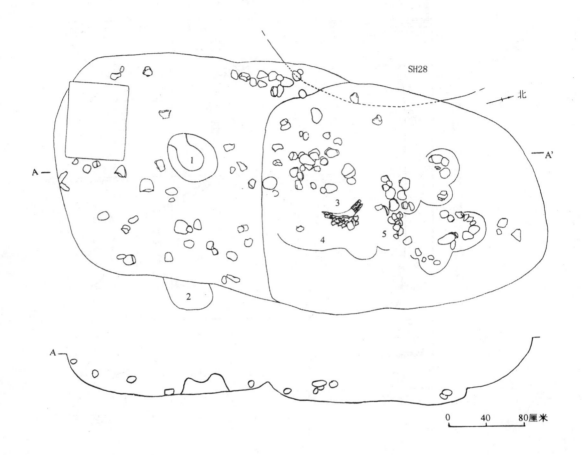

图五六　SH27 平、剖面图

1. 灶坑　2. 踩阶　3. 牛头骨　4. 烧土小坑　5. 石块、兽骨及陶片

（三）房屋基址

房屋基址共发现 2 座。

F5（图七九），位于 T10、T5 之间，叠压于 T10③层之下，被近代坑、汉代坑 K2 打破，打破龙山、仰韶堆积层。上距地表 70 厘米。现存一段东、南墙槽拐角和一段东西向墙槽。以南墙槽计，方向 288°。拐角东墙槽长 188 厘米，南墙槽长 268 厘米，东西向一段墙槽不甚端直，它与东墙槽于拐角往北 72 厘米处相交，其往东一段长 70 厘米，往西一段长 106 厘米。发现柱洞 3 个，编号 D1～D3，皆圆形，其中 D1 口径 25 厘米，深 22 厘米；D2 口径 23 厘米，深 39 厘米；D3 口径 22 厘米，深 17 厘米。墙槽宽 12～18 厘米，深 10～15 厘米。墙槽底部有直径约 3～5 厘米的浅圆窝，当是木骨泥墙立柱之痕迹。由于遗迹保留有限，因此关于该建筑的布局与结构等尚不清楚。

F6，见"烧烤坑"一节中"SH33"相关叙述，参见图五九。

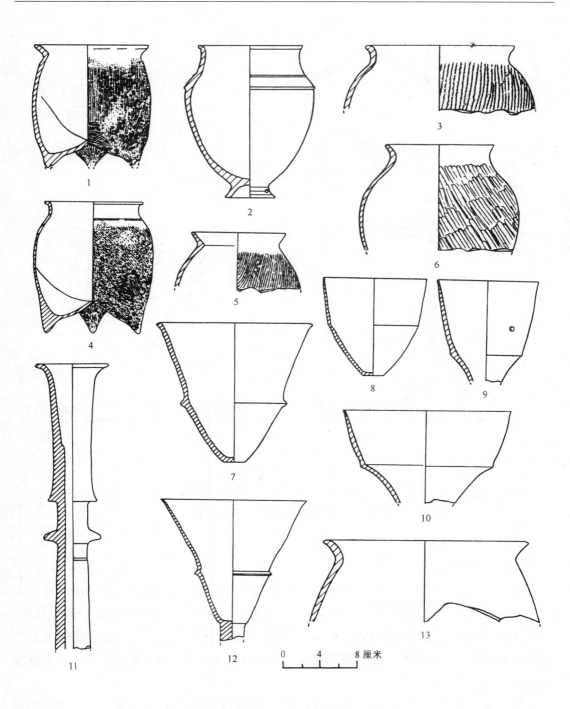

图五七　SH27 出土陶器（1）

1、4.鬲 SH27:16、17　2.罍 SH27:20　3、5、6.釜 SH27:23、28、20　7～10.小底尊形杯 SH27:41、

44、42、48　11.高柄器座 SH27:58　12.细高柄尊形杯 SH27:40　13.大口深腹罐 SH27:46

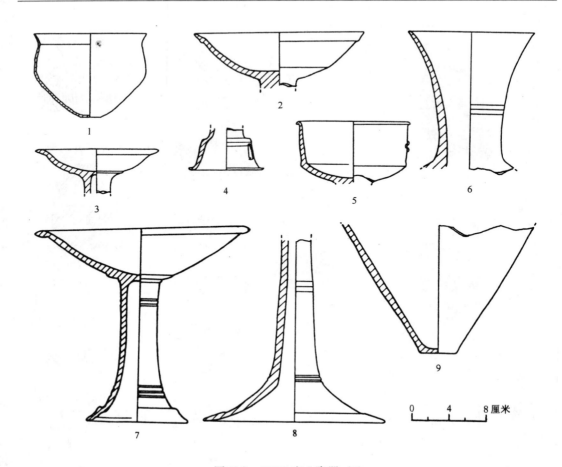

图五八　SH27 出土陶器（2）

1. 小底钵 SH27:19　2、3、7. 豆 SH27:50、35、60　4. 器柄 SH27:49　5. 簋 SH27:37　6. 扁腹壶
SH27:54　8. 高柄器座 SH27:57　9. 高颈小平底尊 SH27:52

（四）铺石遗迹

铺石遗迹共发现 4 处。

第一处（图版二，2），位于 T12 东北部与 T16 东南部之间，即前述烧土圈（坑）西南角处。叠压于 T16④G 层之下，建于烧土圈（坑）底面上，最高处上距地表 135 厘米。系以 8～15 厘米直径的卵石铺成，保留长度 330 厘米，宽约 132 厘米。铺石之间出土较多夹砂褐陶和泥质灰陶片。此处坡度稍陡，应是为便于上下 SH11 等几个烧烤坑而铺设的走道（参见图三）。

第二处（图版二，3），位于 T33 西北部、T32 东北部与 T33 东南部、T34 西南部之间，有两段，偏西北东南向。叠压于上述几个探方③层之下，建于仰韶堆积层之上。上距地表 75 厘米。以卵石铺成，卵石多在 8～12 厘米之间，也有直径较大的扁平石头。西

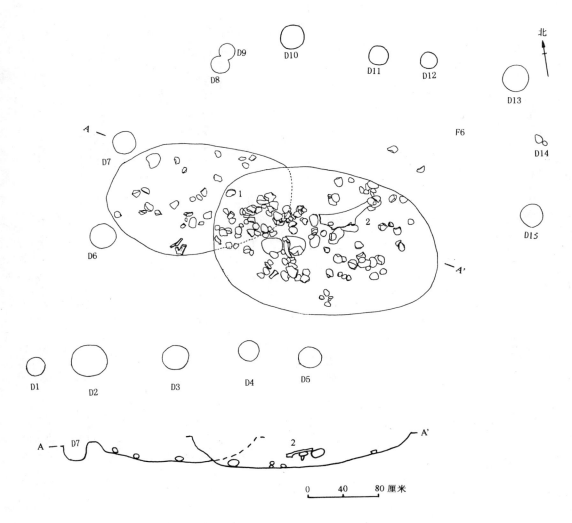

图五九　SH33、SH34 平剖面图及 F6 平面图
1. 石块、兽骨及陶片　2. 牛头骨

段保留长度 156 厘米，东段保留长度 275 厘米，宽约 60 厘米。两段铺石间有柱洞 4 个，由西往东编号为 D1～D4，皆为圆形，其中 D1 口径 18 厘米，深 10 厘米；D2 口径 17 厘米，深 7 厘米；D3 口径 21 厘米，深 14 厘米；D4 口径 37 厘米，深 23 厘米（参见图三）。铺石间隙出有夹砂褐陶及黑皮灰胎陶片。据发现有柱洞的情况分析，其应与建筑设施有关，不排除作为散水的可能性。但因其两端及周围皆被近代堆积层破坏，具体情况不得而知。

　　第三处，位于 T30 与 T51 之间，东北西南向，叠压于近代堆积层下，建于仰韶堆积层之上。上距地表 70 厘米。以直径为 8～12 厘米的卵石铺成，保留长度 225 厘米，宽约

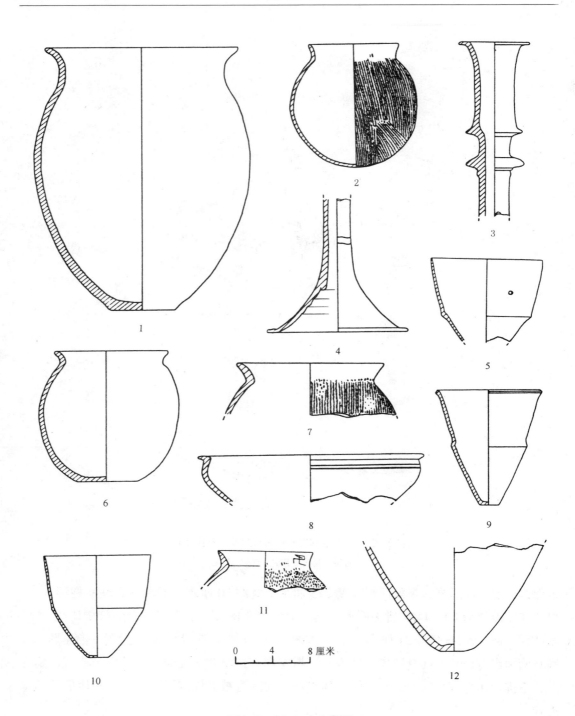

图六〇　SH33 出土陶器

1. 大口深腹罐 SH33:16　2、7、11. 釜 SH33:2、5、19　3、4. 高柄器座 SH33:28、10　5、9、10. 小底尊
形杯 SH33:4、3、20　6. 圆腹罐 SH33:1　8. 豆 SH33:24　12. 高颈小平底尊 SH33:9

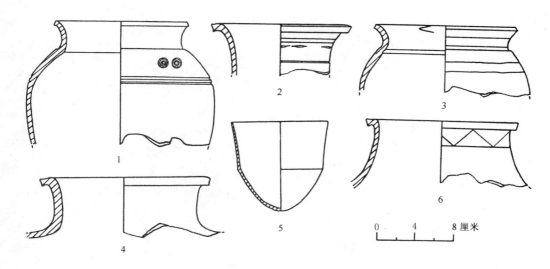

图六一　SH34 出土陶器

1、3、4、6. 罍 SH34：3、2、4、5　2. 高颈小平底尊 SH34：6　5. 小底尊形杯 SH34：7

60 厘米。卵石之间见有夹砂褐陶片。此处地势平坦，其方向与本遗址中所见商时期建筑方向一致，推测其当与建筑设施有关，亦当为散水遗迹（参见图三）。

（五）陶器坑

陶器坑发现 1 处，编号 K01（图八〇；图版九，2），位于 T08 西北部，叠压于③层之下，打破生土，上距地表 108 厘米。被近代坑包围，边沿破坏，仅残存局部遗迹，形状不规则，长 104 厘米，宽 53 厘米，深约 30 厘米。堆积数层陶片，中有零星卵石。可修复和可辨认器形较多，有小底尊形杯、高颈小平底尊、有鋬圈足尊、大口深腹罐、高柄器座、扁腹壶等（图八一、八二）。陶片堆积的高度低于本探方商时期烧烤坑口部的高度，因此该遗迹原应为坑的形式。

（六）墓葬

共发现 8 座（参见附表二）。均为长方形竖穴土坑，多较浅，墓坑两端宽度多不一致，无葬具发现，皆葬 1 人。

M1（图八三；图版一〇，4），位于 T16 东南部，叠压于③B 层之下，上口距地表 116 厘米。打破④A、④C～④G 层及 SH9、SH11、SH14，并且打破生土。墓坑较深，坑壁较直，墓底略小于墓口。长 178 厘米，宽 82～73 厘米，深 157 厘米。墓向 300°，头向与墓向基本一致，面部及身体微向右侧，上肢基本呈 90°屈于腹部，下肢跪屈，胫、腓骨与股骨屈度接近 360°，成年男性。头部置 1 件陶釜，胸部置石圭 3 件（图八四）。

M2（图八五），位于 T08 东北部，叠压于③层之下，打破 SH1、仰韶堆积层及生土，上口距地表 90 厘米。墓长 200 厘米，宽 64～58 厘米，深 10 厘米，墓向 108°，头向与墓

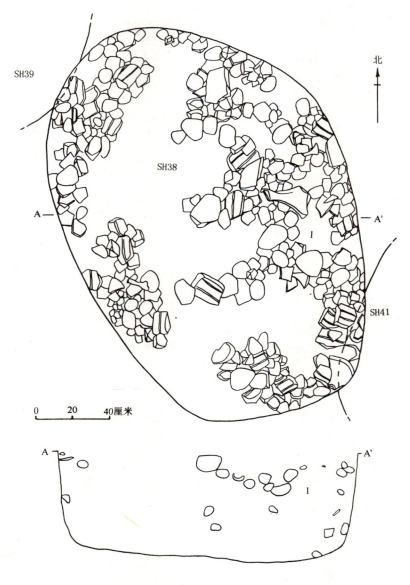

图六二　SH38 平、剖面图

1. 石块、红烧土块、兽骨及陶片

向基本一致，面部及躯体略向右侧，上肢交叉于腹部，下肢微屈，成年男性。足部置陶小底尊形杯 2 件。

M3（图八六），位于 T15 西北角，叠压于③层之下，打破 SH1 及生土。上口距地表 63 厘米。墓长 107 厘米，宽 30～19 厘米，深 6 厘米。墓向 122°，头向与墓向基本一致，面部向左侧，仰身直肢，上肢屈置腹部，为一儿童。

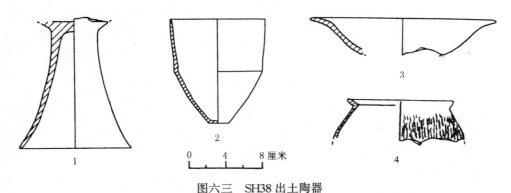

图六三　SH38 出土陶器

1、3. 豆 SH38∶3、4　2. 小底尊形杯 SH38∶6　4. 釜 SH38∶1

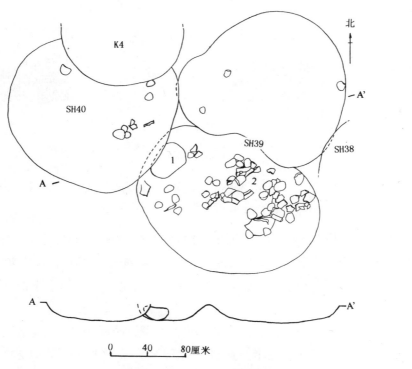

图六四　SH39、SH40 平、剖面图

1. 石头　2. 石块、兽骨及陶片

　　M4（图八七），位于 T15 西南部，叠压于③层之下，被 SH1 打破，打破生土。上口距地表 131 厘米。残长 83 厘米，宽约 38 厘米，深 6 厘米。墓向 139°，头向与墓向基本一致。仅保留腹以上骨骼，面部向右侧，额前置一卵石。肢体骨被扰动，多脱离原位，成年女性。

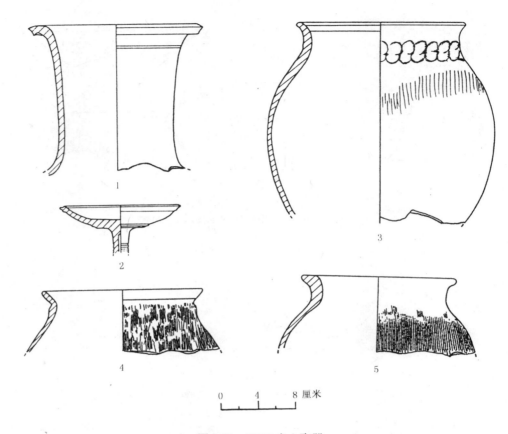

0　　4　　8 厘米

图六五　SH39 出土陶器

1. 高颈小平底尊 SH39:3　2. 豆 SH39:4　3～5. 釜 SH39:2、1、5

　　M5（图八八；图版一〇，2），位于 T29 西中部，叠压于③层之下，被汉代坑 K4 及近代姜窖打破；打破 SH36。上口距地表 78 厘米。墓残长 168 厘米，宽 49～36 厘米，深 10 厘米。墓向 28°。因近代姜窖破坏，头骨缺失，上肢呈 90°屈于腹部，下肢伸直，成年，性别不明。

　　M6（图八九；图版一〇，1），位于 T06 西北部，叠压于③层之下，打破生土，上口距地表 65 厘米。墓残长 117 厘米，宽 58～37 厘米，深 10 厘米。墓向 297°。因近代坑扰动，胸以上骨骼缺失，上肢基本呈 90°屈于腹部，下肢伸直，成年，性别不明。两股骨下端处压一椭圆形卵石，并见陶豆等残片。

　　M7（图九〇；图版九，4），位于 T30 西南部，叠压于③层之下，打破仰韶堆积层及生土，上口距地表 125 厘米。墓长 150 厘米，宽 55～49 厘米，深 15 厘米。墓向 98°，头向与墓向基本一致。面朝上，上肢交叉于腹部，下肢左屈，股骨与胫、腓骨屈度约 95°，成年女性，胸以下至足部，置陶高颈小平底尊 1 件，圈足罐 2 件（图九一）。

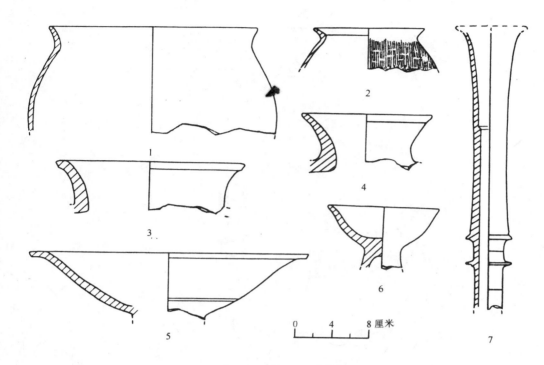

图六六　SH40 出土陶器

1. 大口深腹罐 SH40∶12　2. 釜 SH40∶5　3、4. 叠 SH40∶9、7　5、6. 豆 SH40∶3、8　7. 高柄器座 SH40∶6

　　M8（图九二；图版一○，3），位于 T43、T38 之间，叠压于 T43②层之下，打破仰韶堆积层，上口距地表 37 厘米。墓长 220 厘米，宽 98 厘米，深 16 厘米。墓向 294°，头向与墓向基本一致。面朝上，躯体微向右侧，上肢交叉于腹部，下肢向左微侧，成年女性。头一端墓壁处及足右下方置陶豆 3 件，高颈小平底尊 1 件（图九三）。

　　（七）动物坑

　　发现动物坑一座，编号 K02（图九四；图版九，3），位于 T30 西北部，叠压于③层之下，西部被近代坑打破，打破仰韶堆积层。上口距地表 121 厘米。坑近似椭圆形，底近平。残长 142 厘米，宽 122 厘米，深 7 厘米。坑内有一动物骨架，有角，似为鹿。头向 147°。侧身，前肢屈伸，后肢由于近代坑破坏而缺失。此坑距 M7 仅 155 厘米，可能为 M7 的动物殉葬坑。

　　二、遗物

　　发现的商时期遗物以陶器最多见，还有骨器、青铜器、石器等。

　　（一）陶器

　　本区商时期地层及遗迹中出土陶片达数万片，其中有一批完整和可复原者。现将其面貌特征叙述于下。

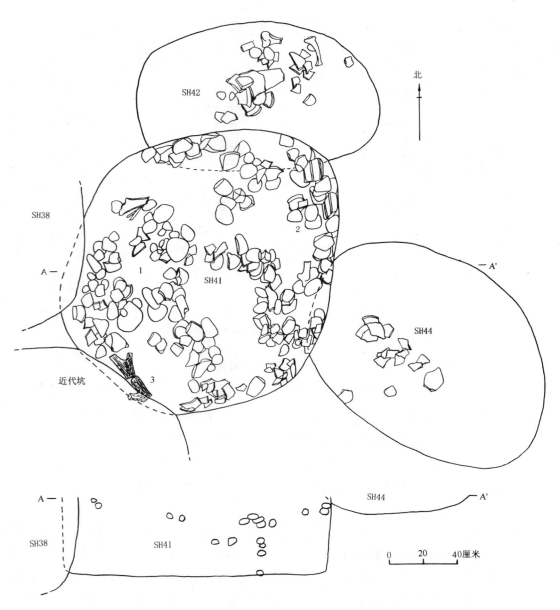

图六七　SH41、SH42、SH44 平、剖面图
1、2. 石块、红烧土块、兽骨及陶片　3. 鹿角

陶系

经过对典型的 31 个烧烤坑出土 19702 片陶片的统计（参见附表三），其陶系特征为：

陶质　可分为泥质陶与夹砂陶两大类。其中泥质陶占总数的 57.66%，夹砂陶占总数的 42.34%。泥质陶主要用于制作豆、高颈小平底尊等尊类器和高柄器座、簋、小底

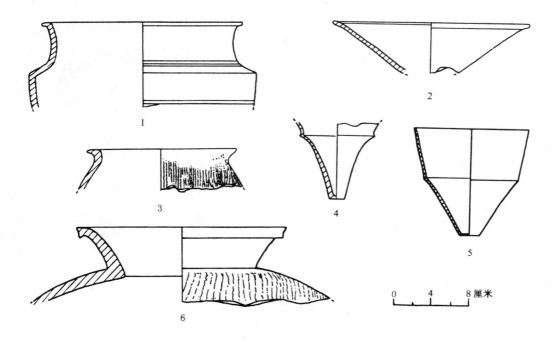

图六八　SH41 出土陶器

1、5.罍 SH41:8、7　2.豆 SH41:9　3.釜 SH41:4　4、6.小底尊形杯 SH41:11、10

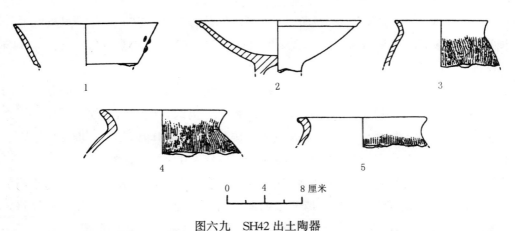

图六九　SH42 出土陶器

1.小底尊形杯 SH42:6　2.豆 SH42:7　3~5.釜 SH42:8、10、4

尊形杯等杯类器以及部分罍等，夹砂陶主要用于制作釜、大口深腹罐、鬲、鼎、有柄尊及部分罍等。

陶色　可分为褐陶、灰陶、黑皮灰胎陶、黑皮红胎陶 4 大类。其中褐陶占总数的35.73%，一般是橙褐与灰褐色相间存在于一件器物上。黑皮灰胎陶占总数的27.35%，

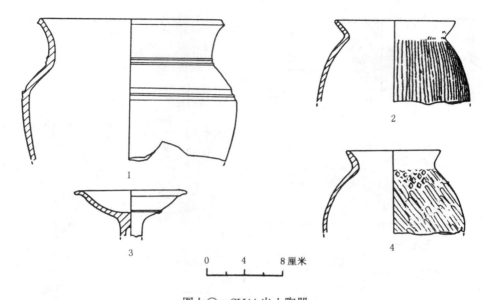

图七〇　SH44 出土陶器

1. 罍 SH44:1　　2、4. 釜 SH44:2、3　　3. 豆 SH44:4

灰陶占 28.98％，黑皮红胎陶占 7.94％。

陶质、陶色　综合观之，基本可分为夹砂褐陶、夹砂灰陶、夹砂黑皮灰胎陶、夹砂黑皮红胎陶、泥质灰陶、泥质黑皮灰胎陶、泥质黑皮红胎陶共 7 类。其中，夹砂褐陶占总数的 35.73％，夹砂灰陶占 3.94％，夹砂黑皮灰胎陶占 1.17％，夹砂黑皮红胎陶占 1.50％，泥质灰陶占 25.04％，泥质黑皮灰胎陶占 26.18％，泥质黑皮红胎陶占 6.44％。

纹饰

除素面者（35.93％）外，纹样主要有绳纹、线纹、篮纹、方格纹、阴弦纹、凸棱纹、三角形折线纹、圆饼饰、圆形镂孔、十字镂孔、贝纹、蛙纹、鸟纹、目纹、卍纹以及短直线与窝状纹、指甲印状纹、联珠纹等。施纹方法有拍印、刻划、堆塑、剔刻、压印等。经过对上述 31 个烧烤坑的统计（参见附表四），其纹饰特征如下：

绳纹　最为常见，占总数的 26.42％。绝大多数施于釜的器表，也有的饰于鬲、鼎及罐的腹部。一般是或竖、或斜、或交错的绳纹成组相间排列于一件器物上，纹路式样有细绳纹、中绳纹、麦粒状绳纹，偶见粗绳纹。施纹方法基本为拍印而成。

阴弦纹　纹路有粗、细之分。数量仅次于绳纹，占总数的 11％。主要施于豆、尊类器、高柄器座及杯类器、圈足罐、篮等器物，也有的与绳纹配合而施于鬲、鼎及部分釜、罐的颈部，作为绳纹上限的界隔。基本采用刻划方法完成。

凸棱纹　较常见，占 8.53％。多施于高颈小平底尊、豆以及罍、篮等器物，一般与弦纹一起施于上述几类器物中的同一件器物上，多位于器之肩、腹部，基本上用堆塑的

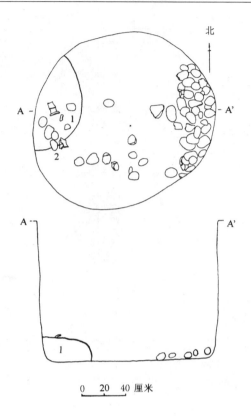

图七一　SH47 平、剖面图

1. 红绕土　2. 石块、兽骨及陶片

方法，少数以剔地手法完成。

三角形折线纹　较为常见，占 2.31%。一般是施于高颈小平底尊的口沿下，刻划而成。

篮纹　占 1.67%。篮纹较粗，纹痕不甚清晰，结构较松散，见施于斜敞口广肩罍等器，拍印而成。

线纹　占 1.56%。具有如绳纹般索状纹痕，但纹路细如线，故名。施于釜。

方格纹　较少见，占 1.08%。结构多不紧凑，施于釜以及罍等器，拍印而成。

圆形镂孔　较为常见，占 2.64%。施于豆柄、高柄器座柄部以及簋、罍、瓿及高圈足尊形杯的圈足部位，刺戳而成。

圆饼饰　占 1.14%。施于小底尊形杯、豆及有些鬲的颈、腹、肩部，堆贴而成。有的十分细小，或称为乳丁。

十字镂孔　占 0.86%。多施于簋、罍等器的圈足，刻切而成。

短直线纹　占 1.13%。或一道，或二三道为一组，多见施于高颈小平底尊颈部，刻

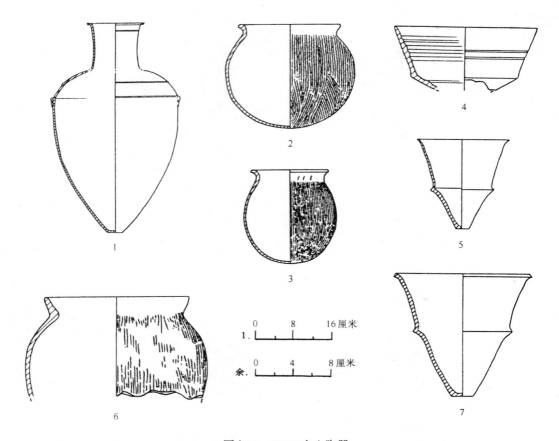

图七二　SH47 出土陶器

1. 高颈小平底尊 SH47:19　2、3、6. 釜 SH47:13、17、12　4. 簋 SH47:9　5、7. 小底尊形杯 SH47:16、10

划而成。

　　窝状纹　占 1.71％。呈三角形或竹叶形，或单个，或二三个为一组，施于高颈小平底尊之颈部等，剔刻而成。

　　贝纹　占 0.35％。施于豆盘腹外壁、尊类器肩部及小底尊形杯颈部等，堆塑而成。

　　目纹　大致分 3 类。一类如人目形，用刻划或结合以堆贴方法完成，可称为 A 型，占总数不足 0.04％，皆施于高颈小平底尊之肩部。另一类是中心堆贴一圆饼，其外堆贴一周凸棱，以两个图案单位为一组，为鸟目形，称为 Ba 型，占总数的 0.5％，常施于罍之肩部以及豆腹外壁。第三类是用小圆筒状物压印出圆圈，一般以两个图案为一组，似鸟目形，称为 Bb 形，占总数的 0.12％左右，多饰于高颈小平底尊的耳上端（图九五；图版五〇，1~3）。

　　联珠纹、蛙纹、鸟纹、卍形纹皆少见，各占不足 0.1％，其中蛙纹稍多于其他几种纹饰。联珠纹多饰于罍颈部，蛙纹皆施于高颈小平底尊肩部，鸟纹、卍形纹施于釜、罐

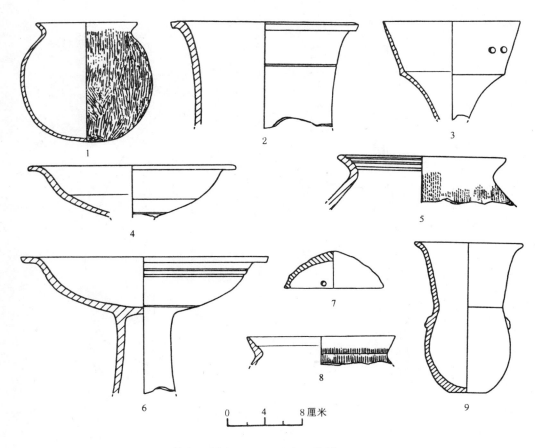

图七三　SH48 出土陶器

1、5、8.釜 SH48∶4、17、8　2.高颈小平底尊 SH48∶18　3.小底尊形杯 SH48∶10　4、6.豆 SH48∶11、12

7.器盖 SH48∶6　9.高颈尊形罐 SH48∶5

等器物肩、腹部（图九五、图三九）。

　　另外，泥质陶器基本都采用了表面磨光装饰。

　　制法

　　有轮制、手制和模制几种方法。豆、罍、簋、尊类器的大部分，小底尊形杯等杯类器，高柄器座以及圈足罐、觚等，基本是以轮制法制成。釜、鼎、罐及部分罍、尊类器，用手制法制作。有些器物，采用轮制与手制法结合完成，如扁腹壶，腹部使用手制，颈口部分采用轮制。模制法主要见于鬲。有耳器物如高颈小平底尊、有鋬圈足尊、扁腹壶等，是分别做好器身与器耳后，再接合为整器，接合痕迹明显可见。

　　器形

　　以高柄器与圈足器最多，圜底器、小平底（近尖底）器次之，平底器、三足器较少。

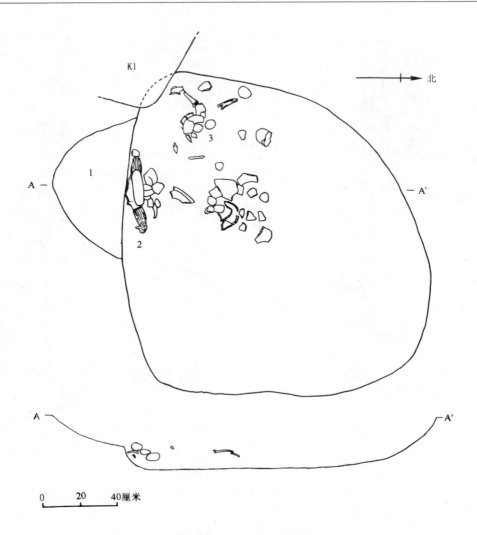

图七四　SH51 平、剖面图
1. 踩阶　2. 牛头骨　3. 石块、兽骨及陶片

陶器种类主要有釜、豆、高颈小平底尊、小底尊形杯、高柄器座、大口深腹罐，还有扁腹壶、有柄尊、罍、簋、鬲、锥足鼎、瓿、圈足罐、高圈足尊形杯、细高柄尊形杯、有錾圈足尊、长颈圈足尊、小底钵、器盖、圆腹罐以及尊形小罐、尊形双耳罐、筒形杯等。经过对烧烤坑等 33 个典型单位出土的 1317 片陶器口沿等典型部位残片的统计（参见附表五），釜数量最多，占 26.35%。其次为豆、小底尊形杯和高颈小平底尊，分别占 18.45%、15.11%、10.48%。再次，高柄器座占 8.88%，罍占 3.11%，大口深腹罐占 2.58%，有錾圈足尊占 2.43%，高圈足尊形杯、扁腹壶各占 2.5%，有柄尊占 1.59%，圈足罐占 1.44%，鬲占 1.14%，器盖占 0.98%，其他的器形各占不足 1%。现将各类器

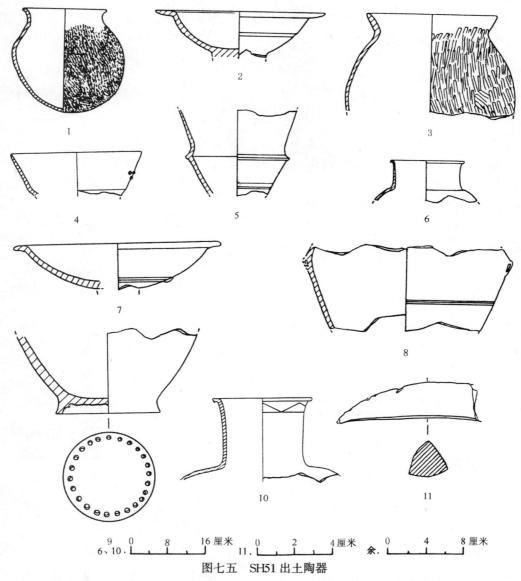

图七五　SH51 出土陶器

1、3. 釜 SH51：6、13　2、7. 豆 SH51：22、11　4. 小底尊形杯 SH51：20　5. 细高柄尊形杯 SH51：21
6、9. 罍 SH51：17、18　8、10. 高颈小平底尊 SH51：10　11. 鸟喙形器柄 SH51：2

型分述于后。

　　豆　宝山商时期陶器常见器类之一。多数的豆整体为泥质陶，同时，豆盘为泥质陶而豆柄为夹砂陶，或豆盘为夹砂陶而豆柄为泥质陶也较常见，也有豆盘与豆柄皆为夹砂陶者。多为黑皮灰胎陶，还有黑皮红胎陶。制法一般是轮制豆柄，手制豆盘或经慢轮修整，然后对接为整器。豆柄与豆盘相接处常见有刻划的齿轮状浅槽，以便对接牢固。式

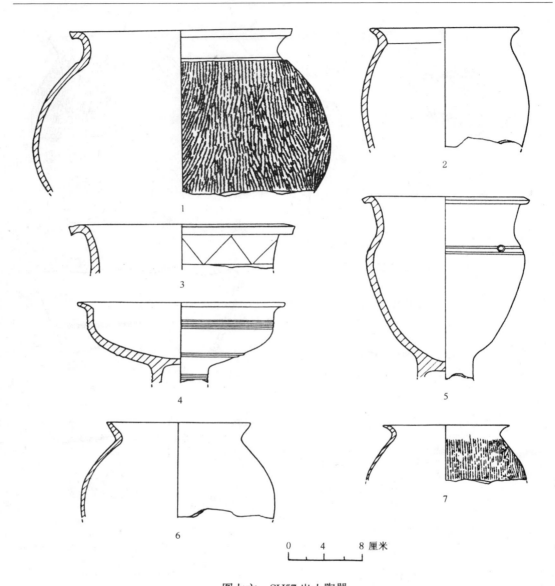

图七六　SH57 出土陶器

1、6、7. 釜 SH57:2、8、4　2. 大口深腹罐 SH57:7　3. 高颈小平底尊 SH57:5　4. 豆 SH57:6

5. 有柄尊 SH57:1

样较多，分为 6 型。

A 型　细高柄，豆盘较浅。依豆盘的特征分为 3 个亚型。

Aa 型　豆盘腹壁弧度浑圆，口沿处有一周较宽的箍棱，豆盘口径一般大于器高。据豆盘变化，分为 3 式。

Ⅰ式，豆盘甚浅，底近平。口沿处有一周较宽的箍棱，棱方正，沿上端平。标本

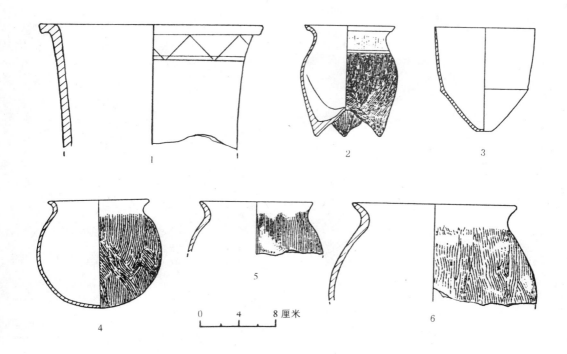

图七七 SH58 出土陶器

1.高颈小平底尊 SH58:4 2.鬲 SH58:8 3.小底尊形杯 SH58:9 4~6.釜 SH58:6、2、5

SH10:1，泥质黑皮灰胎陶，豆盘腹壁近底部处有凸棱1周，柄上、下部饰2周一组和3周一组的阴弦纹。高14.5厘米，豆盘口径17.4厘米，豆柄底径8.1厘米（图九六，1；图版一三，1）。标本SH12:11,仅存豆盘，泥质黑皮红胎陶。腹外壁近底部处有1周凸棱。口径16.7厘米（图四四，3）。

Ⅱ式，豆盘稍深，底弧圆，口沿处箍棱较方正，沿上端向内斜下。标本 SH8:60，泥质黑皮红胎陶。豆盘腹壁处近底部处饰3周为一组的阴弦纹。高17.2厘米，豆盘口径18.7厘米，底足径8.9厘米

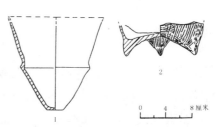

图七八 SH59 出土陶器

1.小底尊形杯 SH59:2 2.鬲 SH59:1

（图九六，2；图版一三，3）。标本SH8:62，豆盘为泥质灰陶，柄为夹砂灰陶。豆盘腹外壁近底部处有凸棱1周，柄下部有3道为一组的阴弦纹，近底足处有两层阶。高15.4厘米，豆盘口径20.2厘米，底足径9厘米（图九六，3；图版一四，2）。标本SH9:29，泥质黑皮红胎陶。豆盘腹外壁近底部有3周为一组的阴弦纹，其上等距离饰3个刻划有十字形的圆饼饰。高17.2厘米，豆盘口径15.8厘米，

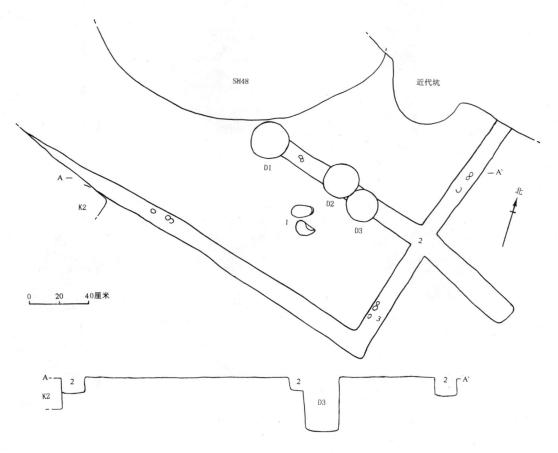

图七九　F5 平面图
1.石头　2.墙槽　3.椽窝

底足径 8.5 厘米（图九六，4；图版一四，3）。标本 SH9∶10，泥质黑皮红胎陶。豆盘腹壁外近底部有凸棱 2 周。高 17.5 厘米，豆盘口径 21 厘米，底足径 9.3 厘米（图九六，5；图版一四，1）。标本 SH9∶30，豆盘为夹砂灰陶，柄为泥质黑皮灰胎陶。柄下部一组阴弦纹之上，对称饰 3 个圆孔。高 17 厘米，豆盘口径 20.6 厘米，底足径 9.7 厘米（图九六，6；图版一三，2）。标本 SH9∶20，泥质黑皮灰胎陶，豆盘内壁口沿以下施一层夹砂陶。腹外壁近底部有凸棱 1 周。高 18.6 厘米，豆盘口径 20.4 厘米，底足径 9.2 厘米（图九七，1；图版一四，4；彩版六，1）。标本 SH8∶65，豆盘为夹砂灰陶，柄为泥质黑皮灰胎陶。豆盘腹壁外近底部有 1 周凸棱。高 16.5 厘米，豆盘口径 19 厘米，底足径 9.4 厘米（图九七，3；图版一三，4）。标本 SH7∶2，仅存豆盘。泥质黑皮灰胎陶。腹外壁近底部有 3 周为一组的阴弦纹。口径 17.8 厘米（图九七，2）。

Ⅲ式，豆盘较深，腹壁弧斜，曲度较明显，口稍侈，圆尖唇。标本 SH27∶50，豆盘

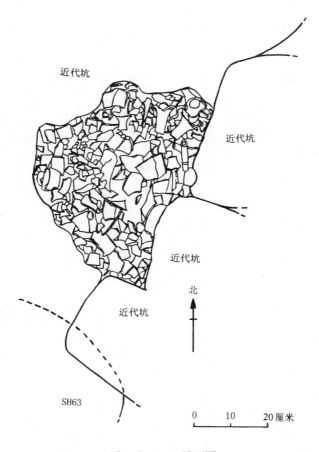

图八〇　K01 平面图

底以下残失。泥质灰陶。腹壁外近底部有 1 周阴弦纹。口径 18.2 厘米，柄残长 0.7 厘米（图九七，4）。标本 SH42：7，豆盘底以下残失。泥质灰陶。口径 17.9 厘米，柄残长 0.6 厘米（图九七，5）。标本 SH6：11，柄上部以下残失。豆盘为夹砂灰陶，柄为黑皮灰胎陶。腹壁外近底部施凸棱 2 周。柄部饰 3 道阴弦纹。口径 21 厘米，柄残长 5.2 厘米（图九七，6）。

Ab 型　豆盘口径一般小于器高，腹壁弧度非浑圆形，口沿处箍棱较窄。据豆盘形态，分为 3 式。

Ⅰ式，豆盘一般较浅，腹壁呈缓形弧曲，口沿处箍棱剖视近三棱形。标本 SH8：61，豆盘为夹砂灰陶，柄为泥质黑皮灰胎陶。豆盘腹壁外近底部有凸棱 1 周。高 15.5 厘米，豆盘口径 10.8 厘米，底足径 5.7 厘米（图九七，11；图版一五，3）。标本 SH8：66，豆盘为夹砂黑皮灰胎陶，柄为泥质黑皮灰胎陶。豆盘腹外壁近底部有 1 周凸棱。高 16.6 厘米，豆盘口径 8.7 厘米，底足径 6.2 厘米（图九七，8；图版一五，4）。标本 SH9：11，

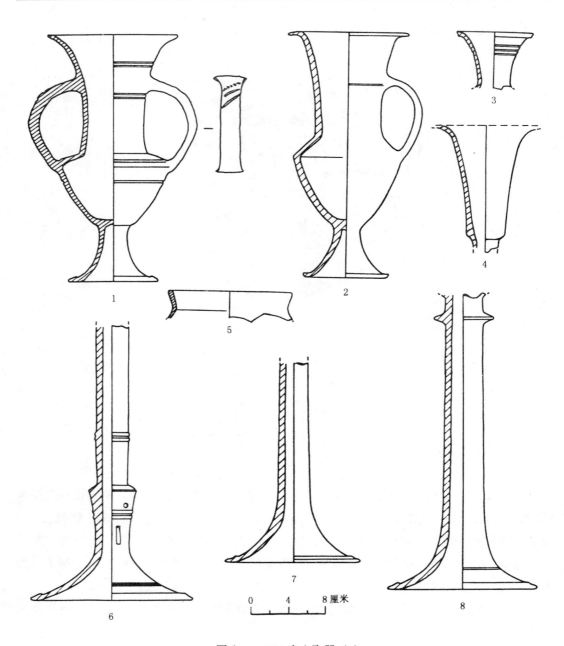

图八一　K01 出土陶器（1）

1、2. 有鋬圈足尊 K01:1、3　3. 扁腹壶 K01:10　4、6~8. 高柄器座 K01:6、7、9、8　5. 大口深腹罐 K01:16

泥质黑皮灰胎陶。豆盘腹外壁近底部有凸棱 2 周。豆盘口径 13.3 厘米，底足径 9.2 厘米，高 13.9 厘米（图九七，9；图版一五，1）。标本 SH9:22，泥质灰陶。豆盘腹壁外近底部有 1 周凸棱。豆盘口径 15.5 厘米，底足径 7.2 厘米，高 16.2 厘米（图九七，12；

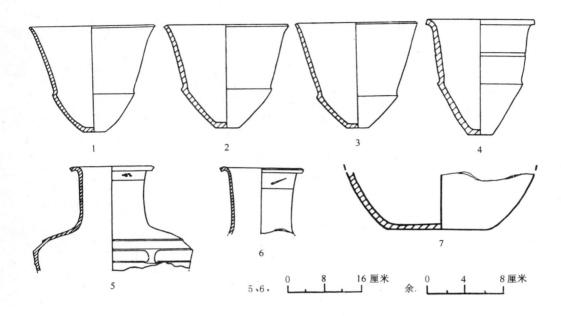

图八二　K01 出土陶器（2）

1~4. 小底尊形杯 K01:13、14、12、11　5~7. 高颈小平底尊 K01:19、17、18

图版一五，2）。标本 SH22:13，仅存豆盘。泥质黑皮红胎陶。腹外壁近底部有凸棱 1 周。口径 12.2 厘米（图九七，7）。标本 SH7:24，仅存豆柄。泥质黑皮灰胎陶。高 14.6 厘米（图九七，10）。标本 SH7:26，仅存豆盘。夹砂灰陶。内壁口沿下有 1 周阴弦纹，腹外壁近底部饰 1 周凸棱。口径 14.5 厘米（图二九，12）。标本 SH2:2，柄上部以下残失。泥质灰陶。豆盘腹外壁近底部有 1 周凸棱。豆盘口径 12.4 厘米，柄残高 0.7 厘米（图二〇，1）。标本 SH39:4，柄上部以下残失。泥质黑皮灰胎陶。豆盘腹外壁近底部有 2 周凸棱，柄饰 3 道阴弦纹。豆盘口径 12.5 厘米，柄残长 2.5 厘米（图六五，2）。

　　Ⅱ式，豆盘口稍侈，圆尖唇，腹壁弧斜度稍直。标本 SH6:4，豆盘为夹砂黑皮红胎陶，柄为泥质黑皮红胎陶。腹壁外近底部饰 2 道阴弦纹，并于其上饰 3 个等距的圆饼饰，柄上、下部各有 2 道和 3 道为一组的阴弦纹，其中柄下部一组阴弦纹之下等距饰 3 个圆形镂孔。豆盘口径 16 厘米，底足径 8.5 厘米，高 16.7 厘米（图九八，6；图版一六，1）。标本 SH4:3，柄中部以下残失。泥质黑皮红胎陶。口沿下等距饰 3 个贝纹，柄上部饰 2 道阴弦纹。豆盘口径 15.4 厘米，柄残长 5.5 厘米（图九八，4）。标本 SH27:60，豆盘为夹砂灰陶，柄为泥质黑皮灰胎陶。腹壁外底部有 1 周凸棱，柄上、下部饰 2 道和 3 道一组的阴弦纹。豆盘口径 22.6 厘米，底足径 10.8 厘米，高 21.5 厘米（图九八，1；图版一七，1）。标本 SH20:15，底部之下残失。夹砂灰陶豆盘，泥质灰陶柄，胎较厚。腹壁外近底部饰 3 周阴弦纹。豆盘口径 11 厘米，柄残长 0.8 厘米（图九八，2）。标本

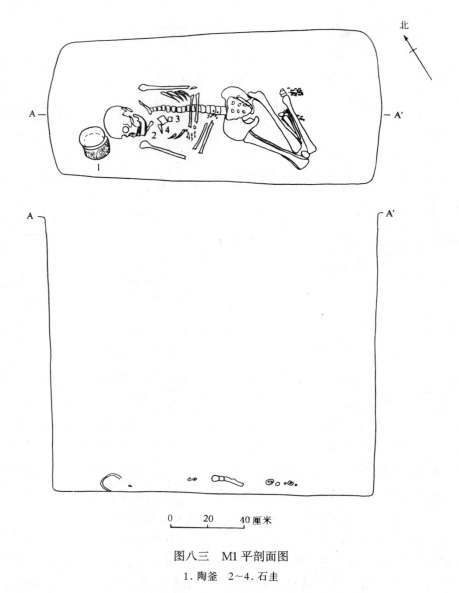

图八三　M1 平剖面图

1. 陶釜　2~4. 石圭

SH44:4，柄上部以下残失。豆盘为夹砂灰陶，柄为泥质黑皮灰胎陶。豆盘腹外壁下部饰 2 周阴弦纹，并于阴弦纹处等距离饰 3 个小圆饼饰。豆盘口径 12 厘米，柄残长 1.5 厘米（图九八，3）。标本 SH27:35，柄上部以下残失。泥质黑皮灰胎陶。腹壁外近底部有 1 周凸棱。豆盘口径 13.2 厘米，柄残长 1.6 厘米（图九八，5）。标本 SH1:2，柄上部以下残失。豆盘为夹砂黑皮灰胎陶，柄为泥质黑皮灰胎陶。腹壁外下部饰 2 周阴弦纹。豆盘口径 11.5 厘米，柄残长 1.3 厘米（图二○，6）。

Ⅲ式，豆盘作敞口，厚尖唇，腹较深，壁斜直或微弧，盘腹剖视呈三角形或近三角形。标本 SH26：41，豆盘为夹砂灰陶，柄为黑皮灰胎陶。豆盘腹壁外近底部饰 2 周阴弦纹，并于其间等距饰 3 个圆饼饰，柄下部饰 2 道阴弦纹，其间饰有 2 个圆形镂孔，距离较近，其对应一侧当有一孔，惜残，不知其详。口径 11.4 厘米，底足径 6.3 厘米，高 11.6 厘米（图九八，13；图版一六，3）。标本 SH26：40，豆盘为夹砂黑皮红胎陶，柄为泥质黑皮红胎陶。腹壁较厚，柄粗而直。口径 10.2 厘米，底足径 6.2 厘米，高 11 厘米（图九八，12；图版一六，4）。标本 SH19：41，豆盘为夹砂黑皮灰胎陶，柄为泥质黑皮灰胎陶。胎较厚。腹壁外近底部饰对称的 3 个圆饼饰，柄上、下部各有 2 道为一组的阴弦纹。口径 11.7 厘米，底足径 6.1 厘米，高 13.4 厘米（图九八，11；图版一六，2）。标本 SH16：4，底足部残损。泥质黑皮红胎陶。豆盘腹下部有 2 周阴弦纹，柄上、下部各有 2 道线组成的阴弦纹。豆盘口径 10 厘米，柄残长 8.1 厘米（图九八，9）。标本 SH16：2，仅

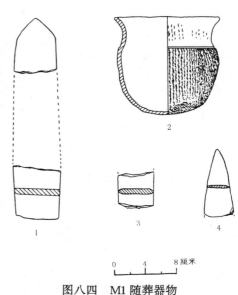

图八四　M1 随葬器物

1、3、4.石圭 M1:4、3、2　2.陶釜 M1:1

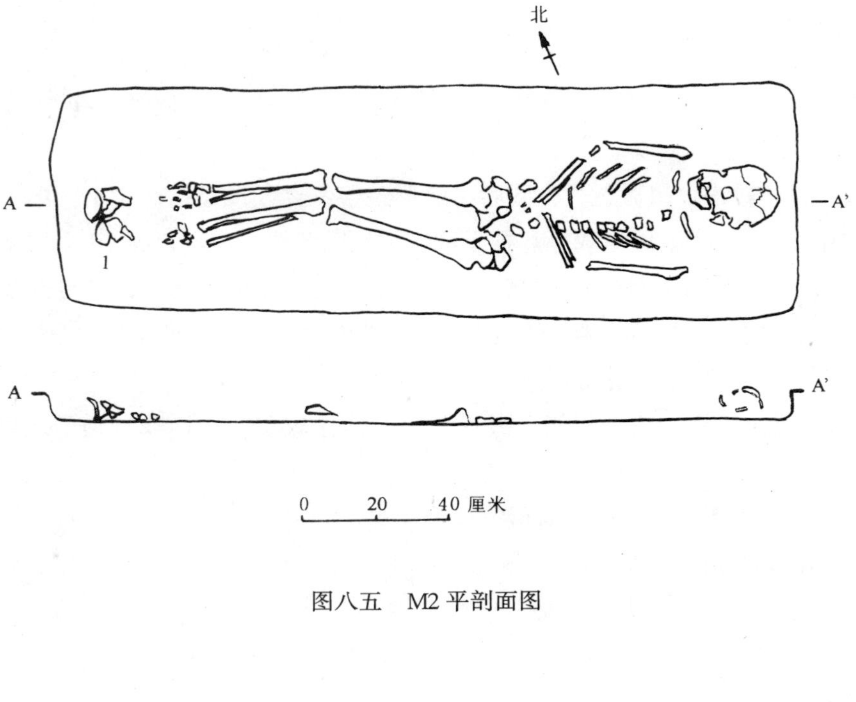

图八五　M2 平剖面图

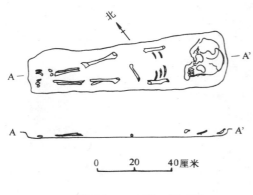

图八六　M3 平、剖面图

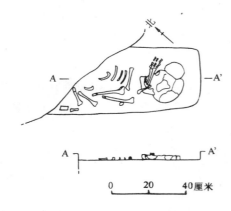

图八七　M4 平、剖面图

存豆盘。夹砂黑皮灰胎陶。腹壁外近底部对称饰 3 个圆饼饰。口径 13.5 厘米（图九八，8）。标本 SH15∶3，仅存豆盘。泥质黑皮红胎陶。口径 17.3 厘米（图九八，10）。

Ac 型　豆盘腹较浅，尖唇，口径较小。标本 SH8∶63，仅存豆盘。泥质灰陶。腹外壁近底部有 2 道阴弦纹。口径 8.7 厘米（图九七，7）。

B 型　喇叭口形低柄。据豆盘及柄部特征，分为 2 个亚型。

Ba 型　豆盘直径较大，口沿外有厚箍棱，敞口方唇，腹壁轮廓呈浑圆形。标本 SH9∶56，豆盘为夹砂黑皮灰胎陶，柄为泥质黑皮灰胎陶。腹壁外近底部有凸棱 1 周，柄下部饰 3 道为一组的阴弦纹。豆盘口径 26.8 厘米，底足径 12 厘米，高 15.8 厘米（图九九，1；图版一七，2）。标本 SH7∶3，豆盘为夹砂灰陶，柄为泥质灰陶。腹外壁近底部有 2 周凸棱，柄上、下部各饰 3 道为一组的阴弦纹，柄中部饰等距离 3 组圆形镂孔，每组由 2 个圆孔组成。豆盘口径 25.4 厘米，底足径 11.5 厘米，高 15.4 厘米（图九九，2；图版一七，4）。

Bb 型　豆体较小，口微敛，方圆唇，弧形腹壁，豆盘口径相对较小。标本 SH5∶13，底足部微残。夹砂褐陶。腹壁较厚。柄下部饰 3 道阴弦纹。豆盘口径 10.4 厘米，底足径 4.5 厘米，高约 7.8 厘米（图九九，3；图版一七，3）。标本 SH6∶6，底足部残。豆盘腹较浅，胎壁厚。腹外壁下部和柄下部各饰 2 道阴弦纹。豆盘口径 11.9 厘米，底足径约 4.8 厘米，残高 8.5 厘米（图九九，4）。

C 型　柄普遍较粗，豆盘较深，弧形腹壁，器体敦实。依柄部特征的不同，分为 3 个亚型。

Ca 型　高柄，柄较粗。据豆盘形态分为 3 式。

Ⅰ式，腹相对较浅，底平缓。方唇较窄，唇平出。标本 SH8∶35，仅存豆盘。泥质灰陶。口径 17.1 厘米（图一○○，1）。

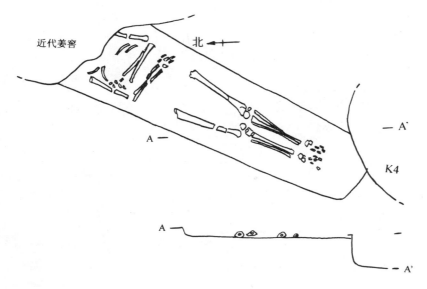

图八八　M5平、剖面图

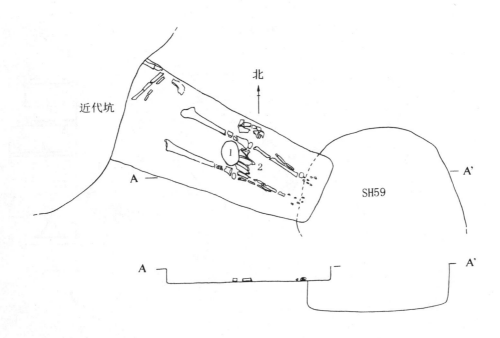

图八九　M6平、剖面图
1. 卵石　2. 陶片

Ⅱ式，腹较深，腹壁呈弧形。微侈口，方圆唇或方唇，唇一般较宽且稍向内斜下。标本SH3:3，泥质黑皮红胎陶。豆盘口径17.8厘米，底足径11.4厘米，高28.5厘米

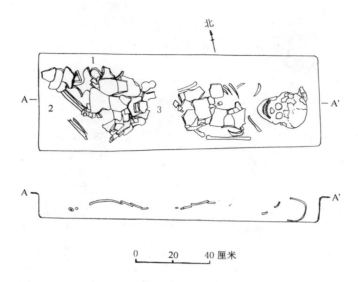

图九〇　M7 平、剖面图
1、2. 陶圈足罐　3. 陶高颈小平底尊

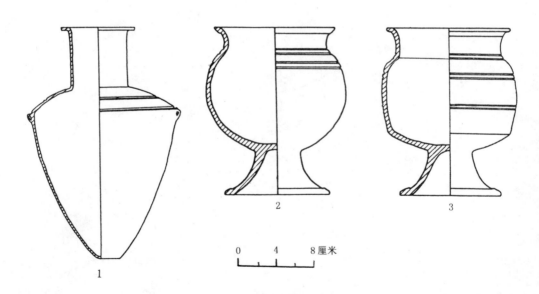

图九一　M7 随葬陶器
1. 高颈小平底尊 M7:3　2、3. 圈足罐 M7:1、2

（图一〇〇，4；图版一八，1；彩版六，2）。标本 SH51:11，仅存豆盘。泥质黑皮红胎陶。腹外壁近底部有 3 周为一组的阴弦纹，其间等距布施 3 个圆饼饰。豆盘口径 22.1 厘

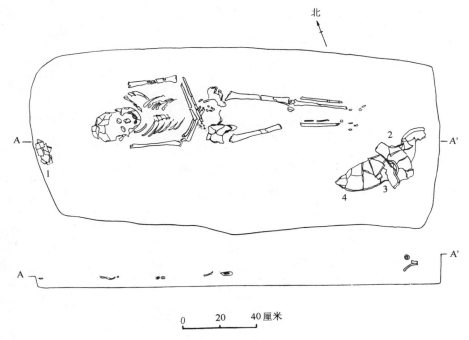

图九二　M8 平、剖面图

1~3.陶豆　4.陶高颈小平底尊

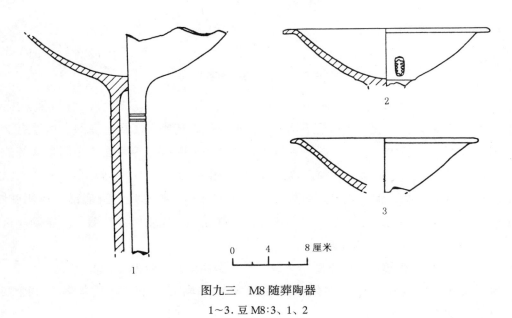

图九三　M8 随葬陶器

1~3.豆 M8:3、1、2

米（图一〇〇，3）。标本 SH5:11，柄上部以下残失。泥质黑皮灰胎陶。柄上部饰 3 道为一组的阴弦纹。豆盘口径 22.3 厘米，柄残长 4.1 厘米（图一〇〇，2）。

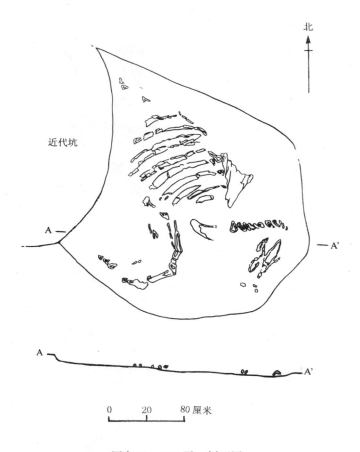

北

近代坑

A —　　　　　　　　　　　— A'

A　　　　　　　　　　　　　　A'

0　　20　　80 厘米

图九四　K02 平、剖面图

Ⅲ式，腹深，腹壁微弧，斜收至底。侈口，圆尖唇或方圆唇，唇较宽。标本 SH26：73，泥质灰陶。腹外壁口沿下饰 2 周瓦槽形纹，近底部 1 周阴弦纹，内壁有 2 周阴弦纹，柄上、下部饰 2 道和 3 道为一组的阴弦纹，近底足处等距饰 3 个圆形镂孔。口径 25.1 厘米，底足径 17 厘米，高 37.3 厘米（图一〇〇，7；图版一八，3）。标本 SH19：54，仅存豆盘，泥质灰陶。腹外壁口沿下饰 2 周瓦槽形纹，近底部 1 道阴弦纹。口径 24.1 厘米（图一〇〇，6）。标本 M8：1，仅存豆盘，泥质黑皮红胎陶。腹壁外近底部饰有贝纹 1 个。口径 22.3 厘米（图一〇〇，5）。

Cb 型　中柄，柄较粗，向下斜出为敞口形。据豆盘形态分为 3 式。

Ⅰ式，腹深，腹壁弧圆。方唇宽沿，唇下勾。标本 SH9：26，泥质灰陶。口径 26.1 厘米（图一〇一，1）。

Ⅱ式，腹较深，腹壁微弧折，宽沿，方圆唇。标本 SH3：5，泥质灰陶，腹内壁有一夹砂陶层。柄下部有阴弦纹 3 周，其间施 3 个圆形镂孔。口径 21.1 厘米，底足径 12.6

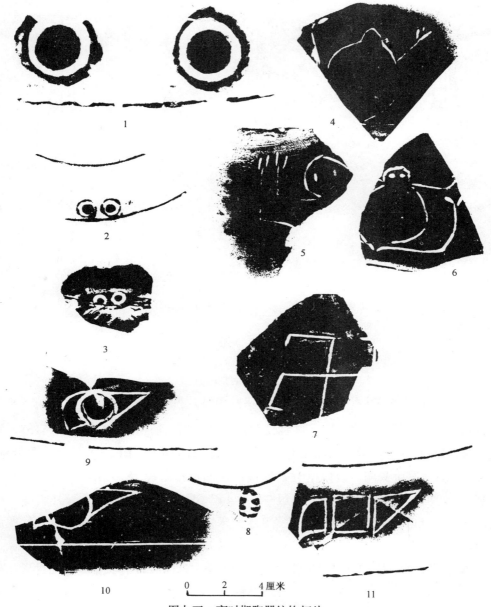

图九五　商时期陶器纹饰拓片

1、2.Ba 型目纹 T16④G:6、SH9:126　3.Bb 型目纹 SH27:88　4、6.Ⅰ式蛙纹 SH9:137、139　5.Ⅱ式蛙纹 SH9:134　7.卍形纹 SH20:29　8.贝纹 SH12:33　9~11.Aa、Ab、Ac 型目纹 SH9:72、142、42

厘米，高 19.7 厘米（图一〇一，3；图版一八，2）。标本 SH48:12，柄下部以下残失。泥质黑皮灰胎陶。腹外壁口沿下有 2 周阴弦纹，近底部 1 周阴弦纹。豆盘口径 26.3 厘米，柄残高 8.8 厘米（图一〇一，2）。

图九六　商时期陶豆
1.Aa 型 I 式 SH10∶1　2～6.Aa 型 II 式 SH8∶60、62，SH9∶29、10、30

III式，腹壁微弧，斜收至底，方唇较薄，宽沿平出。柄稍矮。标本 SH26∶35，泥质灰陶。豆盘口径 19.3 厘米，底足径 10.2 厘米，高 12.3 厘米（图一〇一，4；图版一八，5）。SH26∶36，泥质灰陶。腹内壁有数道横行浅凹槽。口径 18.6 厘米，底足径 9.8 厘米，高 14.9 厘米（图一〇一，5；图版一八，4）。SH19∶30，泥质红胎，外表施一层夹砂黑皮陶。豆盘口径 17.7 厘米，底足径 8.5 厘米，高 15.1 厘米（图一〇一，6；图版一九，1）。

Cc 型　粗直柄，柄较高，底足外侈。豆盘较深。方圆唇，沿较宽。据豆盘形态分为 2 式。

I式，豆盘腹壁弧圆，底平缓。唇沿稍向内下斜。标本 SH6∶8，仅存豆盘。泥质灰陶。口径 25.9 厘米（图一〇一，8）。

II式，标本 SH26∶74，柄中部以下残失。泥质灰陶。腹壁弧曲，底下凹，唇沿向内下斜，颈内束。柄上部饰 2 道阴弦纹。豆盘口径 26 厘米，柄残高 6.4 厘米（图一〇一，9）。标本 SH19∶40，豆盘底部以上残失，泥质黑皮灰胎。底下凹。柄上、下部各饰 2 道为一组的阴弦纹，下部弦纹之下饰有等距离 3 个圆形镂孔。底足径 15.1 厘米，残高 16

图九七 商时期陶豆

1～3.Aa 型Ⅱ式 SH9：20、SH7：2、SH8：65 4～6.Aa 型Ⅲ式 SH27：5、SH42：7、SH6：11 7～12.Ab 型
Ⅰ式 SH22：13、SH8：66、SH9：11、SH7：24、SH8：61、SH9：22

图九八　商时期陶豆

1～6.Ab 型Ⅱ式 SH27:60、SH20:15、SH44:4、SH4:3、SH27:35、SH6:4　7.Ac 型 SH8:63　8～13.Ab
型Ⅲ式 SH16:2、4，SH15:3、SH19:41、SH26:40、41

厘米（图一〇一，7）。

D 型　豆盘折腹。据腹部及口沿特点分为 3 式。

Ⅰ式，腹弧折，底近平，方唇，宽沿平出。标本 SH8:59，柄上部以下残失。泥质灰

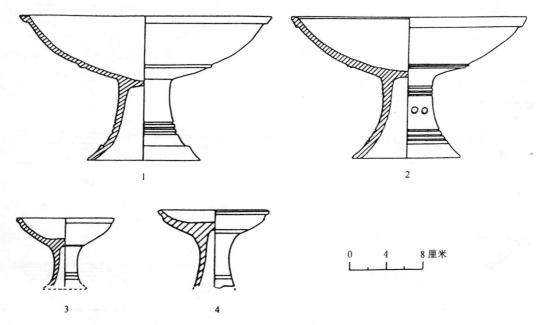

图九九　商时期陶豆

1、2.Ba 型 SH9：56、SH7：3　3、4.Bb 型 SH5：13、SH6：6

陶。腹上部饰 1 周阴弦纹。柄上部饰 3 道阴弦纹。底外壁施 1 圈密排的斜槽。豆盘口径 24 厘米，柄残高 3.3 厘米（图一○二，1）。

Ⅱ式，腹曲折，底斜收，中心处稍下凹，方圆唇或圆唇。唇沿向内下斜。标本 SH5：10，仅存豆盘。泥质灰陶。腹外壁上部饰 2 周阴弦纹，下部 1 周阴弦纹。口径 20 厘米（图一○二，2）。标本 SH57：6，柄上部以下残。泥质黑皮灰胎陶。腹外壁上部饰 3 周阴弦纹，下部 2 周凸棱，柄上部 2 道阴弦纹。豆盘口径 22.2 厘米，柄残长 1.8 厘米（图一○二，3）。

Ⅲ式，腹鼓折，敛口尖唇。标本 SH33：24，仅存豆盘，泥质黑皮灰胎陶。腹外壁口沿下有 2 周阴弦纹。口径 23.8 厘米（图一○二，4）。

E 型　附矮圈足，器体低矮。据豆盘及圈足特点，可分为 3 个亚型。

Ea 型　腹浅，圈足直径较小。依豆盘等特征分为 2 式。

Ⅰ式，豆盘腹壁圆弧，底平缓，口沿外有厚箍棱，圈足稍直，底足微侈。标本 SH7：9，夹砂褐陶。豆盘口径 10.4 厘米，底足径 3.5 厘米，高 4.7 厘米（图一○二，5；图版一九，3）。

Ⅱ式，腹壁弧斜，口沿外无箍棱，圈足斜出。标本 SH4：4，夹砂褐陶。豆盘口径 12.7 厘米，底足径 5.5 厘米，高 6.4 厘米（图一○二，6；图版一九，5）。标本 SH4：1，

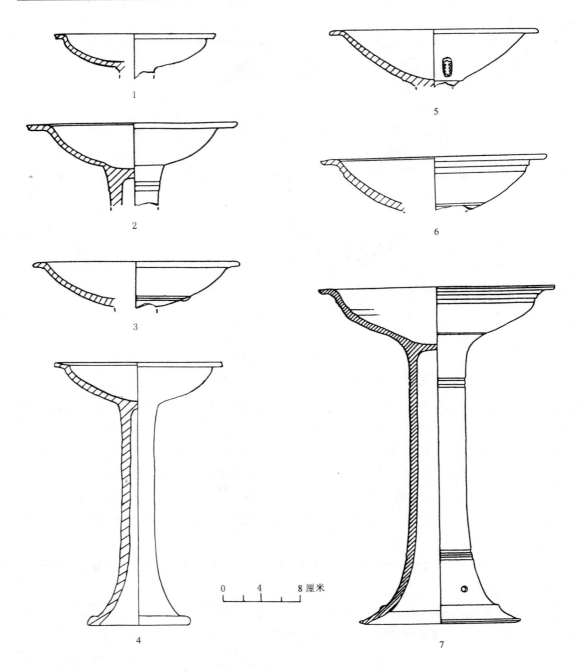

0　　4　　8 厘米

图一〇〇　商时期陶豆

1.Ca 型 I 式 SH8∶35　2～4.Ca 型 II 式 SH5∶11、SH51∶11、SH3∶3　5～7.Ca 型 III 式 M8∶1、SH19∶54、SH26∶73

夹砂褐陶。豆盘口径 13.8 厘米，底足径 4.2 厘米，高 6.8 厘米（图版一九，2）。

Eb 型　深腹，圈足低矮。标本 SH19∶43，夹砂褐陶。侈口圆唇，腹壁弧斜，圈足斜

图一〇一　商时期陶豆

1.Cb 型 I 式 SH9∶26　　2、3.Cb 型 II 式 SH48∶12、SH3∶5　　4～6.Cb 型 III 式 SH26∶35、36，SH19∶30

7、9.Cc 型 II 式 SH19∶40、SH26∶74　　8.Cc 型 I 式 SH6∶8

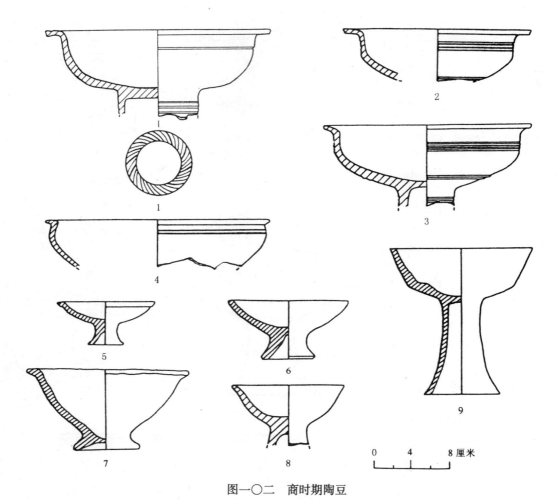

图一〇二　商时期陶豆

1.D型Ⅰ式SH8：59　2、3.D型Ⅱ式SH5：10、SH57：6　4.D型Ⅲ式SH33：24　5~8.Ea型Ⅰ式、Ⅱ
式、Eb、Ec型SH7：9、SH4：4、SH19：43、SH40：8　9.F型SH26：71

出。口径17.2厘米，底足径6.6厘米，高9厘米（图一〇二，7；图版一九，4）。

Ec型　豆盘腹较深，圈足稍斜直。标本SH40：8，底足处残。夹砂褐陶。豆盘口径
11.9厘米，圈足残高1.5厘米（图一〇二，8）。

F型　直口深腹，腹底分界明显，中高柄。标本SH26：71，夹砂褐陶。豆盘口径
16.2厘米，底足径8厘米，高16.2厘米（图一〇二，9；图版一九，6）。

高颈小平底尊　为宝山商时期常见陶器器类之一。以高颈、深腹、小平底为基本特
征，虽见少量底径较大者，但非其主流，故称为高颈小平底尊。均为泥质陶，以灰陶、
黑皮灰胎陶为主，胎体较常见红、灰色数层相间的夹层现象。有少量黑皮红胎陶。肩及
腹上部饰数周凸棱和阴弦纹，并多施有双鼻钮。有的无鼻钮，少见有三鼻钮者。颈部口

沿下多刻划有三角折线等几何形图案纹饰。一般为轮制。根据颈、口部及肩、腹、底部的综合特征，分为4式。

Ⅰ式，侈口，宽沿，颈向内弧曲，耸肩，小平底，也见有一定数量底径较大者。颈部纹饰常见三角形、柳叶形、月牙形等式样的窝状纹和三角折线纹，以前者多见。标本K01：19，腹上部以下残失。泥质灰陶。口沿下饰三角形窝纹6组。口径18厘米，肩径34厘米，残深23.2厘米（图一○三，1）。标本SH10：8，仅存口沿。泥质黑皮灰胎陶。颈部饰2道并列为一组的月牙形窝状纹6组。口径16.9厘米，残深2.9厘米（图一○三，2）。标本SH12：5，仅存颈部。泥质黑皮灰胎陶。口径18.8厘米，残深6.8厘米（图一○三，3）。标本SH12：16，仅存底部。泥质灰陶。底径12.2厘米，残深4.2厘米（图一○三，4）。

Ⅱ式，口沿较宽，颈微向内弧，肩弧圆，小平底，底径多在6厘米左右，少见10厘米以上者。标本SH9：86，泥质灰陶。肩部等距置3个鼻钮，于其上平行等距饰3个贝纹，各位于3个鼻钮之间的1/2处。口沿下有1周阴弦纹。口径22.6厘米，肩径49.6厘米，底径13厘米，高66.5厘米（图一○三，9；图版二○，1）。标本SH9：64，仅存口、颈部。泥质黑皮灰胎陶。口沿下饰三角形折线纹。口径17.3厘米，残深11.2厘米（图一○三，7）。标本SH8：72，仅存口、颈部。泥质灰陶。口沿下饰阴弦纹1周，颈中部饰短直线1周，其间刻划由两道凹槽斜形交叉的图案。口径20厘米，残深16.7厘米（图一○四，1）。

Ⅲ式，口沿一般较窄，颈部稍直，肩弧斜，肩部以下作微弧形收为小平底，底径一般为5厘米左右。标本M7：3，泥质灰陶。肩部施以对称双鼻钮。口径16厘米，肩径31.2厘米，底径5.2厘米，高50.6厘米（图一○三，8；图版二○，2）。标本SH47：19，泥质灰陶。肩部有对称双鼻钮。口径12厘米，肩径26.6厘米，底径3.5厘米，高45.8厘米（图一○三，6）。标本SH3：20，颈部残失。泥质灰陶。颈下部直径16厘米，底径4.8厘米，残深41厘米（图一○三，5）。

Ⅳ式，口沿较窄，颈一般是下部稍大于上部，肩圆鼓，肩向下急收为小平底，底径5厘米左右。标本SH19：15，泥质灰陶。口沿下饰1周三角形折线纹。口径24厘米，肩径39.2厘米，底径5.6厘米，高59.5厘米（图一○四，4；图版二○，3；彩版三，3）。标本SH19：14，泥质灰陶。口沿下饰1周三角形折线纹。口径20.9厘米，肩径36厘米，底径6厘米，高55.2厘米（图一○四，3；图版二○，4）。标本SH26：51，仅存肩部以上。泥质灰陶。口沿下饰1周三角形折线纹。口径19.2厘米，残深16.2厘米（图一○四，2）。

小底尊形杯　长颈，大口，小平底。依口、颈、腹、底的综合特点，分为6型。

A型　斜侈口。依口沿、胎体厚薄等特点分为2个亚型。

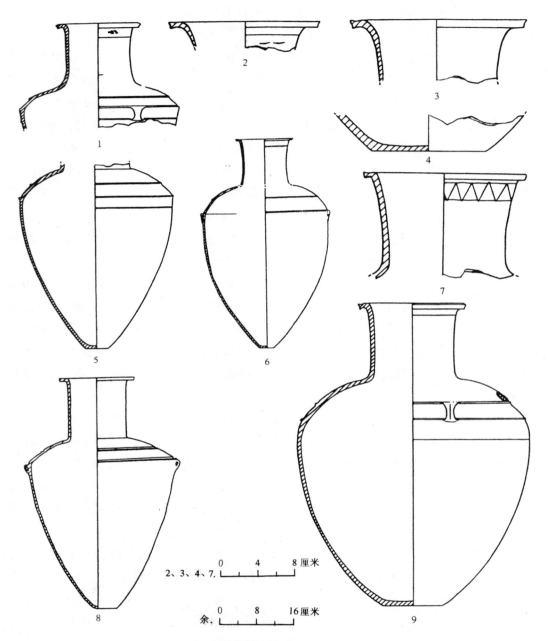

图一〇三　商时期陶高颈小平底尊

1~4.Ⅰ式 K01:19、SH10:8、SH12:5、SH12:6　5、6、8.Ⅲ式 SH3:20、SH47:19、M7:3

7、9.Ⅱ式 SH9:64、86

Aa 型　尖唇，薄胎，皆泥质陶。依颈高与腹高之比以及颈、腹壁轮廓曲线特点，分为 4 式。

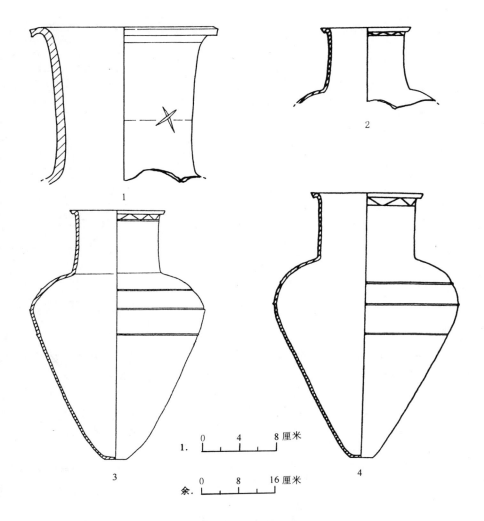

图一〇四　商时期陶高颈小平底尊

1. Ⅱ式 SH8：72　2~4. Ⅳ式 SH26：51，SH19：14、15

　　Ⅰ式，颈高，腹特浅，腹壁肥出。标本 SH10：9，泥质黑皮灰胎陶。口径 11.2 厘米，底径 1.9 厘米，高 10.2 厘米（图一〇五，1；图版二一，2；彩版五，1）。标本 SH12：3，泥质黑皮红胎陶。腹部饰 3 组阴弦纹，颈下部饰等距的 3 个圆饼饰。口径 10.6 厘米，底径 1.3 厘米，高 9.7 厘米（图一〇五，2；图版二一，1）。

　　Ⅱ式，颈高，腹较浅，腹壁微弧。标本 SH9：7，泥质红褐陶。口径 10.1 厘米，底径 2.3 厘米，高 9.9 厘米（图一〇五，3；图版二一，5）。标本 SH9：36，泥质灰陶。口径 9.6 厘米，底径 1.8 厘米，高 9.4 厘米（图一〇五，4；图版二一，3）。标本 SH9：34，泥质黑皮红胎陶。口径 9.4 厘米，底径 1.6 厘米，高 9.1 厘米（图一〇五，6；图版二一，

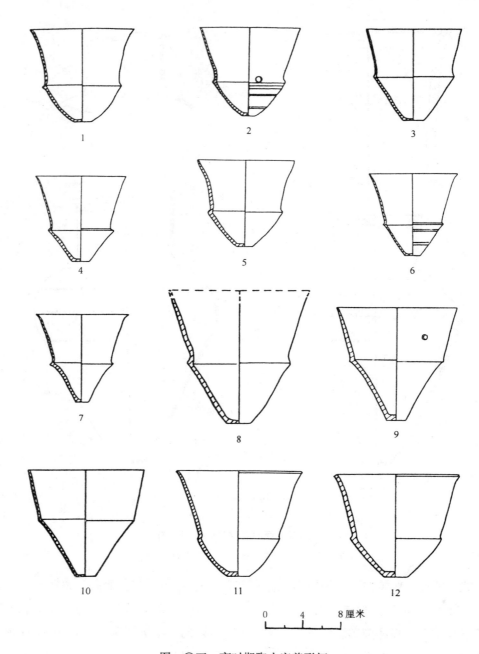

図一〇五　商時期陶小底尊形杯

1、2.Aa 型 I 式 SH10：9、SH12：3　3～6.Aa 型 II 式 SH9：7、36，T16④F：5、SH9：34　7、8.Aa 型 III 式
SH47：16、SH59：1　9、10.Aa 型 IV 式 SH45：1、SH41：10　11.Ab 型 I 式 K01：13、14

4）。标本 T16④F：5，泥质黑皮灰胎陶。口径 10.2 厘米，底径 1.7 厘米，高 9.4 厘米
（图一〇五，5；图版二一，6）。

Ⅲ式，腹稍深，腹壁较斜直或微内曲。标本 SH47：16，泥质红褐陶。口径 9.9 厘米，底径 1.4 厘米，高 9.7 厘米（图一〇五，7；图版二二，1）。标本 SH59：1，泥质灰陶。口径约 15 厘米，底径 2.5 厘米，高约 14.5 厘米（图一〇五，8）。

Ⅳ式，颈较斜直，口微侈，腹深，腹壁微内曲。标本 SH45：1，泥质黑皮红胎陶。颈中部等距饰 3 个圆饼饰。口径 12.8 厘米，底径 2 厘米，高 12.5 厘米（图一〇五，9；图版二二，3）。SH41：10，泥质黑皮红胎陶，口径 12.4 厘米，底径 2.1 厘米，高 11.6 厘米（图一〇五，10；图版二二，2）。

Ab 型　方唇，厚胎，皆夹砂陶。分为 5 式。

Ⅰ式，高颈，大敞口，颈较斜直或微内曲，腹甚浅，腹壁肥出。标本 K01：13，夹砂黑皮红胎陶。口径 13.5 厘米，底径 2.4 厘米，高 11.5 厘米（图一〇五，11；图版二二，5）。标本 K01：14，夹砂灰陶。口径 13.3 厘米，底径 2.5 厘米，高 11.2 厘米（图一〇五，12；图版二二，6）。标本 K01：12，夹砂灰陶。口径 13 厘米，底径 2.2 厘米，高 11.5 厘米（图一〇六，1；图版二二，4）。标本 SH11：4，夹砂黑皮红胎陶。口径 11.5 厘米，底径 1.6 厘米，高 11.2 厘米（图一〇六，2；图版二三，1）。

Ⅱ式　颈稍矮，腹稍深，腹壁微弧鼓。标本 SH8：40，夹砂灰陶。口径 11.6 厘米，底径 2.3 厘米，高 10.6 厘米（图一〇六，3；图版二三，6）。标本 SH8：37，夹砂灰陶。口径 11.2 厘米，底径 2.3 厘米，高 10.9 厘米（图一〇六，4；图版二三，5）。标本 SH9：5，夹砂灰陶。口径 10.9 厘米，底径 1.7 厘米，高 8.2 厘米（图一〇六，6；图版二三，2）。标本 SH9：15，夹砂褐陶。口径 10.2 厘米，底径 2.4 厘米，高 10 厘米（图一〇六，7；图版二三，4）。标本 SH9：6，夹砂灰陶。颈外壁中部饰 2 周阴弦纹。口径 13.1 厘米，底径 2.3 厘米，高 12.4 厘米（图一〇六，8；图版二三，3）。标本 SH8：68，腹下部残失。夹砂灰陶。颈部有阴弦纹 2 周。口径 12.1 厘米，残高 9.2 厘米（图一〇六，5）。

Ⅲ式，口外侈，腹较瘦，腹壁微弧。标本 SH47：10，夹砂褐陶，有橙黄色斑块。口径 14.5 厘米，底径 2.4 厘米，高 13.6 厘米（图一〇六，10；图版二四，2）。标本 SH27：39，夹砂褐陶，呈橙褐色。底外壁刻划十字形图案。口径 16.4 厘米，底径 2.3 厘米，高 14.8 厘米（图一〇六，11；图版二四，3）。标本 SH27：41，夹砂黑皮红胎陶。口径 16.5 厘米，底径 2.1 厘米，高 15.6 厘米（图一〇六，12；图版二四，1）。标本 SH47：8，腹上部以下残失。夹砂灰陶。口径 13.5 厘米，残深 9.3 厘米（图一〇六，9）。

Ⅳ式，敞口，颈斜直，瘦腹，腹壁斜直，底径较大。标本 SH3：2，夹砂灰陶。口径 13.2 厘米，底径 2.6 厘米，高 13.2 厘米（图一〇七，1；图版二四，4）。

Ⅴ式，敞口，宽腹，颈、腹壁斜直。底径大。标本 M2：1，夹砂灰陶。口径 12.5 厘米，底径 3.5 厘米，高 11.8 厘米（图一〇七，2；图版二四，5）。标本 SH19：32，夹砂褐陶。口径 13 厘米，底径 3.8 厘米，高 12.8 厘米（图一〇七，3；图版二四，6）。

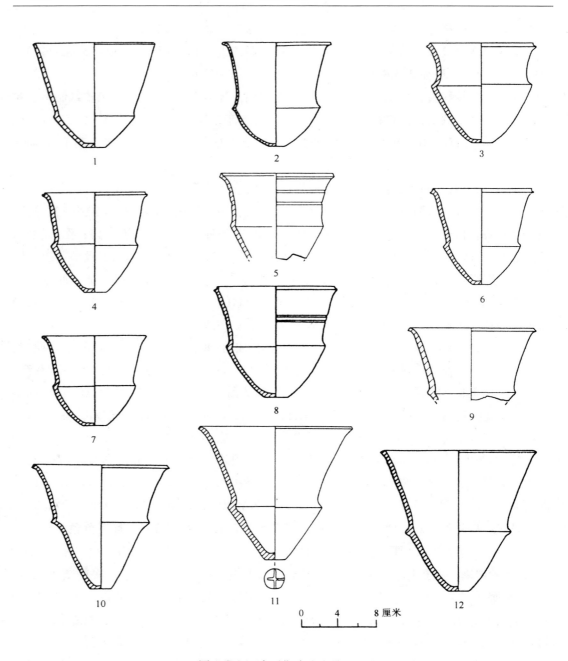

图一〇六　商时期陶小底尊形杯

1、2.Ab 型Ⅰ式 K01:12、SH11:4　3~8.Ab 型Ⅱ式 SH8:40、37、68，SH9:5、15、6　9~12.Ab 型Ⅲ式 SH47:8、10，SH27:39、41

B 型　颈较竖直，腹稍深，底径稍大。根据颈、腹部形态特征，分为 2 个亚型。

Ba 型　颈稍向内弧曲，腹稍弧鼓。依口、颈、腹部特点，分为 3 式。

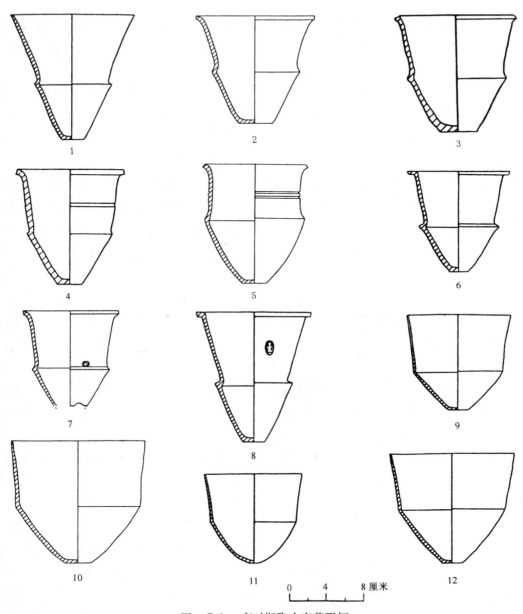

图一〇七　商时期陶小底尊形杯

1.Ab 型 IV 式 SH3：2　2、3.Ab 型 V 式 M2：1、SH19：32　4.Ba 型 I 式 K01：11　5、7.Ba 型 II、III 式 SH8：36、SH18：2　6、8.Bb 型 I、II 式 SH8：40、SH20：22　9.C 型 I 式 SH12：31　10～12.C 型 II 式 SH9：24、SH34：7、SH9：9

I 式，颈较直，口微侈，方唇外折，腹壁较直，颈、腹接界处折棱不甚明显。标本 K01：11，夹砂褐陶，呈灰褐色。颈中部 1 周阴弦纹。口径 11.4 厘米，底径 2.6 厘米，高

12.8 厘米（图一〇七，4；图版二五，1）。

Ⅱ式，颈微向内曲，口稍侈，唇微折，腹稍弧鼓，颈、腹接界处折棱较为明显。标本 SH8:36，夹砂灰陶。颈中部饰 2 周阴弦纹。口径 10.7 厘米，底径 2.7 厘米，高 13.2 厘米（图一〇七，5；图版二五，3）。

Ⅲ式，颈微向内曲，口稍侈，腹稍外弧，颈、腹接界处折棱明显。标本 SH18:2，底部残失。泥质灰陶。颈下沿饰等距的 3 个圆饼饰，其上并刻划有十字形图案。口径 10.1 厘米，残深 10.8 厘米（图一〇七，7）。

Bb 型　颈、腹壁斜直。依其体态特点，分为 2 式。

Ⅰ式，颈较斜直，方唇，宽沿平折。标本 SH8:42，颈中部以上为泥质灰陶，以下为夹砂灰陶。口径 9.3 厘米，底径 2.2 厘米，高 11.4 厘米（图一〇七，6；图版二五，2）。

Ⅱ式，颈斜直，方唇，平折沿。腹壁斜直。标本 SH20:2，夹砂灰陶。颈中部饰 1 个贝纹。口径 11.2 厘米，底径 2.4 厘米，高 14.5 厘米（图一〇七，8；图版二五，4；彩版五，2）。

C 型　直颈，尖唇，斜直腹，外轮廓无明显曲线变化。据体态特点，分为 4 式。

Ⅰ式，体较宽，腹浅，腹壁肥出。口略外侈。标本 SH12:31，泥质灰陶。口部由于烧制变形而不甚圆。口径 11 厘米，底径 2 厘米，高 9.4 厘米（图一〇七，9；图版二五，5）。

Ⅱ式，体较宽，腹较浅，腹壁稍弧，直口或口微侈。标本 SH9:24，泥质灰陶。口径 14.2 厘米，底径 2.6 厘米，高 13.3 厘米（图一〇七，10；图版二六，1）。标本 SH34:7，泥质黑皮红胎陶。小圜底，为一特例。口径 10.4 厘米，高 9.8 厘米（图一〇七，11；图版二五，5）。标本 SH9:9，泥质灰陶。口径 13.2 厘米，底径 2 厘米，高 12 厘米（图一〇七，12；图版二五，6）。标本 SH9:32，泥质黑皮红胎陶。口径 12 厘米，底径 2.6 厘米，高 11.6 厘米（图一〇八，1；图版二六，2）。标本 SH8:38，腹上部以下残失。口径 10 厘米，残深 7 厘米（图一〇八，2）。

Ⅲ式，体较瘦，腹稍深。口径一般大于器高。标本 SH27:44，泥质黑皮灰胎陶。底外壁刻划有十字形图案。口径 11.2 厘米，底径 2.3 厘米，高 10.8 厘米（图一〇八，3）。标本 SH27:59，泥质灰陶。口径 10.8 厘米，底径 2.3 厘米，高 10.9 厘米（图一〇八，4；图版二六，5）。标本 SH20:23，泥质灰陶。口径 13.1 厘米，底径 2.6 厘米，高 13 厘米（图一〇八，5；图版二七，1）。标本 SH58:9，泥质灰陶。口径 10.8 厘米，底径 1.6 厘米，高 11.1 厘米（图一〇八，6；图版二七，2）。标本 SH33:20，泥质灰陶。口径 11.4 厘米，底径 2.2 厘米，高 11.2 厘米（图一〇八，7；图版二六，4）。标本 SH5:14，泥质灰陶。口径 10.9 厘米，底径 1 厘米，高 11.5 厘米（图一〇八，8；图版二七，3）。

Ⅳ式，体较瘦，腹较深，口径皆小于器高。标本 SH19:33，泥质灰陶。口径 9.8 厘

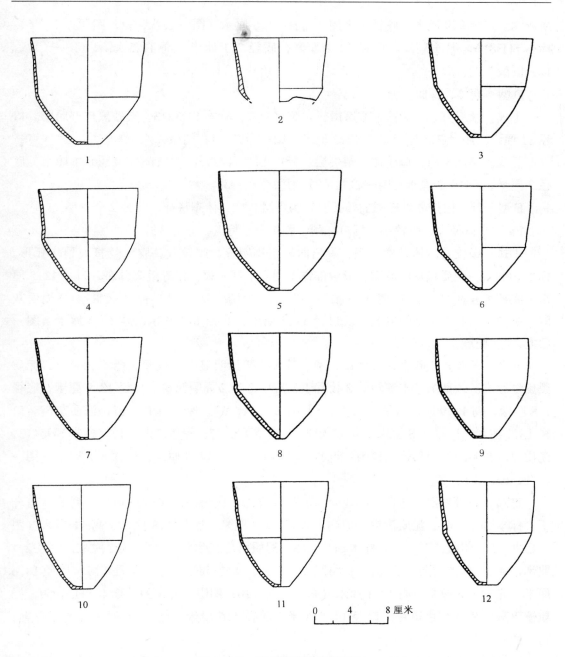

图一〇八 商时期陶小底尊形杯

1、2.C型Ⅱ式 SH9：32、SH8：38 3～8.C型Ⅲ式 SH27：44、59，SH20：23、SH58：9、SH33：20、SH5：14

9～12.C型Ⅳ式 SH19：33、55，SH26：67、SH38：6

米，底径 2.2 厘米，高 11 厘米（图一〇八，9；图版二八，1）。标本 SH19：55，泥质灰

陶。口径 10.3 厘米，高 11.5 厘米（图一〇八，10；图版二七，4）。标本 SH26：67，泥

质灰陶。口径 9.9 厘米，底径 1.8 厘米，高 11.6 厘米（图一〇八，11；图版二七，6）。标本 SH38∶6，泥质灰陶。口径 10.2 厘米，底径 2.1 厘米，高 11.5 厘米（图一〇八，12；图版二七，5）。

D 型　瘦体，深腹。分为 2 式。

Ⅰ式，颈斜直，口略侈，方唇微折，腹壁微弧。标本 SH33∶3，夹砂黑皮红胎陶。口径 11 厘米，底径 2.1 厘米，高 12.3 厘米（图一〇九，1；图版二八，2）。

Ⅱ式，颈微内曲，口稍侈，圆尖唇。标本 SH19∶42，泥质灰陶。口径 8.1 厘米，底径 2 厘米，高 10.2 厘米（图一〇九，2；图版二八，3）。

E 型　颈、腹接界处有弧曲转折。皆为尖唇。依其体态特征，分为 2 个亚型。

Ea 型　口径大，腹较小。据口、颈、腹部形态特点，分为 3 式。

Ⅰ式，颈较直，体较宽，颈、腹弧曲转折稍明显，腹较浅，腹壁较直或稍作弧形。标本 SH8∶4，泥质黑皮红胎陶。颈中部饰 1 周乳丁共 6 枚，作等距离分布。口径 11.5 厘米，底径 1.6 厘米，高 11 厘米（图一〇九，3；图版二八，4）。标本 SH8∶41，泥质灰陶。颈中部饰有 3 个等距的乳丁。口径 11.5 厘米，底径 1.7 厘米，高 10.5 厘米（图一〇九，4；图版二八，5）。

Ⅱ式，颈较直或斜直，口稍侈，颈、腹弧曲转折明显。腹较深。标本 SH6∶1，泥质黑皮红胎陶。颈部饰基本等距的 3 枚乳丁，腹中部饰 2 周阴弦纹。口径 13.9 厘米，底径 1.8 厘米，高 11.9 厘米（图一〇九，5；图版二八，6）。标本 SH27∶61，泥质灰陶。口径 13.1 厘米，底径 1.8 厘米，高 13 厘米（图一〇九，7；图版二九，1）。标本 SH6∶13，泥质黑皮灰胎陶。颈部饰 2 枚为一组的 3 枚乳丁，口径 14.3 厘米，残深 6.8 厘米（图一〇九，6）。

Ⅲ式，短颈斜出，侈口，腹瘦而深。颈部皆饰 3 枚为一组呈倒三角形排列的 3 组乳丁。标本 SH19∶44，泥质黑皮红胎陶。口径 14.3 厘米，底径 1.8 厘米，高 11 厘米（图一〇九，8；图版二九，4）。标本 SH26∶68，泥质黑皮红胎陶。口径 15.2 厘米，底径 2.1 厘米，高 11 厘米（图一〇九，9；图版二九，2）。标本 SH26∶70，泥质灰陶。口径 14.6 厘米，底径 1.6 厘米，高 10.1 厘米（图一〇九，10；图版二九，3）。标本 SH26∶69，泥质橙黄陶，杂有灰色斑块。口径 14.5 厘米，底径 1.6 厘米，高 11.6 厘米（图一〇九，11；图版二九，5；彩版五，3）。

Eb 型　口径较小，腹微弧鼓，颈较斜直。标本 SH26∶38，泥质黑皮红胎陶。腹上部饰 3 组阴弦纹。口径 13.6 厘米，底径 1.8 厘米，高 13.7 厘米（图一〇九，12；图版二九，6）。

F 型　长颈，瘦腹。分为 2 式。

Ⅰ式，颈部径小，腹较浅。标本 SH27∶42，底部残失。泥质黑皮红胎陶。口径 10.7

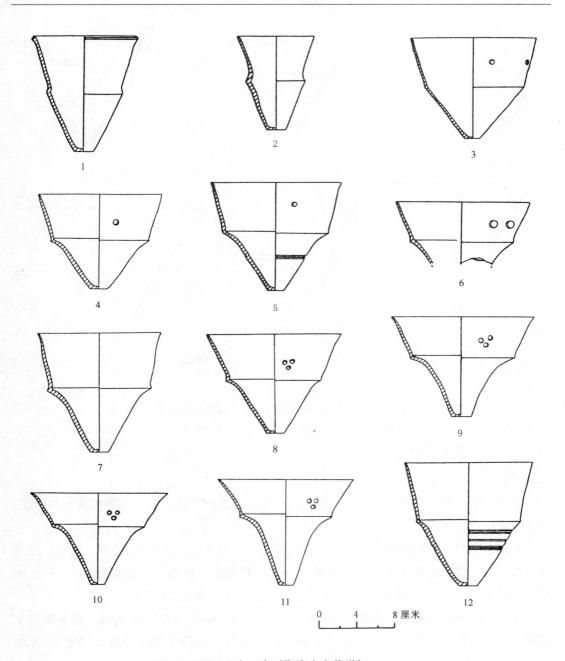

图一〇九 商时期陶小底尊形杯

1、2.D 型 I、II 式 SH33∶3、SH19∶42　3、4.Ea 型 I 式 SH8∶4、41　5～7.Ea 型 II 式 SH6∶1、13、
SH27∶61　8～11.Ea 型 III 式 SH19∶44、SH26∶68、70、69　12.Eb 型 SH26∶38

厘米，残深 11 厘米（图一一〇，1）。

II 式，颈部径大，腹较深。标本 SH26∶62，泥质黑皮灰胎陶。底径 1.9 厘米，残深

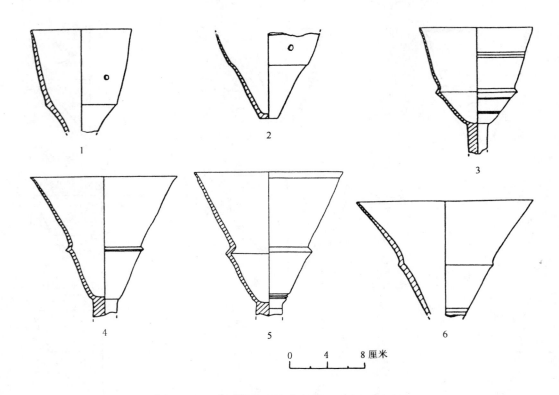

图一一〇　商时期陶小底尊形杯、细高柄尊形杯

1、2.F型Ⅰ、Ⅱ式小底尊形杯 SH27:42、SH26:62　3、6.Ⅰ、Ⅲ式细高柄尊形杯 SH7:29、SH26:55

4、5.Ⅱ式细高柄尊形杯 SH27:40、43

9.6厘米（图一一〇，2）。

　　细高柄尊形杯　高颈，大口，小腹，颈、腹接界处有明显折棱。底附细高柄，依颈、口、腹部特征，分为3式。

　　Ⅰ式，斜直口，颈亦斜直，腹浅。腹壁微弧鼓，柄甚细。标本 SH7:29，柄残。泥质橙黄陶，杂有褐色斑块。颈上部饰3周为一组的阴弦纹，腹饰2组阴弦纹。口径12厘米，杯高10.4厘米，柄残长3.3厘米（图一一〇，3；图版三〇，1）。

　　Ⅱ式，斜颈，大敞口，瘦腹，腹壁斜直，柄稍粗。标本 SH27:4，柄残。泥质黑皮灰胎陶。口部压出一道宽0.7厘米的薄口沿，腹外壁近底部饰2周阴弦纹。口径15.8厘米，杯高15.3厘米，柄残长0.8厘米（图一一〇，5；图版三〇，2）。

　　Ⅲ式，大敞口外撇，颈弧曲，腹壁斜直。标本 SH26:55，底部以下残失。腹外壁近底处饰2周弦纹。口径17厘米，腹残深12.5厘米（图一一〇，6）。

　　高圈足尊形杯　上部形态与小底尊形杯相若，下附高圈足。依圈足特征分为2型。

　　A型　圈足处往下弧出，底足沿方直。依腹、足部形制特点，分为2式。

Ⅰ式，杯部腹浅底宽，圈足高直。颈、腹接界处折棱不突出。标本 SH12∶28，颈中部以上残。泥质灰陶。腹上、下部饰 2 周为一组的 2 组阴弦纹。圈足下部饰 3 周为一组的阴弦纹，于弦纹下部等距饰圆形镂孔 3 个。圈足底径 6.4 厘米，残高 17.3 厘米（图一一一，1）。标本 SH12∶29，腹部以上残。泥质灰陶。其形制、纹饰与 SH12∶28 基本相同，惟圈足径稍大。圈足底径 7.8 厘米，残高 12 厘米（图一一一，2）。

Ⅱ式，腹稍深，腹壁微弧鼓，往下收为小平底。颈、腹接界处折棱较明显。标本 SH9∶16，泥质黑皮灰胎陶。侈口尖唇，圈足中部饰 3 道阴弦纹。口径 13.2 厘米，圈足底径 7.6 厘米，通高 17.5 厘米（图一一一，3；图版三〇，3；彩版四，3）。标本 SH8∶34，泥质灰陶。口径 13.2 厘米，底足径 7.4 厘米，通高 17.8 厘米（图一一一，4；图版三〇，4）。

B 型　圈足下半部有阶状柄座，犹如倒置的豆、簋类器。依口、腹、足形制特征，

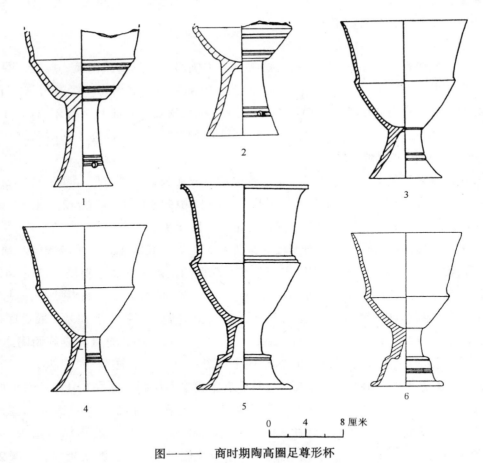

图一一一　商时期陶高圈足尊形杯

1、2.A 型Ⅰ式 SH12∶28、29　3、4.A 型Ⅱ式 SH9∶16、SH8∶34　5、6.B 型Ⅱ、Ⅰ式 SH8∶33、SH9∶17

分为 2 式。

Ⅰ式，杯部形态与Ⅰ型Ⅱ式近同。圈足阶状柄座弧折，底足沿较窄。标本 SH9∶17，泥质灰陶。口径 11.6 厘米，底足径 7.8 厘米，通高 16.6 厘米（图一一一，6；图版三一，1）。

Ⅱ式，侈口方唇，颈、腹接界处突显，并施以凸棱。圈足阶状柄座方折，底足沿稍宽。标本 SH8∶33，夹砂褐陶，色灰褐，并见橙黄色斑块。口径 13.5 厘米，圈足底径 10.2 厘米，通高 22.3 厘米（图一一一，5；图版三一，2）。

长颈圈足尊　颈特长，喇叭口形口，腹宽肩小底，下附圈足。标本 SH19∶16，泥质灰陶。肩施凸棱 1 周，其下置对称双鼻钮。颈上部饰各以 2 周和 3 周为一组的阴弦纹 2 组，肩饰阴弦纹 1 周，其下对称饰贝纹 2 个，两贝纹正好各位于两鼻钮之间。口径 22.6 厘米，圈足底径 10.8 厘米，高 51.3 厘米（图一一二，1；图版三一，3；彩版三，4）。

有鋬圈足尊　长颈，喇叭口形口，宽肩，小底，弧腹，下加圈足，颈、肩间有鋬。依鋬的单、双不同，分为 2 型。

A 型　双鋬。根据其体态特征，分为 3 式。

Ⅰ式，颈较直，微作弧形，侈口，圆尖唇或方圆唇，肩斜直或微弧，瘦腹，圈足瘦高，双鋬特大。标本 K01∶1，泥质灰陶。颈上、中部各饰以 2 周为一组的阴弦纹 2 组，肩部和腹上部各饰阴弦纹 1 组。口径 12.7 厘米，圈足底径 9.6 厘米，高 27 厘米（图一一二，3；图版三一，4）。标本 K01∶5，腹底部以下残失。颈上部饰 1 周阴弦纹。口径 12.8 厘米，残深 19 厘米（图一一二，2）。

Ⅱ式，双鋬不如Ⅰ式大。侈口方唇，颈弧斜，肩弧鼓，腹稍宽肥，圈足较瘦高。标本 SH9∶79，泥质灰陶。颈下部有 2 周阴弦纹，肩部阴弦纹 1 周。口径 12.1 厘米，圈足底径 10 厘米，高 28.5 厘米（图一一三，1；图版三二，1）。

Ⅲ式，大侈口，尖唇，颈弧斜度较Ⅱ式为甚，斜肩，腹宽肥，圈足较矮肥。颈、腹部饰阴弦纹。标本 SH8∶19，泥质黑皮灰胎陶。双鋬侧正面刻划 3 道斜槽。口径 14.1 厘米，圈足底径 11.3 厘米，高 28.6 厘米（图一一三，3；图版三二，4；彩版六，3）。标本 SH9∶78，泥质黑皮灰胎陶。双鋬侧正面刻划 3 道斜槽。口径 14.3 厘米，圈足底径 11 厘米，高 26.8 厘米（图一一三，4；图版三二，2）。SH8∶20，泥质黑皮红胎陶。口径 14.5 厘米，圈足底径 11.2 厘米，高 28.7 厘米（图一一三，2；图版三二，3）。

B 型　单鋬。口、颈、腹、足部特征与Ⅱ型Ⅰ式基本相同。标本 K01∶3，泥质灰陶。颈上部饰 1 周阴弦纹。口径 13 厘米，圈足底径 9.6 厘米，高 27 厘米（图一一二，5）。标本 K01∶2，腹底部以下残失。泥质灰陶。颈上部饰阴弦纹 2 周。口径 13.6 厘米，残深 19.5 厘米（图一一二，6）。标本 SH31∶3，口沿及腹底以下残失，泥质灰陶。残深 22 厘米（图一一二，4）。

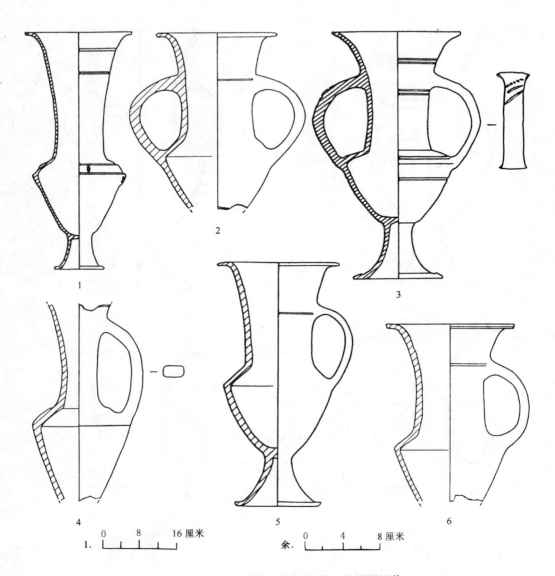

图一一二　商时期陶长颈圈足尊、有錾圈足尊

1. 长颈圈足尊 SH19:16　2、3.A型I式有錾圈足尊 K01:5、1　4～6.B型有錾圈足尊 SH31:3，K01:3、2

有柄尊　高颈，宽肩，弧腹，小底，下附柄足。根据其体态特征，分为2式。

I式，颈高直，侈口方唇，肩饰凸棱及阴弦纹一至数道，腹稍弧鼓。皆夹砂灰陶。标本 SH9:59，柄残失。口径16.8厘米，肩径17.3厘米，残深21.2厘米（图一一四，2）。标本 SH8:78，自腹上部以下残失。口径15.6厘米，肩径15.5厘米，残深14.2厘米（图一一四，1）。标本 SH9:62，腹上部以下残失。口径17.6厘米，肩径17.1厘米，残深12.8厘米（图一一四，3）。标本 SH9:60，腹中部以下残失。颈上、下部各饰阴弦

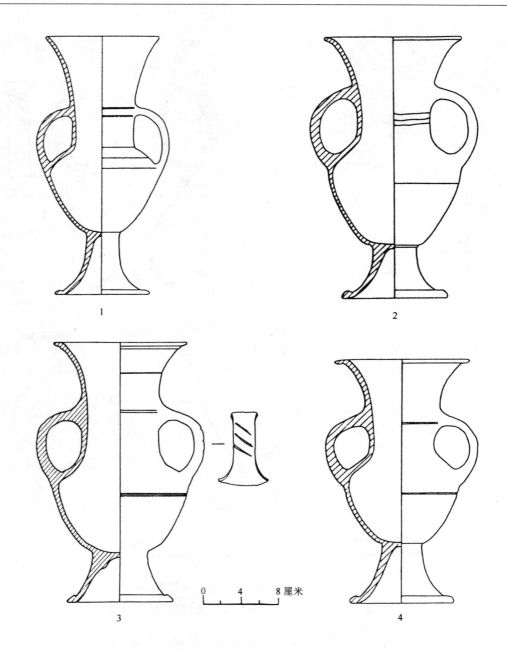

图一一三　商时期陶有鋬圈足尊
1.A型Ⅱ式 SH9:79　2～4.A型Ⅲ式 SH8:20、19，SH9:78

纹 1 周。口径 15.6 厘米，肩径 15.6 厘米，残深 12.5 厘米（图一一四，4）。

Ⅱ式，颈较高，弧斜，侈口，圆尖唇，沿平出。肩弧鼓，不施凸棱。标本 SH57:1，柄上部以下残失。夹砂褐陶，橙褐与灰褐色相间。肩饰阴弦纹 2 周，其间饰等距离 3 个

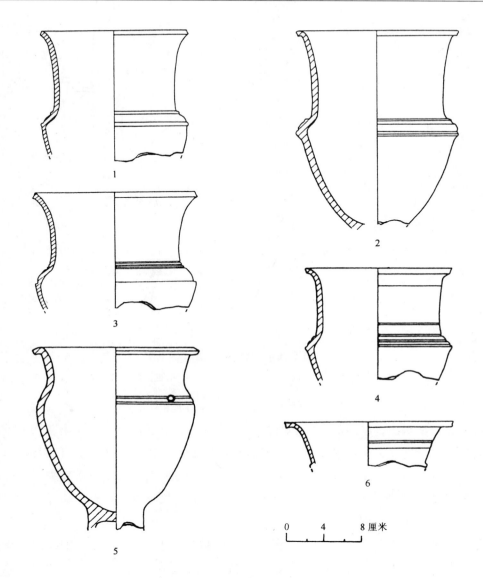

图一一四　商时期陶有柄尊、敞口尊

1～4.Ⅰ式有柄尊 SH8：78，SH9：59、62、60　5.Ⅱ式有柄尊 SH57：1　6.敞口尊 SH22：9

圆饼饰。口径 17.5 厘米，肩径 12.9 厘米，残深 20.2 厘米（图一一四，5；图版三三，1）。

　　敞口尊　侈口，宽沿方唇，斜直颈，窄折肩。标本 SH22：9，肩以下残失。泥质灰陶。口径 17.8 厘米，肩径 13.3 厘米，残深 4.9 厘米（图一一四，6）。

　　扁腹壶　喇叭口形长颈，腹正视基本为圆形，侧视弧鼓，呈扁圆形。一般于腹侧附有圆穿孔的竖形鼻钮。根据口、颈等部位形态，分为 4 式。

　　Ⅰ式，仅存颈、口部。侈口，方唇，弧斜颈。标本 K01：10，泥质灰陶。颈上部饰阴

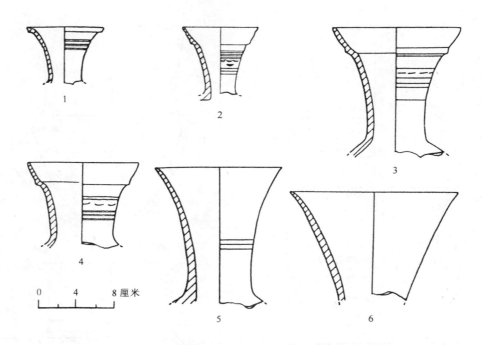

图一一五　商时期陶扁腹壶

1．Ⅰ式 K01：10　2～4．Ⅱ式 SH9：82、SH8：30、SH9：83　5、6．Ⅲ、Ⅳ式 SH27：54、SH26：56

弦纹 3 周。口径 8.1 厘米，残深 6 厘米（图一一五，1）。

Ⅱ式，口部斜出，微内敛，圆尖唇，颈稍弧斜，肩向下弧斜。皆泥质灰陶。颈部饰阴弦纹数道，其间夹饰 1 周或短直线、或月牙形刻划纹。标本 SH9：82，仅存颈、口部。口径 7.9 厘米，残深 7.5 厘米（图一一五，2），标本 SH8：30，肩部以下残失。口径 13.4 厘米，残深 13.6 厘米（图一一五，3）。标本 SH9：83，仅存颈、口部。口径 11.8 厘米，残深 8.8 厘米（图一一五，4）。

Ⅲ式，侈口，方圆唇，颈弧鼓。颈中部饰阴弦纹 3 周。标本 SH20：21，泥质黑皮红胎陶。口径 9.4 厘米，腹径 21.2 厘米，腹侧径 18.2 厘米，高 29 厘米（图一一六，1；图版三三，2；彩版四，2）。标本 SH61：4，泥质黑皮红胎陶。口径 11 厘米，腹径 19.8 厘米，腹侧径 19.6 厘米，高 30.3 厘米（图一一六，2；图版三三，3）。标本 SH27：54，仅存颈、口部。泥质黑皮灰胎陶。口径 13.5 厘米，残深 15 厘米（图一一五，5）。

Ⅳ式，颈作弧形斜出，敞口，尖唇。标本 SH26：56，仅存颈、口部。泥质灰陶。口径 17.8 厘米，残深 12 厘米（图一一五，6）。

罍　一般为高颈、广肩，多附圈足。分为 4 型。

A 型　弧斜形高颈或颈稍矮，鼓肩，弧腹。依其颈、肩、腹、足部综合特征，分为 4 个亚型。

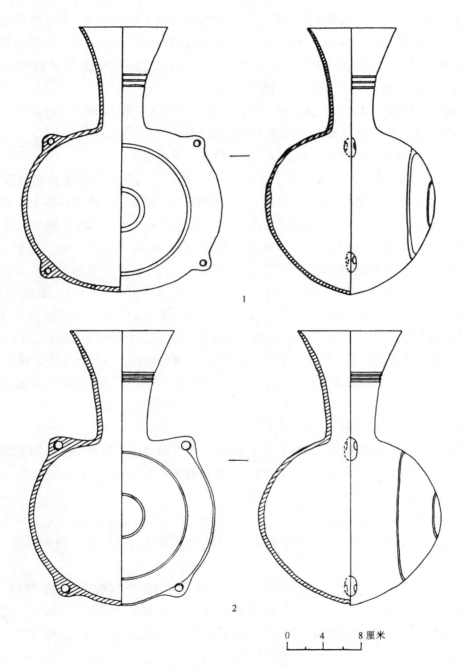

图一一六 商时期陶扁腹壶

1、2.Ⅲ式 SH20∶21、SH61∶4

Aa 型 颈微曲，肩弧鼓。分为2式。

Ⅰ式，口微侈，宽沿外折，颈稍向内弧曲，弧肩，微鼓腹，腹下部弧圆。标本

SH9：81，圈足残失。泥质黑皮灰胎陶。肩下附等距离的 3 个鼻形钮。颈部饰双道阴弦纹 3 组，上边的两组阴弦纹间饰 2 周连珠纹。肩与腹上部饰 3 周凸棱，最上一周凸棱下，等距饰 Ba 型目纹 3 组，正位于第一周凸棱之下的 3 个鼻钮之间。口径 23.6 厘米，肩径 32 厘米，残深 40 厘米（图一一七，1；图版三四，2）。

Ⅱ式，颈稍矮，口微侈，尖圆唇，窄沿斜出，肩稍耸。标本 SH51：17，仅存肩部以上。泥质灰陶。口径 14.5 厘米，残深 8.8 厘米（图一一七，3）。

Ab 型　颈稍直，凸鼓肩。根据口、肩部特点，分为 2 式。

Ⅰ式，直口，宽沿，直颈，颈下部略大于上部，腹稍斜直，近底部稍外鼓。标本 SH9：80，圈足残失。泥质黑皮灰胎陶。肩下等距施 3 个鼻形钮。颈部饰各为 3 周的阴弦纹两组，上边一组阴弦纹下饰 1 周连珠纹。肩中部饰凸棱 2 周，肩腹接界处和腹上部各饰凸棱 1 周，肩中部 2 周凸棱之上饰连珠纹 1 周，其下饰 Ba 型目纹 3 组，位于 3 个鼻钮之间。腹下部近底处饰凸棱 1 周，其上等距饰 Ba 型目纹 3 组，与肩部 3 组目纹居同一垂直位置。口径 25 厘米，肩径 38.2 厘米，残深 46.5 厘米（图一一七，2；图版三四，1）。

Ⅱ式，口微侈，颈稍向内弧曲，下部大于上部，腹自肩部以下弧收，腹下部较瘦，下附斜直矮圈足。标本 27：20，夹砂褐陶，基本为灰褐色，有橙褐色斑块。颈下部与肩、腹接界处施凸棱 2 周，圈足饰阴弦纹 2 周，其间饰圆形镂孔，仅可见 1 个，由于圈足大部残损，镂孔具体数量不详。口径 20.4 厘米，肩径 28.2 厘米，圈足径 10.6 厘米（图一一七，4；图版三四，3；彩版四，1）。

Ac 型　颈较高，方唇，平折沿。分为 2 式。

Ⅰ式，方唇，窄沿平出，颈自上往下弧形斜出。SH34：5，仅存颈、口部。泥质黑皮灰胎陶。口沿下饰 2 周阴弦纹，其间饰三角形折线纹。口径 16.1 厘米，残深 6.8 厘米（图一一七，5）。

Ⅱ式，方唇，宽沿下勾，颈稍直。标本 SH40：11，仅存颈、口部。泥质灰陶。口沿下饰阴弦纹 2 周，其间饰三角形折线纹。口径 25.8 厘米，残深 8.8 厘米（图一一七，6）。

Ad 型　圆尖唇，侈口，颈较矮，足底口有向上斜收的厚箍棱。鼓肩，弧腹，弧底，圈足较矮，足口箍棱向上收为斜形。标本 SH8：67，夹砂灰陶。圆尖唇，鼓肩，弧腹。颈下施凸棱 1 周，肩部饰 2 周阴弦纹，其间饰方格纹。于弦纹处等距施 Ba 型目纹 3 组。口径 19.8 厘米，圈足径 12.4 厘米，高 32.5 厘米（图一一七，9；图版三四，4）。

B 型　侈口宽沿，口径较小。根据口、颈、肩部特点分为 2 式。

Ⅰ式，口外侈，方唇，沿平出。颈向内弧曲，凸肩。标本 SH11：16，仅存肩部以上。泥质灰陶。口径 14 厘米，残深 10.6 厘米（图一一八，3）。

Ⅱ式，口稍侈，方唇，口沿略向下翻卷，颈斜直，肩圆鼓。SH9：71，腹下部以上残

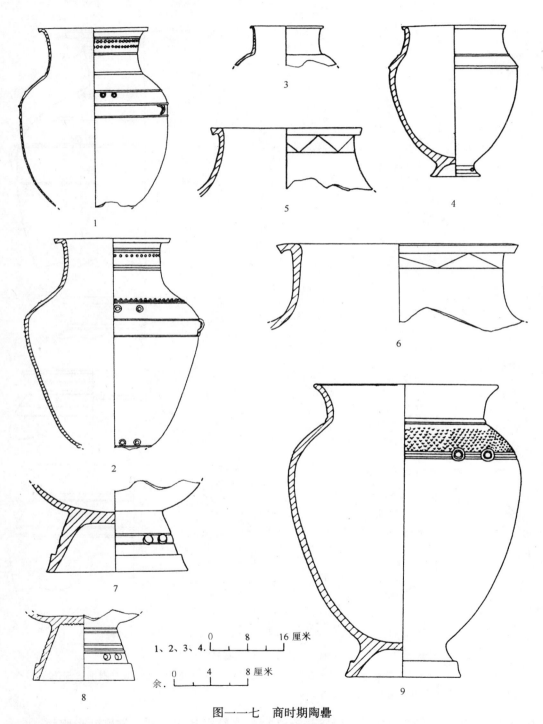

图一一七　商时期陶罍

1、3.Aa 型 I 、Ⅱ式 SH9:81、SH51:17　2、4.Ab 型 I 、Ⅱ式 SH9:80、SH27:20　5、6.Ac 型 I 、Ⅱ式
SH34:5、SH40:11　7、8.残罍圈足及底部 SH8:51、SH:37　9.Ad 型 SH8:6

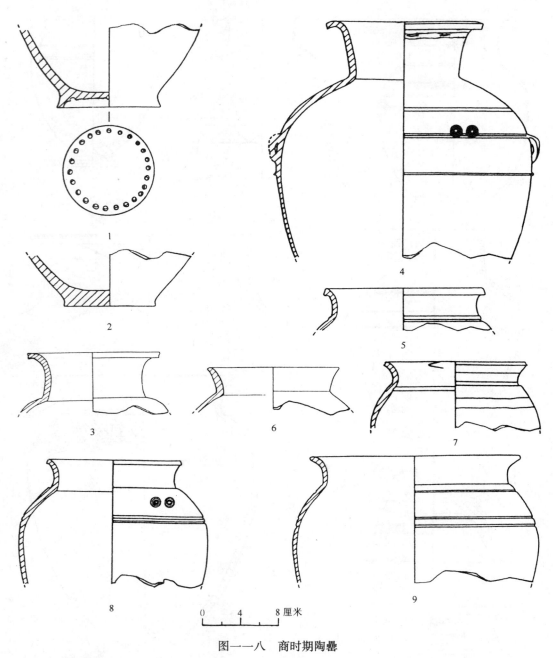

图一一八　商时期陶罍

1、2.残罍底部 SH51:18、SH8:81　3、4.B型Ⅰ、Ⅱ式 SH11:16、SH9:71　5、6.C型Ⅰ式 SH12:26、SH11:13　7~9.C型Ⅱ式 SH34:2、3, SH7:33

失。泥质灰陶。肩附双鼻钮。口沿下饰有2周阴弦纹，其间刻划1排柳叶形窝纹。肩与腹上部饰阴弦纹3组，于中间一组弦纹上部，饰 Ba 型目纹2组，基本位于两鼻钮之间。

口径 16.6 厘米，肩径 28 厘米，残深 25.5 厘米（图一一八，4）。

C 型　颈较矮，肩较窄。根据颈、口、肩及腹部特征，分为 5 式。

Ⅰ式，侈口，颈稍直，肩微耸。标本 SH12：26，仅存肩部以上。夹砂灰陶。方唇，口沿微折，颈、肩接界处饰凸棱 1 周。口径 17 厘米，残深 4.6 厘米（图一一八，5）。标本 SH11：13，仅存肩部以上。夹砂灰陶。圆尖唇，外侈。口径 14 厘米，残深 4.6 厘米（图一一八，6）。

Ⅱ式，侈口，方唇或圆尖唇，颈弧斜，圆鼓肩，腹壁弧圆。标本 SH34：2，仅存腹上部以上。夹砂褐陶。颈、肩部各饰阴弦纹 2 周，口沿内刻划 1 个三角折线纹，内壁颈下施阴弦纹 2 周。口径 14.9 厘米，残深 7.4 厘米（图一一八，7）。标本 SH34：3，腹下部以下残失。泥质黑皮红胎陶。肩饰阴弦纹 2 周，其上饰 Ba 型目纹 2 组。口径 14.1 厘米，残深 13.4 厘米（图一一八，8）。标本 SH7：33，腹下部以下残失。泥质灰陶。肩饰 1 周阴弦纹，腹上部饰阴弦纹 2 周（图一一八，9）。

Ⅲ式，颈稍高直，口斜侈，肩微折并饰凸棱，腹壁较斜直。标本 SH44：1，腹中部以下残失。夹砂灰陶。颈下部饰阴弦纹 2 周，口径 19.8 厘米，残深 15.5 厘米（图一一九，1）。

Ⅳ式，颈较高直，口微侈，方尖唇，口沿平出，折肩甚明显，腹壁斜直。标本 SH3：4，仅存腹上部以上。泥质灰陶。颈下部饰凸棱 1 周。口径 21.9 厘米，残深 10.6 厘米（图一一九，3）。标本 SH6：15，仅存腹上部以上。泥质灰陶。颈下部饰阴弦纹 2 周。口径 22.5 厘米，残深 14.5 厘米（图一一九，2）。标本 SH6：16，仅存腹下部以下。泥质灰陶。圈足较矮，壁斜直，底平，底径较小，腹壁斜直。圈足外中部饰有阴弦纹 2 周。圈足径 11.8 厘米，残深 7.2 厘米。其陶质、陶色与标本 SH6：15 相同，可能属同一件器物，但由于残缺，不能接合（图一一九，4）。

Ⅴ式，颈较直，微侈口，尖唇，口沿稍下折，折肩，肩径大于口径，腹壁较直。标本 SH41：8，仅存腹上部以上。泥质灰陶。颈下部和腹上部各饰有阴弦纹 1 组。口径 20.5 厘米，残深 9.2 厘米（图一一九，5）。

D 型　颈较矮，肩甚宽，颈、肩间分界十分明显。以颈部直、斜度及肩部特征，分为 4 式。

Ⅰ式，直颈，方唇，唇较宽，口沿平出，肩弧斜。标本 SH9：130，仅存肩部以上。泥质灰陶。口径 15.9 厘米，残深 6.8 厘米（图一一九，6）。

Ⅱ式，直颈，微侈口，方唇，唇较宽，口沿平出。标本 SH34：4，泥质灰陶。仅存颈口部。口径 16.8 厘米，残深 6 厘米（图一一九，7）。

Ⅲ式，斜直颈，侈口，斜尖唇，唇较宽，肩弧鼓。标本 SH3：9，仅存肩部以上，泥质灰陶。口径 14.8 厘米，残深 6 厘米（图一一九，8）。

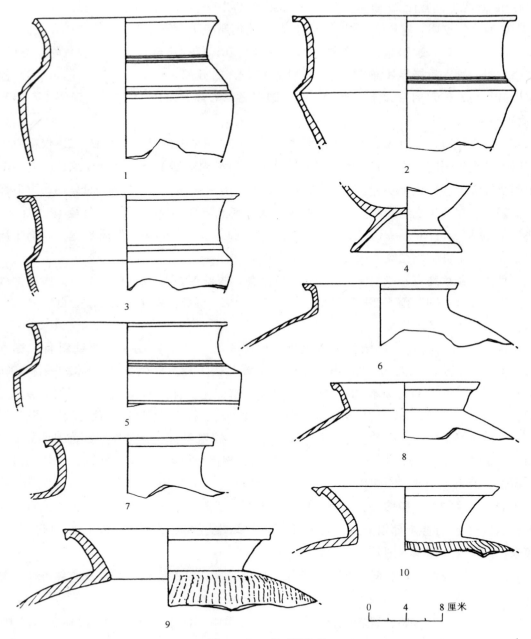

图一一九　商时期陶罍

1.C型Ⅲ式 SH44:1　2~4.C型Ⅳ式 SH6:15、SH3:4、SH6:16　5.C型Ⅴ式 SH41:8　6~8.D型Ⅰ、Ⅱ、
Ⅲ式 SH9:130、SH34:4、SH3:9　9、10.D型Ⅳ式 SH41:7、SH26:58

Ⅳ式，颈斜出，侈口，方尖唇，唇宽厚，肩圆鼓，颈、肩间分界甚显。标本 SH41:7，仅存肩部以上。泥质褐陶，呈橙褐色。肩饰竖行绳纹，纹路较宽，纹痕较浅。

口径21.2厘米，残深8.3厘米（图一一九，9）。标本SH26:58，仅存肩部以上。泥质灰陶。肩部饰竖行刻划纹，纹痕较浅。口径18.1厘米，残深7厘米（图一一九，10）。

此外，在发掘中，还发现数量较多的夹砂与泥质陶罍残底部与圈足，选介如下。

标本SH8:51，圈足及底部。斜直高圈足，足口箍棱竖直；底较平。夹砂灰陶。足中部饰阴弦纹2周，其间等距施2个一组的圆形镂孔3组。圈足底径15.2厘米，残深9.6厘米（图一一七，7）。标本T16④F:4，圈足及底部。夹砂灰陶。圈足上部饰阴弦纹2周，中部饰阴弦纹3周，其下等距施2个一组的圆形镂孔3组。底外壁施短斜线凹槽1周。圈足底径10.9厘米，残深7.2厘米（图一一七，8）。标本SH51:18，为腹下部以下部分。夹砂橙褐陶。弧腹，弧底，附斜直矮圈足。底外壁施圆窝纹1周。底足径11厘米，残深8.9厘米（图一一八，1）。标本SH8:81，为底足部。夹砂灰陶。腹下部斜收为弧形底，假矮圈足。底足径9.8厘米，残深5.7厘米（图一一八，2）。

高柄器座 下为大喇叭口形底足，上为侈口近似杯形座盘，中为细高柄，体内贯通。柄部多有凸棱和宽棱沿饰，呈竹节状，并饰以阴弦纹和圆形镂孔等。皆泥质陶，轮制。一般都制作精美。可修复的完整器形，仅在SH8、SH9发现3件，其余所见标本皆为断残的座盘或高柄，不能确知所属。座盘形制可分4式。现结合座盘与柄部的共存情况，以座盘式别为主线，结合柄部特征，将高柄器座分为4式。

Ⅰ式，座盘为大侈口，宽平沿，尖唇。柄部有带阶状柄座和无柄座之分，共同特征是柄底部弧斜向下至底口。标本SH10:2，仅存柄上端以上。泥质灰陶。口径11厘米，残高12.3厘米（图一二〇，2）。标本K01:6，仅存柄上端以上，座盘口沿残损。泥质灰陶。口径约12厘米，残高约13.5厘米（图一二〇，1）。标本K01:7，仅存柄中部以下，泥质灰陶。有阶状柄座。柄座上端饰阴弦纹1周，其下饰等距离的圆形镂孔3个，再下有凸棱2周，中部饰长条形镂孔3个，底部饰4周阴弦纹。柄部距柄座上沿较高处饰凸棱2周。底足径17.3厘米，残高30.4厘米（图一二〇，3）。标本K01:8，仅存柄中部以下，泥质灰陶。无阶状柄座，柄中部施2道宽棱沿，底部饰阴弦纹2周。底足径15.8厘米，残高32.5厘米（图一二〇，5）。

Ⅱ式，座盘口稍侈，圆尖唇，口沿较窄。柄有带阶状柄座和无柄座之分，共同特征是，柄底部弧度较缓而向下平出至底口。标本SH8:28，泥质灰陶。有阶状柄座。柄上部1道宽棱沿，其上、下各施2周凸棱，宽棱沿与凸棱间各饰等距离的圆形镂孔3个。柄下部距柄座近处施2周凸棱。柄座自上、中、下部饰3周阴弦纹，上部弦纹之上饰等距离的3个为一组、呈三角形排列的圆形镂孔3组；中部弦纹下饰等距施的2个为一组、横排的圆形镂孔3组；下部弦纹下饰3个为一组、横排的圆形镂孔3组。口径10.2厘米，底足径16.2厘米，高53.6厘米（图一二一，1；图版三五，3）。标本SH9:39，泥质灰陶。有阶状柄座。柄上部1道宽棱沿，其上、下各有阴弦纹3周，宽棱沿与弦纹间各饰

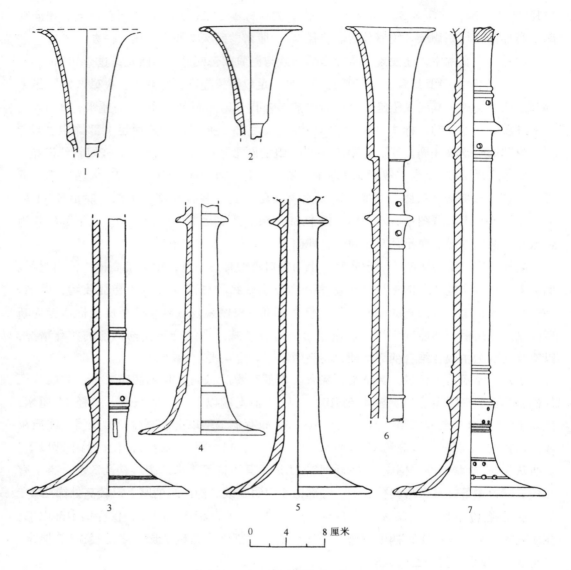

图一二〇　商时期陶高柄器座

1~3、5. Ⅰ式 K01:6、SH10:2、K01:7、K01:8　4、6、7. Ⅱ式 T16④F:2、SH8:29、SH9:85

等距离的圆形镂孔 3 个，柄下部近柄座处饰阴弦纹 3 周。柄座饰阴弦纹 3 组，上部一组弦纹之上饰等距离的两个为一组的圆形镂孔 3 组。中、下部两组弦纹间等距饰 5 个为一组，作上、下两排排列的圆形镂孔 3 组。口径 10 厘米，底足径 16 厘米，高 38.8 厘米（图一二一，2；图版三五，1；彩版四，4）。标本 SH9:41，泥质灰陶。有阶状柄座。柄上部有宽棱沿 1 周，其上、下各施凸棱 2 周，宽棱沿与凸棱间各等距离施 2 个为一组的圆形镂孔 3 组。柄下部距柄座近处施凸棱 2 周。柄座上部饰凸棱 2 周，其上饰 3 个为一组、

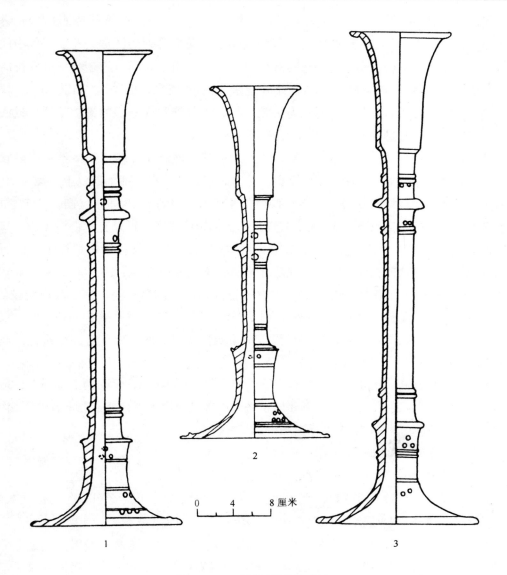

图一二一　商时期陶高柄器座

1～3.Ⅱ式 SH8:28，SH9:39、41

作三角形排列的圆形镂孔 3 组，中部饰阴弦纹 2 周，其下饰 2 个为一组、作斜形排列的圆形镂孔 3 组。口径 10.8 厘米，底足径 17.4 厘米，高 54 厘米（图一二一，3；图版三五，2）。标本 SH8:29，柄下部以下残失。泥质灰陶。柄上部施宽棱沿 1 周，其上、下各饰凸棱 1 周，宽沿棱与凸棱间各等距施圆形镂孔 3 个，柄下部有凸棱 1 周。口径 9.6 厘米，残高 43.4 厘米（图一二〇，6）。标本 SH9:85，座基残失，柄上端用于接合座盘的 1 周斜形凹槽清晰可见。泥质灰陶。有阶状柄座。柄上部施宽棱沿 1 道，其上、下各施凸棱 2 周，宽棱沿与凸棱间各有等距布施的圆形镂孔 3 个。柄下部距柄座近处施凸棱 2 周。柄座施阴弦纹 3 组，上边一组弦纹之上等距离施呈三角形排列的圆形镂孔 3 组；中间一组弦纹之下饰 2 个一组、横排的圆形镂孔 3 组；下边一组弦纹间，施 3 个一组横排的圆形镂孔 3 组。底足径 16.4 厘米，残高 51.4 厘米（图一二〇，7）。标本 T16④F:2，仅存腹中部以下。无阶状柄座。柄中部饰宽棱沿 1 周，下部饰宽而隐起的箍棱 1 周，近底足处饰阴弦纹 2 周。底足径 13.6 厘米，残高 25.4 厘米（图一二〇，4）。

Ⅲ式，座盘口微侈，圆尖唇，腹壁较直而微内曲，底凸出。柄部基本不见附阶状柄座者。柄下部呈弧折形往下斜出至底足口。标本 SH33:28，仅存柄上部以上。泥质灰陶。柄上部距座盘底部近处有宽棱沿 1 周。口径 7.6 厘米，残高 18.8 厘米（图一二二，1）。标本 SH27:58，柄中部以下残失。泥质灰陶。柄上部距座盘底部近处有宽棱沿 1 周。口径 7.7 厘米，残高 31.2 厘米（图一二二，2）。标本 SH27:57，仅存柄中部以下。泥质灰陶。柄中部稍下处饰阴弦纹 3 周，近底足处饰阴弦纹 2 周。底足径 19.5 厘米，残高 19.6 厘米（图一二二，3）。标本 SH33:10，仅存柄下部以下。泥质灰陶。柄下部饰阴弦纹 2 周，纹路不直。底足径 15 厘米，残高 14.4 厘米（图一二二，4）。标本 SH27:62，仅存柄下部以下。泥质灰陶。近底足处向外弧鼓而下延至底口。底足内壁有 3 道折棱。底足径 14.8 厘米，残高 12 厘米（图一二二，5）。

Ⅳ式，座盘甚高，壁较直，微侈口，底凸出。标本 SH40:6，仅存柄上部以上，座盘口部残损。泥质黑皮红胎陶。柄上部距座盘底近处施宽棱沿 1 周，其上、下各饰阴弦纹 1 周。口径约 7 厘米，残高约 31 厘米（图一二二，6）。

圈足罐　系在罐底加圈足而成。根据腹部等形态特征，分为 2 型。

A 型　圆腹。据口、腹部之特点，分为 3 式。

Ⅰ式，尖唇，宽沿，微侈口，直颈微弧。标本 SH12:18，仅存颈部以上。泥质灰陶。颈饰阴弦纹。口径 20.4 厘米，残深 5 厘米（图一二三，1）。

Ⅱ式，圆尖唇，侈口，微束颈，略显肩部，弧鼓腹，圈足稍矮，壁斜直，足上部较精。标本 SH8:32，圈足残失。泥质灰陶。颈、肩接界处及腹上部各饰 1 组阴弦纹。口径 13.4 厘米，腹径 12.3 厘米，残深 10.8 厘米（图一二三，3）。标本 SH9:77，腹中部以上残失。泥质黑皮灰胎陶。圈足饰阴弦纹 2 周。腹径 16.8 厘米，底足径 9.6 厘米，残深 11.2 厘米（图一二三，2）。标本 SH9:76，腹中部以下残失。泥质灰陶。颈、肩接界处及腹部饰阴弦纹 3 组。口径 16.3 厘米，腹径 16.2 厘米，残深 7.2 厘米（图一二三，5）。标本 SH9:75，圈足残失。泥质黑皮灰胎陶。颈、肩接界处及腹上部各饰阴弦纹 1 组，腹中部刻划一对凤鸟，口衔灵芝，异常生动。口径 16.1 厘米，腹径 14.9 厘米，残深 11.8 厘米（图三九；图版三六，1；彩版七，5）。

Ⅲ式，圆尖唇，侈口，束颈，浑圆腹，圈足稍高，作喇叭口形。标本 M7:1，泥质灰

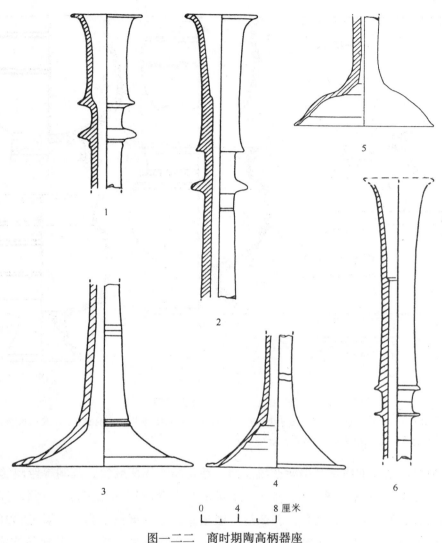

图一二二　商时期陶高柄器座

1～5.Ⅲ式 SH33：28，SH27：58、57，SH33：10、SH27：62　6.Ⅳ式 SH40：6

陶。颈、肩接界处与腹上部各饰阴弦纹 1 组。口径 12.8 厘米，腹径 14.8 厘米，通高 18.4 厘米（图一二三，7；图版三六，3）。

B 型　垂腹或折腹。根据口、颈、腹部特征，分为 3 式。

Ⅰ式，尖唇，沿稍宽，微侈口，颈以下腹斜出。标本 SH12：12，仅存腹上部以上。泥质灰陶。腹上部饰 3 周阴弦纹。口径 18 厘米，残深 5 厘米（图一二三，6）。

Ⅱ式，尖唇，窄沿，腹垂鼓，圈足上部较粗。标本 SH8：26，圈足残损。泥质灰陶。圈足下部残损，残断处有断茬及磨光痕迹，推断该器物圈足残断后，经修整仍然继续使

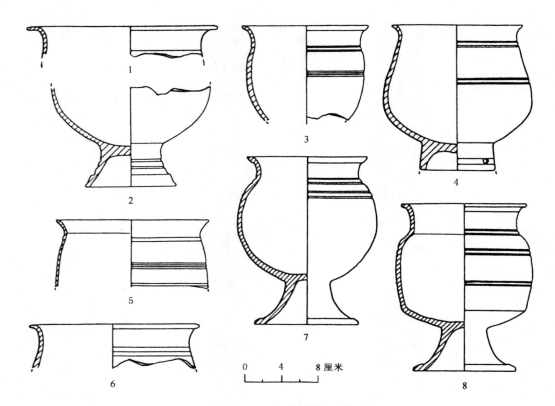

图一二三　商时期陶圈足罐

1.A型Ⅰ式 SH12:8　2、3、5.A型Ⅱ式 SH9:77、SH8:32、SH9:76　4、6.B型Ⅱ、Ⅰ式 SH8:26、
SH12:12　7、8.A型Ⅲ式、B型Ⅲ式 M7:1、2

用。颈、肩接界处及腹中部各饰阴弦纹1组，圈足饰2周阴弦纹，其间等距离施圆形镂孔3个。口径13.8厘米，腹径16厘米，残通高16厘米（图一二三，4；图版三六，2）。

Ⅲ式，圆尖唇，侈口，束颈，斜鼓肩，腹较直，腹下部折收为底，圈足稍高，呈喇叭口形。标本M7:2，口沿下饰1周阴弦纹，颈、肩接界处及腹上、下部各饰阴弦纹1组。口径13.4厘米，腹径18.4厘米，圈足底径10.8厘米（图版三六，4）。

簋　腹较深，造型较方正。皆泥质陶，轮制。分为4型。

A型　宽沿，直腹，有圈足。根据是否附高柄分为2个亚型。

Aa型　根据口、腹、底部特征，分为2式。

Ⅰ式，宽平沿，唇稍下勾，直腹，弧底近平。标本SH12:9，圈足残。泥质灰陶。腹上部饰阴弦纹1组。口径17.4厘米，残深5.8厘米（图一二六，1）。标本SH31:2，圈足缺。腹中部饰阴弦纹1组。口径16厘米，残深5.8厘米（图一二六，2）。

Ⅱ式，尖唇，沿向下翻，腹微鼓，底弧凹。标本SH9:28，泥质黑皮红胎陶。高直圈足，足口有竖直箍棱。腹和圈足各饰阴弦纹 2 组，圈足两组弦纹间有两个距离较近的十字镂孔。口径 20.5 厘米，圈足底径 10.3 厘米，高 15.5 厘米（图一二四，1；图版二七，2；彩版七，1）。

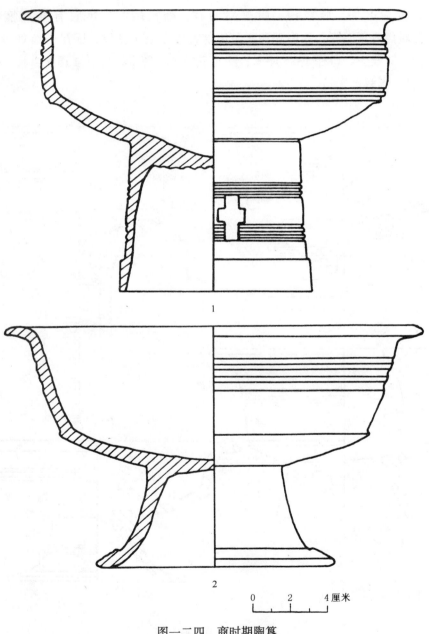

图一二四　商时期陶簋

1. Aa 型Ⅱ式 SH9:28　2. Ab 型 SH8:58

　　Ab型　侈口，尖唇，斜直腹壁，弧底，矮斜圈足。标本 SH8：58，泥质灰陶。腹部饰阴弦纹 3 周。口径 22.3 厘米，圈足底径 12.7 厘米，高 13.2 厘米（图一二四，2；图版三八，1）。

　　Ac型　圈足内底部附有柄。根据圈足高矮、腹部深浅等特征，分为 3 式。

　　Ⅰ式，宽沿方唇，腹较深，腹壁斜而直，圈足较高。足底有竖直箍棱。标本 S11：10，泥质黑皮灰胎陶。腹中部和圈足中部各饰 1 组阴弦纹，圈足弦纹处等距离施十字镂孔 3 个。柄残失。口径 13.5 厘米，圈足底径 8.5 厘米，高 9.4 厘米（图一二五，1；图版三七，1；彩版七，2）。

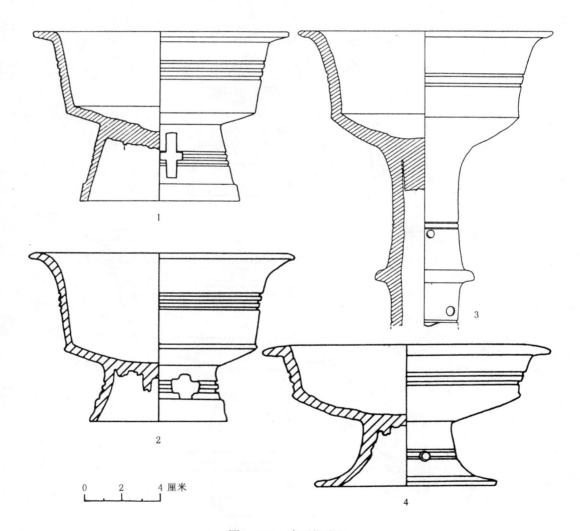

0　　2　　4 厘米

图一二五　商时期陶簋

1. Ac 型Ⅰ式 SH11：10　2. Ac 型Ⅱ式 SH8：57　3. B 型Ⅱ式 SH9：35　4. Ac 型Ⅲ式 SH3：7

Ⅱ式，侈口，尖唇，腹较深，弧底，圈足较矮。标本 SH8:57，腹、颈各饰阴弦纹 1 组，圈足弦纹处等距离施 3 个十字镂孔。口径 14.1 厘米，底足径 7.3 厘米，高 9.2 厘米（图一二五，2；图版三七，3）。

Ⅲ式，尖唇，口沿稍下翻，浅腹，弧凹底，矮圈足，呈喇叭口形。标本 SH3:7，腹与圈足各饰阴弦纹 1 组，圈足弦纹下部等距离施圆形镂孔 3 个。口径 15.3 厘米，底足径 9.7 厘米，高 7.7 厘米（图一二五，4；图版三七，4）。

B 型　口径皆较小，附高柄。根据口、腹、底等特征，分为 3 式。

Ⅰ式，方圆唇，口稍侈，唇沿微下勾，腹较深，腹壁稍斜直，弧底。标本 SH12:24，柄残失。泥质灰陶。腹部饰 3 周阴弦纹。口径 14.4 厘米，残深 7 厘米（图一二六，3）。

Ⅱ式，方尖唇，口稍侈，腹较深，腹壁稍内曲，底弧凹，附竹节形高柄。标本 SH9:35，柄上部以下残。泥质黑皮灰胎陶，底中心有柱状芯，套入柄部。腹中部饰阴弦纹 2 周。柄部竹节上下各饰 1 组阴弦纹，并各饰等距离的 3 个圆形镂孔。口径 13.6 厘米，残高 16.3 厘米（图一二五，3；图版三八，2）。

Ⅲ式，方圆唇，直口，腹较浅，腹壁直。标本 SH4:2，柄残断。泥质灰陶。腹中部

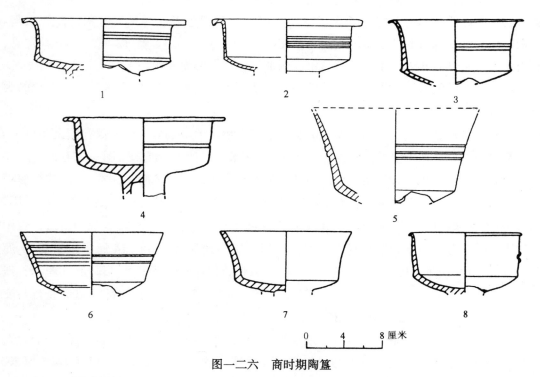

图一二六　商时期陶簋

1、2.Aa 型Ⅰ式 SH12:9、SH31:2　3、4.B 型Ⅰ、Ⅲ式 SH12:24、SH4:2　5、6.C 型Ⅰ式 SH65:6、SH47:9
7.C 型Ⅱ式 SH26:61　8.D 型 SH27:37

饰 1 周阴弦纹。口径 17.2 厘米，残高 8.6 厘米（图一二六，4）。

C 型　口径较小，有柄。侈口，腹壁较斜。根据口、腹部特征，分为 2 式。

Ⅰ式，尖唇，腹壁弧斜，底弧凹。标本 SH65：6，口沿残损，柄残失。泥质灰陶。腹饰 3 周阴弦纹。口径 17.8 厘米，残深约 10 厘米（图一二六，5）。标本 SH47：9，柄残失。泥质灰陶。腹外壁饰阴弦纹。内壁饰数道窄凹槽。口径 15.2 厘米，残深 6.8 厘米（图一二六，6）。

Ⅱ，方唇，腹稍浅，腹壁弧曲，弧底近平。标本 SH6：61，柄残失。泥质灰陶。口径 1.4 厘米，残深 6.6 厘米（图一二六，7）。

D 型　尖短唇，小口径，直腹，弧底，有柄。标本 SH27：37，柄残失。泥质灰陶。腹部等距离施 3 枚为一组的乳丁纹 3 组。口径 12 厘米，残深 6.7 厘米（图一二六，8）。

尊形双耳罐　直口，直高颈，斜肩，弧腹，肩、腹接界处折线明显，弧底，矮圈足，颈、肩处有不对称的双大耳。轮制罐身，再接双耳。标本 SH12：30，颈中部有阴弦纹 2 周，肩饰 1 周阴弦纹。口径 10.5 厘米，腹径 19 厘米，圈足底径 8.6 厘米，高 24.5 厘米（图一三〇，6；图版三八，3；彩版六，4）。

釜　束颈，侈口，圆腹，圜底。基本为夹砂褐陶，在一件器物上，常见橙褐色与灰褐色相杂，或橙黄色与灰褐色相杂，少见一器全为灰褐色者。偶见夹砂灰陶和泥质陶。一般施以纹饰，绳纹最为普遍。均手制。以口径 10 厘米左右、高 12 厘米上下者常见，也有大型或形制较小者。主要依据口沿、颈部的特点，分为 6 型。

A 型　口沿斜出，沿端内挑，沿壁一般向里弧曲。据口沿宽窄及其与颈部夹角的大小，分为 4 式。

Ⅰ式，口沿较宽，呈弧形斜出，尖唇，沿端内挑。标本 SH12：12，仅存腹上部以上。自口沿往下，饰压印的竖行凹槽纹。口径 16.5 厘米，残深 4.8 厘米（图一二七，1）。

Ⅱ式，宽沿斜出，颈稍束，口沿与颈部的夹角较大，常见尖唇。标本 SH8：22，腹下部以下残失。颈部往下饰基本作竖行排列的绳纹，肩部刻划部分相交合的侧人字纹 2 周。口径 10.6 厘米，腹径 12.8 厘米，残深 9.5 厘米（图一二七，2）。标本 SH9：121，腹中部以下残失。颈部以下饰竖行绳纹，肩部刻划 1 周侧人字纹。口径 14 厘米，腹径 21 厘米，残深 10.4 厘米（图一二七，3）。标本 SH9：93，仅存腹中部以上。口径 13 厘米，残深 8.2 厘米（图一二七，4），标本 SH22：16，仅存腹上部以上。自颈部往下饰竖行与交叉相间的绳纹。口径 12.3 厘米，残深 4.8 厘米（图一二七，5）。

Ⅲ式，口沿较窄，束颈，口沿与颈部夹角一般大于 90°。圆唇或尖唇。标本 SH4：7，仅存腹中部以上。颈部及其以下饰斜行与交叉绳纹。较大面积未施纹。口径 14.5 厘米，残深 8 厘米（图一二七，6）。标本 SH47：12，腹中部以下残失。颈部以下饰竖行与交叉相间的绳纹。饰纹不及全部器壁。口径 15.4 厘米，腹径 19.5 厘米，残深 10.8 厘米（图

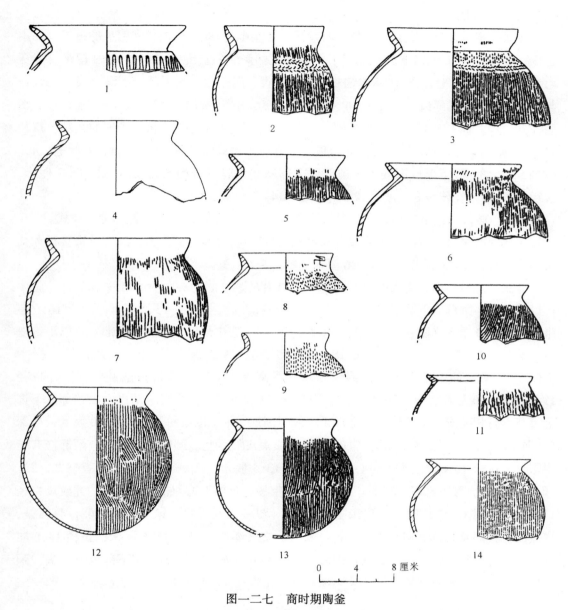

图一二七 商时期陶釜

1.A型Ⅰ式 SH12:12 2~5.A型Ⅱ式 SH8:22, SH9:121、93, SH22:16 6~10.A型Ⅲ式 SH4:7、
SH47:12、SH33:19、SH33:18、SH27:28 11~14.A型Ⅳ式 SH38:1、SH26:43、SH19:21、SH45:3

一二七,7)。标本 SH33:19,仅存腹上部以上。颈部以下饰麦粒状绳纹。口沿外壁刻划
有近似卐纹的图案符号。口径 10 厘米,残深 3.9 厘米。标本 SH33:18,仅存腹上部以
上。颈部往下饰麦粒状绳纹。口径 9.2 厘米,残深 4.4 厘米（图一二七,9）。标本
SH27:28,仅存腹中部以上。颈部以下饰斜行与交叉相间的绳纹。口径 10 厘米,残深 6

厘米（图一二七，10）。

Ⅳ式，窄沿外折，颈紧束，口沿与颈部夹角基本呈 90°。颈内壁多明显的折线。标本 SH38：1，仅存腹上部以上。颈部以下饰较杂乱的竖、斜行绳纹。口径 11.3 厘米，残深 4.4 厘米（图一二七，11）。标本 SH26：43，鼓腹，底微凸。颈下部以下满饰成组的竖行与斜行相间排列的绳纹。口径 11.4 厘米，腹径 16 厘米，高 16 厘米（图一二七，12；图版三九，1）。标本 SH19：21，腹浑圆，颈部以下满饰竖行与交叉相间排列的绳纹。口径 11.2 厘米，腹径 14.6 厘米，高 11.7 厘米（图一二七，13；图版四〇，4；彩版七，4）。标本 SH45：3，腹下部以下残失。颈部以下饰基本为竖行排列的绳纹。口径 11.2 厘米，腹径 14.3 厘米，残深 8.4 厘米（图一二七，14）。

B 型　侈口，口沿向外弧曲。据口沿宽窄、口沿与颈部夹角的不同，分为 4 式。

Ⅰ式，微侈口，宽沿，颈略束。标本 SH11：7，仅存腹中部以上。颈以下饰竖行和交叉绳纹。口径 13.8 厘米，残深 7.6 厘米（图一二八，1）。

Ⅱ式，宽沿斜出，多为圆唇，颈稍束，口沿与颈之间的夹角大。标本 SH7：5，腹中部以下残失。颈部以下饰竖行与斜行较杂乱排列的绳纹。口径 13.2 厘米，腹径 16.6 厘米，残深 9.3 厘米（图一二八，2）。标本 SH8：25，腹中部以下残失。颈部及其以下饰麦粒状绳纹。口径 13 厘米，腹径 18.4 厘米，残深 9.3 厘米（图一二八，3）。标本 SH9：122，仅存腹上部以上。颈部饰压印的浅窝纹 1 周，腹部饰很散乱的绳纹。口径 19.1 厘米，残深 8.2 厘米（图一二八，4）。标本 SH8：7，仅存腹中部以上。颈部以下饰竖行与斜行相间排列的纹饰，腹上部于绳纹间刻划一卍形图案符号。口径 10 厘米，残深 5.5 厘米（图一二八，5）。标本 SH8：18，泥质黑皮红胎陶。圆腹，底略凸。颈部饰有指甲印纹。口径 10.6 米，腹径 14.7 厘米，高 13.5 厘米（图一二八，6；图版三九，2）。标本 SH55：6，腹下部以下残失。颈部有 1 周束棱，颈以下饰斜行交叉排列的绳纹。口径 17.7 厘米，腹径 23.6 厘米，残深 16.8 厘米（图一二八，7）。标本 SH9：108，腹弧鼓，底微凸。颈部及其以下相间排列竖行、斜行、交叉绳纹。口径 11.6 厘米，腹径 14.8 厘米，高 14.4 厘米（图一二八，8；图版三九，3）。标本 SH9：109，腹下部以下残失。颈部以下饰纹路较纷乱的绳纹。口径 10.4 厘米，腹径 14.4 厘米，高 10.6 厘米（图一二八，9）。

Ⅲ式，口沿较窄，圆唇或尖唇，束颈，口沿与颈部夹角稍大于 90°。标本 SH27：25，仅存肩部以上。口沿外壁及其下饰不连贯绳纹，绳纹较稀疏。口径 13.7 厘米，残深 4 厘米（图一二八，10）。标本 SH44：3，腹中部以下残失。颈部以下饰压印的斜行浅槽纹间饰方格纹。口径 9.8 厘米，腹径 14.7 厘米，残深 9 厘米（图一二八，11）。标本 SH58：2，颈部及以下饰竖行麦粒状绳纹。口径 12.1 厘米，残深 5.6 厘米（图一二八，12）。标本 SH51：6，器形不规整，鼓腹，凸底。颈以下饰排列较散乱的斜行与交叉绳纹。

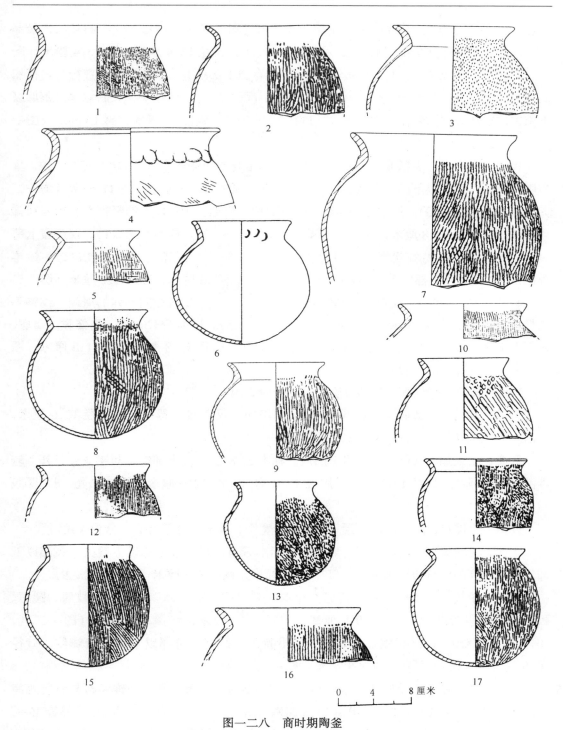

图一二八　商时期陶釜

1.B型Ⅰ式 SH11：17　2～9.B型Ⅱ式 SH7：5、SH8：25、SH9：122、SH8：7、SH8：18、SH55：6、SH9：108、
SH9：109　10～17.B型Ⅲ式 SH27：25、SH44：3、SH58：2、SH51：6、SH6：7、SH33：2、SH33：5、SH48：4

口径 11.1 厘米，腹径 12.3 厘米，残深 7.6 厘米（图一二八，14）。标本 SH33：2，颈部以下饰竖行与斜行交叉排列的绳纹。口径 9.6 厘米，腹径 13.4 厘米，高 13.4 厘米（图一二八，15；图版三九，4）。标本 SH33：5，仅存腹上部以上。颈部以下饰直行与斜行相间排列的绳纹。口径 15.5 厘米，残深 5.8 厘米（图一二八，16）。标本 SH48：4，颈部以下满饰较纷乱排列的斜行与交叉绳纹。口径 10.6 厘米，腹径 14 厘米，高 13 厘米（图一二八，17；图版四〇，1）。

Ⅳ式，窄折沿，尖唇或圆尖唇，颈紧束。口沿与颈间夹角为 90°。标本 SH19：29，垂鼓腹，凸底。颈部以下满饰方格纹。口径 8 厘米，腹径 11.2 厘米，高 11 厘米（图一二九，1；图版四〇，3）。标本 SH26：48，仅存腹中部以上。颈部以下饰竖行与斜行相间排列的绳纹。口径 11.8 厘米，残深 5.4 厘米（图一二九，2）。标本 SH64：11，仅存腹上部以上。颈部以下饰麦粒状绳纹。口径 14 厘米，残深 4.6 厘米（图一二九，3）。标本 SH26：79，仅存腹中部以上。颈部以下饰方格纹。口径 10 厘米，残深 5.2 厘米（图一二九，4）。标本 SH40：5，仅存腹上部以上。颈部以下饰竖、斜行相间排列的绳纹，纹路不连贯。口径 11.7 厘米，残深 4.4 厘米（图一二九，5）。标本 SH26：45，垂鼓腹，凸底，颈部以下满饰较纷乱排列的斜行绳纹。口径 9 厘米，腹径 11.8 厘米，高 11.8 厘米（图一二九，6；图版四一，1）。

C 型　侈口，颈较高，肩部有阶状棱。分为 2 式。

Ⅰ式，颈稍直，弧斜肩。圆唇。标本 SH10：4，仅存腹上部以上。口径 12.6 厘米，残深 6.6 厘米（图一二九，7）。

Ⅱ式，微束颈，弧鼓肩，鼓腹，凸底。标本 SH8：21，腹上部饰 2 周阴弦纹，其下较零散排列有绳纹。口径 10.6 厘米，腹径 12.8 厘米，高 12.6 厘米（图一二九，8；图版四一，2）。

D 型　微侈口，唇肥厚，束颈。根据口沿宽窄、颈部高矮等特点，分为 4 式。

Ⅰ式，颈高微束，宽沿外侈，肩弧斜。标本 SH11：18，腹下部以下残失。颈部以下饰较纷乱排列的竖行与交叉绳纹。口径 12.4 厘米，残深 9.4 厘米（图一二九，9）。

Ⅱ式，颈较高，稍束，唇沿较宽。标本 SH9：103，腹下部以下残失。鼓肩，圆腹。颈部以下饰斜行线纹。口径 10.8 厘米，腹径 13.7 厘米，残深 9.2 厘米（图一二九，10）。标本 SH39：5，仅存腹上部以上。唇沿特厚，圆肩。肩部以下饰竖行绳纹。口径 16.3 厘米，腹径 21 厘米，残深 8 厘米（图一二九，11）。

Ⅲ式，矮束颈，窄沿外侈。标本 SH47：13，圆肩，圆腹。颈以下饰竖行与斜行相间排列的线纹。口径 10.8 厘米，腹径 13.8 厘米，高 11.2 厘米（图一二九，13；图版四一，4）。标本 SH58：6，圆肩，圆腹。颈以下饰竖、斜行相间排列的绳纹。口径 10.8 厘米，腹径 13.4 厘米，高 12 厘米（图一二九，13；图版四一，3）。标本 SH47：17，弧肩，弧

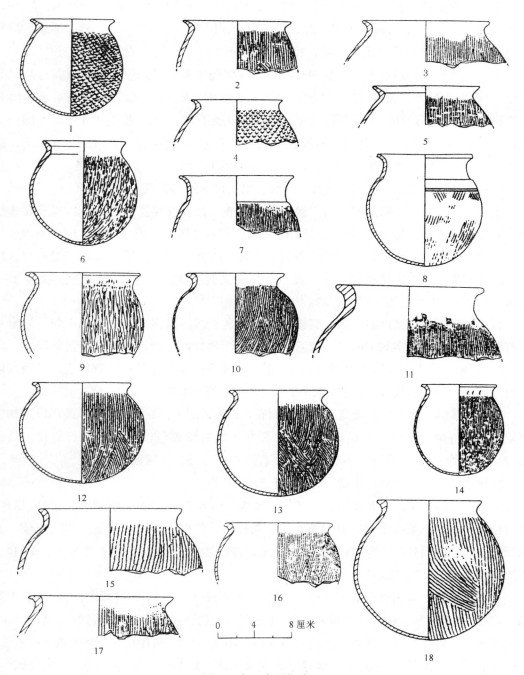

图一二九　商时期陶釜

1～6.B型Ⅳ式 SH19:29、SH26:48、SH64:11、SH26:79、SH40:5、SH26:45　7、8.C型Ⅰ、Ⅱ式 SH10:4、
SH8:21　9.D型Ⅰ式 SH11:18　10、11.D型Ⅱ式 SH9:103、SH39:5　12～15.D型Ⅲ式 SH47:13、SH58:6、
SH47:17、SH27:23　16～18.D型Ⅳ式 SH19:57、SH41:4、SH26:42

腹。颈以下饰竖行、斜行、交叉绳纹，相间排列。口径 8.2 厘米，腹径 10 厘米，高 10.1 厘米（图一二九，14）。标本 SH27：23，仅存腹上部以上。颈以下饰竖、斜行绳纹。口径 15.7 厘米，残深 7 厘米（图一二九，15）。

Ⅳ式，窄折沿，颈紧束。标本 SH19：57，仅存腹中部以上。颈部以下饰斜行与交叉绳纹。口径 12 厘米，腹径 13.8 厘米，残深 6.5 厘米（图一二九，16）。标本 SH41：4，仅存腹上部以上。颈部以下饰竖行与交叉绳纹。口径 15.7 厘米，残深 4.4 厘米（图一二九，17）。标本 SH26：42，斜肩，垂鼓腹。颈以下饰竖、斜行绳纹。口径 11.6 厘米，腹径 16.5 厘米，高 15.8 厘米（图一二九，18；图版四二，1）。

E 型　侈口，方唇，束颈，圆肩，圆腹。根据口、颈部特点，分为 3 式。

Ⅰ式，束颈近折，弧斜肩，斜方唇。标本 SH9：115，仅存腹上部以上。肩部有 3 层阶，肩以下饰不连贯的斜行绳纹。口径 14 厘米，残深 9 厘米（图一三〇，1）。

Ⅱ式，颈弧束，弧鼓肩，方唇微下勾，唇沿中间有 1 道窄凹槽。标本 SH27：45，腹下部以下残失。肩上部施 1 道厚棱。颈以下饰交叉斜绳纹。口径 17.7 厘米，腹径 25.4 厘米，高 16.4 厘米（图一三〇，2）。

Ⅲ式，颈弧斜，圆鼓肩，颈、肩接界有较明显折线，微侈口，方唇稍下勾，唇沿中间有窄凹槽 1 道。标本 SH26：37，仅存肩部以上。颈部以下饰纹路不甚连贯的绳纹。口径 15.9 厘米，残深 5.6 厘米（图一三〇，3）。标本 SH26：94，仅存肩部以上。颈及其以下饰相间排列的斜行绳纹。口径 17.6 厘米，残深 6 厘米（图一三〇，4）。

F 型　侈口，束颈，颈较高，弧腹，圈底。标本 M1：1，夹砂灰褐陶，颈部以下饰纹路较粗的竖行绳纹，绳纹上沿饰阴弦纹 2 周。颈部有纹痕较浅的零散竖行绳纹。口径 13.7 厘米，腹径 13.2 厘米，高 13.2 厘米（图一三〇，5；图版四二，2）。

圆腹罐　侈口，圆腹，平底。皆手制。分为 3 式。

Ⅰ式，方唇，束颈，颈稍高，肩微耸，弧腹。标本 SH9：106，夹砂褐陶，呈灰褐色。肩有棱阶，肩以下至腹中部饰斜行绳纹，纹路深峻、清晰，肩棱阶下饰 1 周阴弦纹，其下于绳纹之上饰阴弦纹 2 周。口径 11.8 厘米，腹径 14.1 厘米，底径 6.2 厘米，高 14.3 厘米（图一三〇，7；图版四二，3）。

Ⅱ式，圆唇，束颈近折，颈较矮，鼓腹。标本 SH33：1，夹砂橙褐陶。口径 12.1 厘米，腹径 15.2 厘米，底径 6.8 厘米，高 14.5 厘米（图一三〇，8；图版四二，4）。

Ⅲ式，尖唇，折沿，紧束颈，圆肩，圆腹，小底。标本 SH19：31，泥质黑皮红胎陶。口径 9.6 厘米，腹径 11.3 厘米，底径 2.8 厘米，高 10 厘米（图一三〇，9；图版四三，1）。

大口深腹罐　大口，深腹，平底。皆夹砂陶，以橙褐色最多见，也有橙黄色和灰褐色。在一件器物上常常是橙褐色与灰褐色相杂或橙黄色与灰褐色相间。手制和轮制兼有。

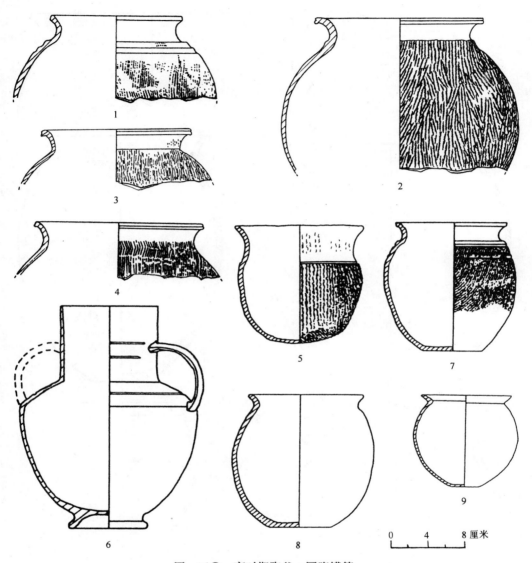

图一三〇　商时期陶釜、圆腹罐等

1、2.E型Ⅰ、Ⅱ式釜 SH9:115、SH27:45　3、4.E型Ⅲ式釜 SH26:37、94　5.F型釜 M1:1　6.尊形双
耳罐 SH12:30　7~9.Ⅰ~Ⅲ式圆腹罐 SH9:106、SH33:1、SH19:31

　　根据口、颈、腹部的特征，分为4式。

　　Ⅰ式，方唇，斜直口，颈微束，弧肩。标本 K01:16，口径 13.1 厘米，底径 3.2 厘米（图一三一，1）。

　　Ⅱ式，圆唇或方唇，口稍侈，束颈，颈高，鼓腹，弧腹，最大径在腹上部，底径稍大。标本 SH8:16，夹砂灰褐陶。方唇，微下勾，肩部有阶状棱。口径 23.3 厘米，腹径

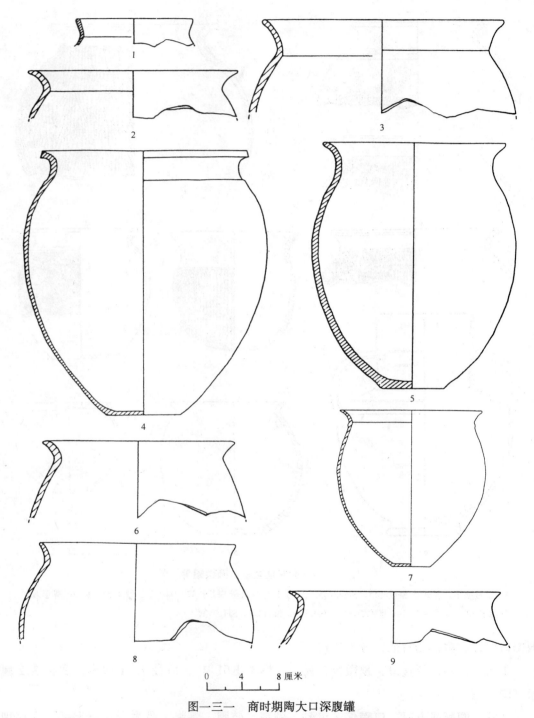

0　　4　　8 厘米

图一三一　商时期陶大口深腹罐

1.Ⅰ式 K01:16　2~4.Ⅱ式 SH9:95、SH7:15、SH8:16　5~7.Ⅲ式 SH33:16、SH27:46、SH57:12
8、9.Ⅳ式 SH40:12、SH26:65

27.7厘米，底径8.2厘米，高31.2厘米（图一三一，4；图版四三，2）。标本SH9：95，仅存肩部以上。口径23.1厘米，残深5.4厘米（图一三一，2）。标本SH7：15，仅存腹上部以上。口径29.4厘米，残深10.6厘米（图一三一，3）。

Ⅲ式，圆唇或圆尖唇，侈口，矮束颈，斜肩，鼓腹，最大径在腹中部，底径较小。标本SH33：16，口径20.8厘米，腹径23.2厘米，底径7.1厘米，高29厘米（图一三一，5；图版四三，3）。标本SH57：12，口径16厘米，腹径17厘米，底径4.2厘米，高18.1厘米（图一三一，7；图版四三，4）。标本SH27：46，口径21.4厘米，残深9厘米（图一三一，6）。

Ⅳ式，尖唇，侈口，窄沿，斜肩。标本SH40：12，腹中部以下残失。口径22.2厘米，腹径26.5厘米，残深11.5厘米（图一三一，8）。标本SH26：65，仅存腹上部以上。口径24厘米，残深6厘米（图一三一，9）。

鬲 皆分裆式，根据颈、腹部的形态特征，分为2型。

A型 束颈，弧肩。皆夹砂褐陶，多见橙褐色与灰褐色相杂，少有一器全为灰褐和橙褐色者。制法为3足联合模制，而后加接颈部与足根。腹内裆隔有明显尖棱。对于残损的足部，足芯外包裹外皮、加长足根的痕迹十分清楚。根据颈、裆高矮等特征，分为4式。

Ⅰ式，方圆唇，折沿，矮颈，颈紧束，腹壁弧直，裆较高。标本SH27：16，夹砂褐陶，呈灰褐色。足根残，足芯露出，其外层包裹痕迹清楚可见。颈以下饰绳纹至足根，竖行排列，裆部纹路为横行。纹痕较浅。口径12厘米，腹径12.4厘米，裆残高2.6厘米，器残高13.5厘米（图一三二，1；图版四四，1）。

Ⅱ式，方圆唇或方唇，颈略高，口稍侈，腹微鼓，高裆。标本SH27：17，方圆唇颈下部饰1周阴弦纹，其下满饰绳纹至足根，斜行排列，裆处纹路横置。口径10.2厘米，腹径12.6厘米，裆高3.4厘米，通高14.4厘米（图一三二，5；图版四四，2）。标本SH27：18，方圆唇。颈部以下满饰绳纹至足根，纹饰上限处饰阴弦纹2周。口径10.2厘米，腹径12.5厘米，裆高3.3厘米，通高13.8厘米（图一三二，3；图版四四，3；彩版六，5）。标本SH58：8，斜方唇。颈部以下饰竖、斜行相间排列的绳纹至足根，裆部纹路为横行。绳纹上限处饰2周阴弦纹，颈部亦见有零散绳纹，纹痕较浅。口径9.5厘米，腹径10.3厘米，裆高3厘米，通高12.2厘米（图一三二，2；图版四四，4）。标本SH59：1，仅存腹下部以下。绳纹至足根，裆部纹路为横行。裆高3.1厘米，残高4.9厘米（图一三二，4）。

Ⅲ式，颈较高，圆唇，侈口，腹弧鼓，裆较高。标本SH5：9，自肩部往下饰斜行粗绳纹至足根，裆部纹路为横行，绳纹上限稍下处饰阴弦纹2周。口径13.3厘米，腹径14.9厘米，裆高3.2厘米，通高15厘米（图一三二，6；图版四五，2）。标本SH20：18，

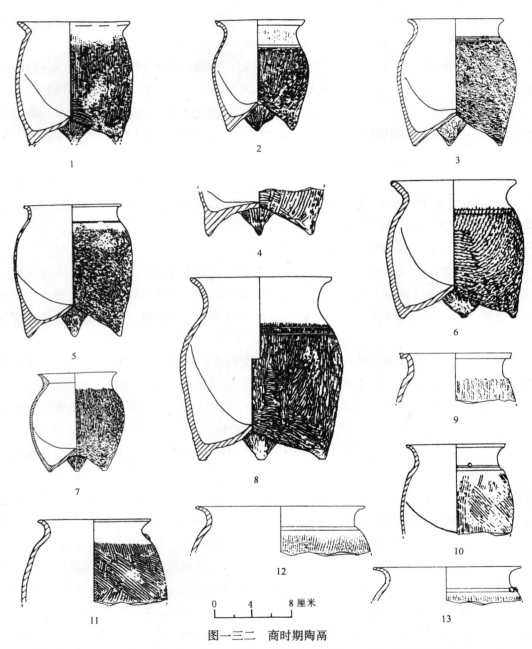

图一三二　商时期陶鬲

1.A型Ⅰ式 SH27：16　2～5.A型Ⅱ式 SH58：8、SH27：18、SH59：1、SH27：17　6、7.A型Ⅲ式 SH5：9、SH20：18
8.A型Ⅳ式 SH26：34　9、10.B型Ⅰ、Ⅱ式 SH20：29、SH6：17　11～13.B型Ⅲ式 SH26：59、77、87

器形较小。肩部往下饰竖行绳纹至足根，肩部施圆饼饰 1 个。口径 8.3 厘米，腹径 10 厘米，裆高 1.8 厘米，通高 10.8 厘米（图一三二，7；图版四五，1）。

Ⅳ式，高颈，大侈口，鼓腹，裆较矮。标本 SH26：34，肩部往下满饰绳纹至足根，绳纹上限稍下处饰阴弦纹 2 周。口径 15 厘米，腹径 17.2 厘米，裆高 3.1 厘米，通高 20.1 厘米（图一三二，8；图版四五，3）。

B 型 分裆鬲。高颈，耸肩。皆夹砂橙褐陶，手制。根据颈、肩及口部特征，分为 3 式。

Ⅰ式，颈斜直，口微侈，宽沿平折，肩部有稍宽的棱阶。标本 SH61：8，仅存腹上部以上。肩部以下饰竖行绳纹，纹痕深峻。口径 10.9 厘米，残深 5.1 厘米（图一三二，9）。

Ⅱ式，颈弧斜，方唇，侈口，肩部棱阶较窄。标本 SH6：17，足部残失。所残留的裆部可见裆隔，分裆痕迹明显。腹壁弧直。颈下部饰 1 周阴弦纹，其上施 1 个圆饼饰。肩部以下饰斜、竖行交错排列的绳纹，不甚连贯。口径 10.6 厘米，腹径 12 厘米，残深 9.7 厘米（图一三二，10）。

Ⅲ式，圆尖唇，大侈口，弧鼓肩。标本 SH26：59，足部残失。腹壁弧鼓。肩施圆饼饰 1 个，肩部以下饰竖、斜行交错排列的绳纹。口径 11.8 厘米，腹径 15.1 厘米，残深 8.7 厘米（图一三二，11）。标本 SH26：77，仅存肩部以上。肩上部饰 2 周阴弦纹，其下饰相间排列的竖、斜行绳纹。口径 18 厘米，残深 5 厘米（图一三二，12）。标本 SH26：87，仅存肩部以上。肩上部饰阴弦纹 2 周，其间施距离很近的 2 个圆饼饰，为一组。肩以下饰竖行绳纹。口径 15.8 厘米，残深 3.6 厘米（图一三二，13）。

锥足鼎 上部为釜形，下附 3 个锥形足。皆夹砂褐陶，手制。足之制法为，做鼎腹时同时做出足芯，与腹连为一体，然后包裹外层及加长足根，于残损的鼎足上显而易见（参见图版四六，4）。根据口、腹部特征，分为 2 式。

Ⅰ式，斜方唇，束颈近折，斜肩，垂鼓腹。标本 SH11：3，腹中部以下残失。夹砂灰陶。颈下与肩上部饰 3 周阴弦纹，其下饰呈片状无规律分布的斜、竖行绳纹。口径 16 厘米，腹径 21.2 厘米，残深 11.9 厘米（图一三三，1）。标本 SH11：7，腹下部以下残失。夹砂灰陶。颈中部至肩上部饰阴弦纹 2 周，其下饰呈片状无规律分布的斜、竖行绳纹。口径 15.1 厘米，腹径 21.6 厘米，残深 14.7 厘米（图一三三，2）。

Ⅱ式，方尖唇，颈微束，肩有窄棱阶，圆腹，圜底。皆夹砂橙褐陶。肩部饰有阴弦纹 2 周，腹饰斜、横行绳纹及交叉绳纹，交错排列，不甚连贯。标本 SH8：84，口径 10.3 厘米，腹径 12.4 厘米，通高 17.2 厘米（图一三三，3；图版四六，3；彩版七，3）。标本 SH9：13，口径 10.8 厘米，腹径 13.1 厘米，通高 17.1 厘米（图一三三，4；图版四六，2）。标本 SH9：23，残损一足，有长约 2.1 厘米与鼎腹连接的足芯。口径 9.2 厘米，腹径 11.9 厘米，通高 17.2 厘米（图一三三，5；图版四六，3）。标本 SH9：31，腹部绳纹稍稀疏。口径 10.6 厘米，腹径 12.7 厘米，通高 18 厘米（图一三三，6；图版四六，1）。

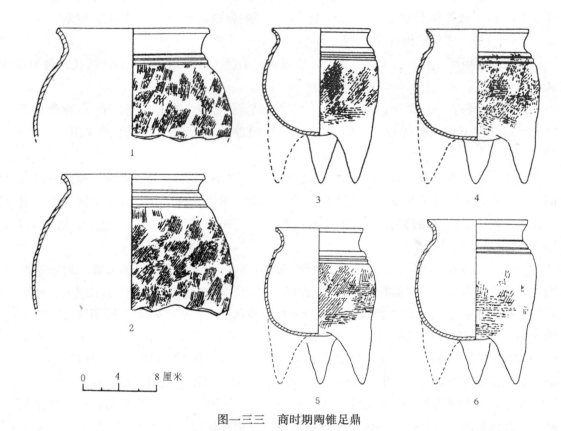

图一三三 商时期陶锥足鼎

1、2．Ⅰ式 SH11：3、7　3～6．Ⅱ式 SH8：84、SH9：13、SH9：23、SH9：31

小底钵　侈口，小底。泥质或夹砂陶，制法以轮制为主，兼用手制。根据底部特征，分为 2 型。

A 型　小平底。根据口、肩、腹部的特点，分为 2 式。

Ⅰ式，侈口，长尖唇，凸肩，瘦腹。标本 SH9：84，泥质灰陶。轮制，口径 11.8 厘米，底径 2.4 厘米，高 8.3 厘米（图一三四，1；图版四七，1）。

Ⅱ式，斜直口，唇较短，折腹。标本 SH27：19，泥质灰陶，夹少许极细的砂粒，轮制。口径 12 厘米，底径 2.3 厘米，高 9.3 厘米（图一三四，3；图版四七，3）。

B 型　尖底。根据口、腹部特点，分为 2 式。

Ⅰ式，唇较长，鼓肩，自肩部以下弧收为尖底。标本 SH3：6，夹砂褐陶，为灰褐色。手制，腹、底胎壁甚厚。口径 10.4 厘米，高 6.9 厘米（图一三四，2；图版四七，2）。

Ⅱ式，短唇，折腹，底下有尖凸。标本 SH3：8，夹砂褐陶，一般为灰褐色。手制，轮修口部。口径 9.6 厘米，高 6.9 厘米（图一三四，4；图版四七，4）。

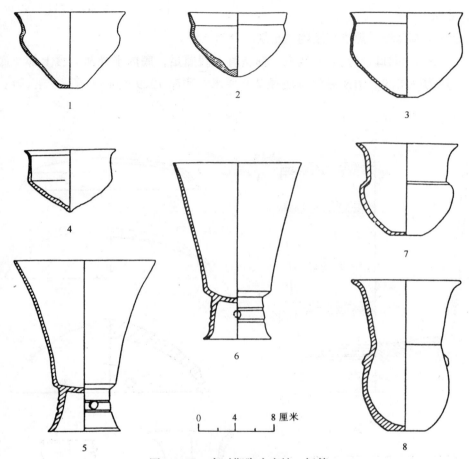

图一三四　商时期陶小底钵、瓠等

1、3.A型Ⅰ、Ⅱ式小底钵 SH9∶84、SH27∶19　2、4.B型Ⅰ、Ⅱ式小底钵 SH3∶6、8　5、6.瓠 SH8∶27、

SH9∶38　7.尊形小罐 SH10∶7　8.高颈尊形罐 SH48∶5

尊形小罐　高颈，侈口，圆尖唇，鼓折肩，鼓腹，小平底。标本 SH10∶7，夹砂橙黄陶，有灰褐色斑块。肩饰 2 周阴弦纹。口径 10.9 厘米，底径 3.4 厘米，高 10.2 厘米（图一三四，7；图版四七，5）。

高颈尊形罐　高颈，侈口，圆尖唇，斜肩，鼓腹，平底。标本 SH48∶5，夹砂橙黄陶，腹部有灰褐色斑块。肩部施两个对称的条状小凸钮。口径 11.5 厘米，底径 4.1 厘米，高 16.8 厘米（图一三四，8；图版四七，6）。

瓠　敞口，腹壁斜直稍内曲，弧底，腹、底接界处折线明显，附较高斜直圈足，足口微侈。圈足部饰有 2 道阴弦纹，其间饰对称的两个圆形镂孔。皆泥质灰陶，轮制。标本 SH8∶27，口径 15 厘米，底足径 7.6 厘米，高 19 厘米（图一三四，5；图版四八，1）。

标本 SH9∶38，口径 13.7 厘米，底足径 7.2 厘米，高 19.5 厘米（图一三四，6；图版四八，2；彩版五，4）。

筒形杯　直筒形。黑皮红胎陶，轮制。分为 2 型。

A 型　标本 SH11∶15，上部残失。壁斜直，假圈足，底内平外凸。腹上部至底饰各以 3 或 4 周为一组的 5 组阴弦纹。底径 7.9 厘米，残深 12.9 厘米（图一三五，1；图版四八，3）。

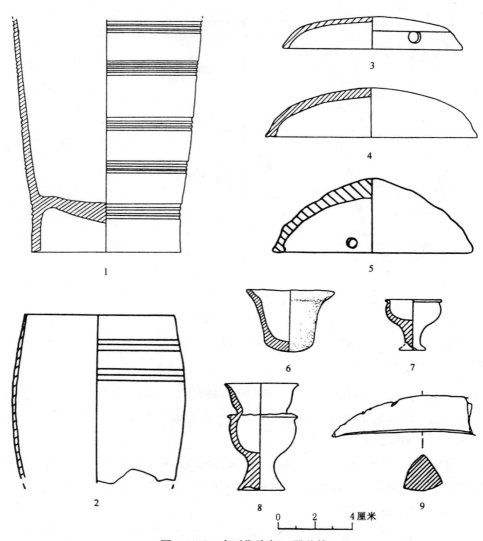

图一三五　商时期陶杯、器盖等

1、2.A、B 型筒形杯 SH11∶15、SH12∶27　3～5.Ⅰ～Ⅲ式器盖 SH11∶14、SH9∶131、SH48∶6　6～8.A型、Ba、Bb 型盅 SH11∶12、SH22∶1、SH22∶6　9.鸟喙形器柄 SH51∶11

B型　标本 SH12：27，腹下部以下残失。口部下施 3 周为一组的阴弦纹 2 组。口径 8 厘米，残深 9.2 厘米（图一三五，2；图版四八，4）。

器盖　夹砂黑皮红胎陶，轮制。分 3 式。

Ⅰ式，顶平微弧，顶与边缘接界处折线明显，直口，边沿钻有 1 个圆孔。口径 9.6 厘米，高 1.7 厘米（图一三五，3；图版四九，1）。

Ⅱ式，顶部弧形，口微敛。口径 11.3 厘米，高 2.7 厘米（图一三五，4；图版四九，2）。

Ⅲ式，凸顶，敛口。边沿钻 1 个圆孔。口径 10.7 厘米，高 4.1 厘米（图一三五，5；图版四九，3）。

盅　手制。分为 2 型。

A型　标本 SH11：12，泥质灰陶。侈口，尖唇，斜直腹壁，平底微弧。口径 4.7 厘米，高 3.4 厘米（图一三五，6；图版四九，4）。

B型　分为 2 个亚型。

Ba型　标本 SH22：1，夹砂橙黄陶。敛口，尖唇，鼓腹，附假圈足高柄。口径 3 厘米，高 2.8 厘米（图一三五，7；图版四九，5）。

Bb型　标本 SH22：6，泥质黑皮红胎陶。双腹式，即上、下两个盅腹连作一体，皆为尖唇圆腹，下附假圈足高柄。口径 3.8 厘米，高 5.8 厘米（图一三五，8；图版四九，6）。

鸟喙形器柄　标本 SH51：11，残断。泥质黑皮红胎陶。正视为鸟喙形，横剖面呈三棱形。残长 7.3 厘米，底宽 2.1 厘米，纵高 1.9 厘米（图一三五，9；图版五一，3）。

器柄　标本 SH17：1，残。泥质黑皮灰胎陶。为施圆孔的戚、钺类器的器身上部和柄部，柄与器身之间有阑。柄宽 4 厘米，残长 1.2 厘米；阑宽 0.9 厘米，高 5.8 厘米；器身宽 5.3 厘米，残长 2 厘米（图一三六，4；图版五〇，4）。

陶纺轮　分为 3 式。

Ⅰ式，算盘珠形。标本 SH11：1，泥质灰陶。中心圆孔上口部略大。顶径 2.3 厘米，中径 3.7 厘米，底径 2.7 厘米，厚 2 厘米，孔径 0.3～0.5 厘米（图一三六，5；图版五一，1，中）。

Ⅱ式，上小下大，纵剖面近似梯形。顶径 2.1 厘米，底径 2.8 厘米，厚 1.2 厘米，孔径 0.3～0.4 厘米（图一三六，6；图版五一，1，右）。

Ⅲ式，纵剖面为梯形。标本 SH20：4，夹砂橙褐陶。顶径 3.1 厘米，底径 4.1 厘米，厚 1.9 厘米，孔径 0.6～0.7 厘米。

环　圆形环状，断面呈近三棱形。标本 SH2：1，泥质黑皮红胎陶。内径 5.3 厘米（图一三六，1；图版五〇，5，上右）。标本 SH22：1，泥质灰陶。内径 4.1 厘米（图一三六，

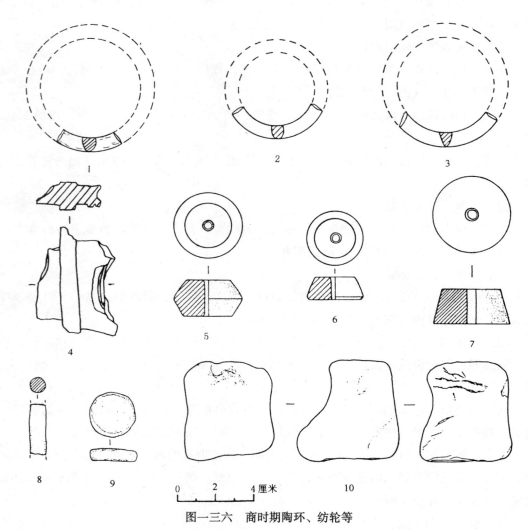

图一三六　商时期陶环、纺轮等

1～3.陶环 SH2:1、SH22:1、SH48:2　4.器柄 SH17:1　5～7.Ⅰ～Ⅲ式纺轮 SH11:1、SH3:1、SH20:4
8.陶棒 SH26:23　9.圆陶片 SH47:2　10.支垫 SH65:1

2；图版五〇，5，上左）。标本 SH48:2，泥质灰陶。内径 5.2 厘米（图一三六，3；图版
五〇，5，下）。

　　支垫　标本 SH65:1，夹砂橙褐陶，正视如靴形，顶部及侧面留有不少槽状使用痕
迹。顶径 3.2～4.2 厘米，底径 4.8～5.2 厘米，高 5.5 厘米（图一三六，10；图版五一，
2）。

　　圆陶片　标本 SH47:2，系用泥质灰陶片磨制成的薄圆片。直径 2.5 厘米，厚 0.8 厘
米（图一三六，9；图版五一，4，右）。

圆棒　标本 SH26∶23，残断。泥质橙黄陶。圆柱体，直径 0.9 厘米，残长 2.8 厘米（图一三六，8；图版五一，4，左）。

陶匕　系用尊、罍类器的鼻钮形耳经磨制而成，前端薄而利，有使用痕迹，长 2.8 厘米，刃端宽 1.6 厘米（图一三九，6；图版五四，3 上左）。

（二）青铜器

镰　体弧弯，前端呈三角形，中有棱脊贯通镰体，两侧面有棱，下侧棱向边沿突收为刃。刃不锋利。后有銎，銎腔窄小。镰体大小有别。标本 SH26∶4，銎残损。镰体残长 15.6 厘米、宽 1.7~3.3 厘米，厚 0.2~0.3 厘米，銎长 2.7 厘米，宽 0.35 厘米，残深 0.5 厘米（图一三七，1；图版五二，1）。标本 SH41∶2，銎及刃端残损。镰体残长 11.3 厘米，宽 0.7~2.5 厘米，厚 0.1~0.2 厘米，銎长 1.9 厘米，宽 0.35 厘米，残深 0.4 厘米（图一三七，2；图版五二，3，上；彩版八，2，上）。标本 SH41∶3，仅存镰体残段，残长 5.6 厘米，宽 1.4 厘米（图一三七，3；图版五二，3，下；彩版八，2，下）。

镞　分为 3 式。

Ⅰ式，标本 SH51∶5，器身呈三角形，两侧有刃，向前聚成锋，后有倒刺，双翼较窄。脊薄，脊、翼之间凹下形成血槽，薄片状铤。长 4.3 厘米，宽 1.5 厘米（图一三七，6；图版五二，2，左；彩版八，3 左）。

Ⅱ式，标本 SH20∶3，三角形器身，双翼较宽。脊剖面呈扁六棱形，脊、翼之间有血槽。扁圆体铤。长 4.5 厘米，宽 2 厘米（图一三七，7；图版五二，2，右；彩版八，3 右）。

Ⅲ式，薄片，三角形器身，两侧有刃，后有倒刺，双翼较宽，铤较长。长 4.6 厘米，宽 1.9 厘米（图一三七，8；图版五二，2，中；彩版八，3，中）。

针　标本 SH47∶1，体横剖面作正方形，首端尖细，近末端处有圆孔针鼻，孔径 0.1 厘米，针鼻之后有 1 周窄槽，惜末端残损。残长 8 厘米（图一三七，4；图版五二，4；彩版八，4）。

器柄　标本 SH9∶4，为戈类器之内部，残损，周边有宽边棱，末端右下角有一个菱形孔。残长 8.5 厘米，宽 3.8 厘米（图一三七，5；图版五二，6）。

串珠　标本 SH9∶5，共 6 颗。形状、大小相同，圆形，中间有孔。直径 0.4 厘米，孔径 0.1 厘米（图版五二，5）。

（三）骨、角器

骨发饰　皆为动物肢骨制成。分为 3 型。

A 型　标本 SH27∶6，上端小，下端大，下端呈斜角状，透空，横剖面呈椭圆形。表面光滑。下端一侧钻有 1 圆孔。长 8 厘米，上端外长径 1.7 厘米，短径 1.4 厘米。下端外长径 3.3 厘米，短径 1.6 厘米（图一三八，1；图版五三，1；彩版八，5 中）。

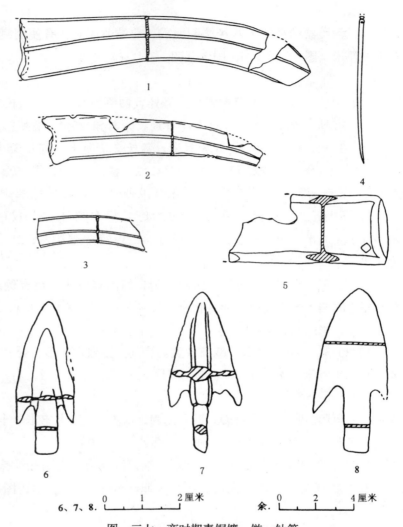

图一三七　商时期青铜镰、镞、针等

1～3. 镰 SH26：4、SH41：2、SH41：3　4. 针 SH47：1　5. 器柄 SH9：4

6～8. Ⅰ～Ⅲ式镞 SH51：5、SH20：3、SH26：21

B型　标本 SH7：1，上小下大，上端横剖面作椭圆形，上部空腔，深2.5厘米，空腔口外以剔地法做出1道箍棱。下为实体，表面较光滑。长7.4厘米，上端外长径2.1厘米，短径1.6厘米，下端长径4.1厘米，短径1.4厘米（图一三八，3；图版五三，1右；彩版八，5左）。

C型　标本 SH27：1，上端小，大端略大，稍作弧弯形，横剖面为椭圆形。上端与下部为空腔，未透接。下端腔口外用剔地法做出1道箍棱，上部剔刻出凸棱状端头。表面

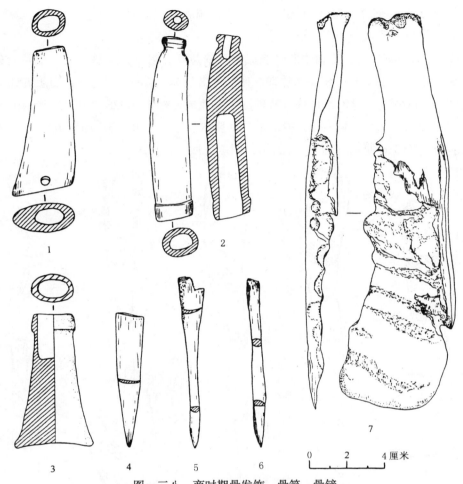

图一三八　商时期骨发饰、骨笄、骨铲

1～3.A、C、B型骨发饰 SH27：6、SH27：2、SH7：1　4.A型骨笄 SH9：1　5、6.B型骨笄 SH26：13、

SH19：14　7.骨铲 SH19：13

光滑。长 10 厘米，上端长径 1.3 厘米，短径 1 厘米，下端长径 1.9 厘米，短径 1.5 厘米（图一三八，2；图版五三，2；彩版八，5右）。

骨笄　分为 2 型。

A型　标本 SH9：1，残断。薄片状，两侧斜直，一端较宽，另一端尖状，磨制极光。残长 7.5 厘米（图一三八，4；图版五三，3）。

B型　体细长，稍作修整，中部磨制较粗，笄头尖锐。标本 SH26：13，长 9.5 厘米（图一三八，5；图版五三，4，左）。标本 SH19：14，长 9.4 厘米（图一三八，6；图版五三，4右）。

骨铲　标本 SH19：13，上部保留骨管，作为手持之柄。下部经修整磨制，前端及两侧有较薄的刃缘。长 21.8 厘米（图一三八，7；图版五三，5）。

骨叉　分为 2 型。

A 型　标本 SH27：1，系动物肢骨制成，骨壁甚厚。制作方法是对其一端从骨外壁作斜形磨制，使之形成叉形。被烧烤致残。残长 9.8 厘米（图一三九，1；图版五四，1）。

B 型　系利用鳖（若鱼鳍）骨对其稍加磨制而成。标本 SH26：3，长 4 厘米（图一三九，2；图版五四，2 下）。标本 SH26：17，长 3.9 厘米（图一三九，3；图版五四，2 中）。标本 SH26：25，长 3.6 厘米（图一三九，4；图版五四，2 上）。

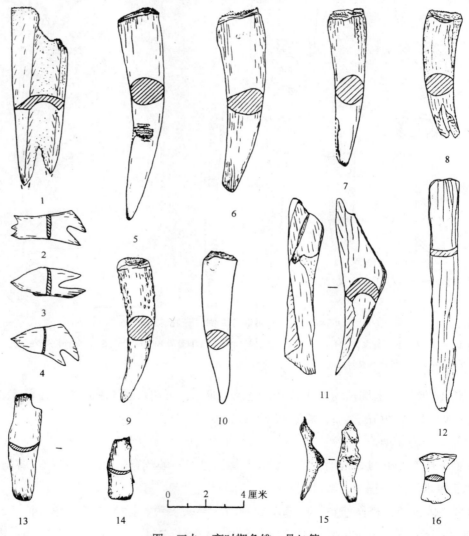

图一三九　商时期角锥、骨匕等

1. A 型骨叉 SH27：1　2～4. B 型骨叉 SH26：3、17、25　5～10. 角锥 SH19：6、SH41：1、SH34：1、SH64：2、SH53：1、SH36：1、　11～15. 骨匕 SH27：7、SH47：2、SH19：2、SH26：12、SH19：9　16. 陶匕 SH47：6

角锥　皆用鹿角制成，末端均可见利器的砍切痕迹。标本 SH19：6，通体磨光，磨制精细。前半部有利器砍痕。长 11.7 厘米（图一三九，5；图版五四，5 左 1）。标本 SH41：1，尖部稍加磨光，稍残损。残长 10.2 厘米（图一三九，6；图版五四，4 上左 1）。标本 SH34：1，前半部经磨光，磨制较精，尖端残损。残长 8.6 厘米（图一三九，7；图版五四，4 上左 2）。标本 SH64：2，前半部经磨制，尖部残断。残长 6.8 厘米（图一三九，8；图版五四，4 上左 3）。标本 SH53：1，尖部经磨光。长 7.9 厘米（图一三九，9；图版五四，4 上左 4）。标本 SH36：1，通体磨光，磨制极精。表面甚为光滑。长 8.3 厘米（图一三九，10；图版五四，4 上左 5）。

骨匕　用动物肢骨制成，前端都有磨制的薄而利的刃部。标本 SH27：7，系骨壁很厚的肢骨制成，刃部薄而利。长 9.6 厘米，刃宽 1.9 厘米（图一三九，11，图版五四，5 左 4）。标本 SH47：2，刃端较薄。长 12.7 厘米，刃宽 0.5 厘米（图一三九，12；图版五四，5 左 2）。标本 SH19：2，磨制较精，刃端薄而利。长 5.8 厘米，刃宽 1 厘米（图一三九，13；图版五四，3 下左）。标本 SH26：12，刃缘很利。长 3.4 厘米，刃宽 1.3 厘米（图一三九，14；图版五四，3 下右）。标本 SH19：9，用小动物肢骨制成，刃缘较利。长 4.6 厘米，刃宽 0.6 厘米（图一三九，15；图版五四，3 上右）。

骨锥　系用动物肢骨制成，形状不一。标本 SH26：14，体较长，后端保留关节处原形，前端加工磨制为尖部。长 10.2 厘米（图一四〇，1；图版五四，5 左 3）。标本 SH47：4，骨壁较厚，尖部呈斜角形，十分尖利。长 4.3 厘米（图一四〇，2；图版五五，1 上左 1）。标本 SH27：9，骨壁甚厚，尖部呈斜角形。长 7 厘米（图一四〇，3；图版五五，1 上左 2）。标本 SH26：11，骨壁较厚，尖部尖利。长 6.2 厘米（图一四〇，4；图版五五，1 上左 3）。标本 SH26：8，尖部呈鸟喙状，尖利。长 6.2 厘米（图一四〇，4；图版五五，1 上左 3）。标本 SH19：12，尖部细尖。长 5 厘米（图一四〇，6；图版五五，1 下左 4）。标本 SH53：8，尖部细长，尖利。长 6.8 厘米（图一四〇，7；图版五五，1 下左 1）。标本 SH47：7，体细小，尖部细尖，体甚光滑。长 4.1 厘米（图一四〇，8；图版五五，1 下左 3）。标本 SH47：5，尖部较钝，经使用稍致残损。长 4.1 厘米（图一四〇，9；图版五五，1 下左 5）。标本 SH9：10，尖部稍勾弯，较圆钝，使用痕迹明显。长 6.9 厘米（图一四〇，10；图版五五，1 下左 6）。标本 SH22：3，保留骨管的一侧半而制出尖部，骨壁薄，尖部经长期使用而磨钝。长 5.4 厘米（图一四〇，11；图版五五，1 上左 5）。

骨签　系用小动物肢体骨制成。皆有较尖锐的尖部，使用痕迹明显。标本 SH19：8，用小动物肢体骨制成。呈勾弯状，尖部锐利。长约 3.2 厘米（图一四〇，12；图版五五，1 下左 2）。标本 SH47：19，尖部残失。系用禽类动物肋骨磨制而成，经长期使用，体甚光滑。残长 2.2 厘米（图版五五，3 左 1）。标本 SH47：20，系用禽类动物肩胛骨制成，尖部呈斜角状。长 2.9 厘米（图版五五，3 左 2）。标本 SH47：21，系用禽类动物肋骨制

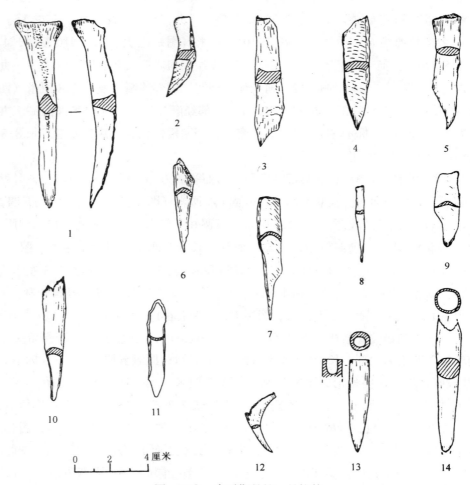

图一四〇　商时期骨锥、骨饰等

1~11. 骨锥 SH26:14、SH47:4、SH27:9、SH26:11、SH26:8、SH19:12、SH53:8、SH47:7、SH47:5、SH9:10、SH22:3　12. 骨签 SH19:8　13、14. 骨饰 SH27:10、SH26:31

成，使用痕迹较明显。长 2.9 厘米（图版五五，3 左 3）。标本 SH47:22，系用禽类动物肋骨制成，经长期使用甚为光滑，尖部被烧烤致残，残长 1.9 厘米（图版五五，3 左 4）。

　　骨饰　系用鹿角制成。体横剖面作圆形，前端为尖形，上部空腔，通体磨光。并隐约可见被利器削平的纵窄长条形痕迹。标本 SH27:10，前端尖锐，磨制极精，后端沿也磨制甚平。长 5 厘米，腔内径 0.6 厘米（图一四〇，13；图版五五，2 右）。标本 SH26:31，前端残损，磨制精致。残长 7.3 厘米，腔内径 1.1 厘米（图一四〇，14；图版五五，2 左）。

　　骨镞　绝大部分系用鹿角制成。也有的用动物肢骨制作。皆磨制较精。根据其横剖面形制，分为 3 型。

A 型　下平，上边起脊。横剖面作三角形，有圆柱形长铤。根据镞体形态特征，分为 4 式。

Ⅰ式，镞体长，双侧端直，至前部缓斜前聚成锋。标本 SH9：3，用动物肢骨制作。锋略残损，铤残失。残长 6.2 厘米（图一四一，1；图版五六，1 左 1）。

Ⅱ式，镞体较长，双侧呈缓斜形至近前端处，呈微弧形前聚为锋，体后部缓收至体末端。标本 SH27：13，残长 6.5 厘米（图一四一，2；图版五六，1 左 2）。标本 SH27：14，铤残断。残长 5.1 厘米（图一四一，3；图版五六，1 左 3）。标本 SH26：22，铤残损。残长 7 厘米（图一四一，4；图版五六，1 左 4）。标本 SH27：5，长 7 厘米（图一四一，5；图版五六，4 左 1）。标本 SH9：2，铤残失。体下部左侧有利器割切痕迹。残长 4.8 厘米（图一四一，6；图版五六，4 左 2）。标本 SH27：4，锋残损，残长 7.6 厘米（图一四一，7；图版五六，4 左 3）。标本 SH42：1，锋残损，铤残失。残长 5.5 厘米（图一四一，8；图版五六，4 左 4）。标本 SH27：15，铤残失。磨制极精。残长 5.1 厘米（图一四一，9；图版五六，4 左 5）。

Ⅲ式　镞体前部双侧呈弧形前聚为锋，体后部呈弧凹形收小，至末端，稍显宽。镞体较长或较短者各有一定数量。标本 SH26：15，铤残断。残长 5.7 厘米（图一四一，10；图版五六，2 下左 3）。标本 SH26：7，磨制极精。长 6.4 厘米（图一四一，11；图版五六，2 左 5）。标本 SH27：8，长 8 厘米（图一四一，12；图版五六，2 上左 1）。标本 SH26：10，磨制精细。长 5.6 厘米（图一四一，13；图版五六，3 上左 2）。标本 SH22：2，铤残失。残长 5 厘米（图一四一，14；图版 3 上左 3）。标本 SH51：3，铤残断。残长 5.2 厘米（图一四一，15；图版五六，3 上左 4）。标本 SH26：33，铤残断。刃甚锋利。残长 4 厘米（图一四一，16；图版五六，3 下左 1）。标本 SH26：32，镞体前半残失，铤残断，残长 3.9 厘米（图一四一，17；图版五六，3 下左 2）。标本 SH26：1，铤残失。残长 4.5 厘米（图一四一，18；图版五六，3 下左 3）。标本 SH26：20，铤残断。残长 4 厘米（图一四二，1；图版五六，2 上左 1）。标本 SH26：32，镞体前半残失，铤残断，残长 3.9 厘米（图一四二，2；图版五六，2 上左 2）。标本 SH26：6，镞体前半残失。残长 4.4 厘米（图一四二，3；图版五六，2 上左 3）。标本 SH26：24，铤残断。残长 5.3 厘米（图一四二，4；图版五六，2 下左右）。标本 SH26：5，铤残损，磨制极精。残长 5.6 厘米（图一四二，5；图版五六，2 下左 2）。

Ⅳ式，镞体宽短，于体之中部前聚成锋，并由此处突收，竖直延至体末端。标本 SH26：16，磨制精细。长 6.7 厘米（图一四二，6；图版五七，1 左 1）。标本 SH19：5，长 6.2 厘米（图一四二，7；图版五七，1 左 2）。标本 SH26：26，磨制极精。长 6 厘米（图一四二，8；图版五七，1 左 3）。

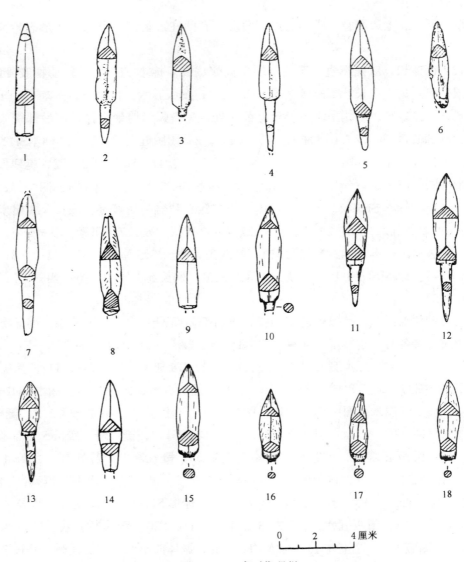

图一四一　商时期骨镞

1.A 型 I 式 SH9：3　2～9.A 型 II 式 SH27：13、SH27：14、SH26：22、SH27：5、SH9：2、SH27：4、SH42：1、SH27：15　10～18.A 型 III 式 SH26：15、SH26：7、SH27：8、SH26：10、SH22：2、SH51：3、SH26：33、SH19：7、SH26：1

　　B 型　横剖面为菱形，有圆柱形铤，分为 2 个亚型。

　　Ba 型　镞体较小。根据镞体长短及形态特征，分为 2 式。

　　I 式，体较短，于体中部前聚成锋，并由此处突收而延至体末端。标本 SH8：1，铤残断，磨制精良。残长 4.4 厘米（图一四二，9；图版五七，3 左 1）。标本 SH18：1，铤

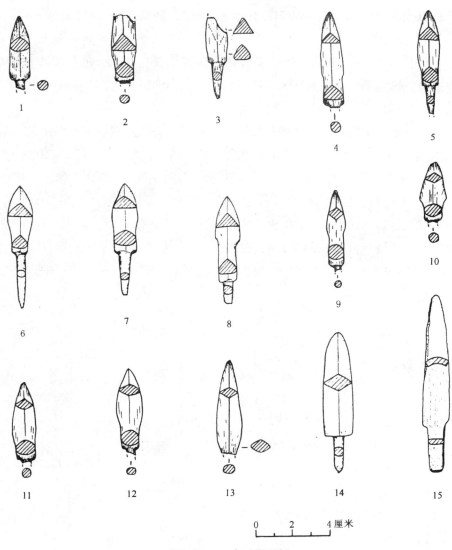

图一四二 商时期骨镞

1~5.A型Ⅲ式 SH26:20、32、6、24、5 6~8.A型Ⅳ式 SH26:16、SH19:5、SH26:26 9~12.Ba型Ⅰ式 SH8:1、SH18:1、SH27:3、SH31:1 13.Ba型Ⅱ式 SH19:3 14.Bb型 SH26:2 15.C型 SH51:1

残断，磨制极精。残长 3.3 厘米（图一四二，10；图版五七，3 左 2）。标本 SH27:3，因烧烤而炭化，残损，铤残断。磨制精良，刃尖锐。残长 4.2 厘米（图一四二，11；图版五七，3 左 3）。标本 SH31:1，铤残断。残长 4.5 厘米（图一四二，12；图版五七，3 左 4）。

Ⅱ式，镞体较长，较薄，状如柳叶形。标本 SH19:3，体后端以下残失。残长 5 厘米

（图一四二，13；图版五七，3左5）。

Bb 型　镞体宽大，有圆柱形短铤。标本 SH26:2，磨制甚精。长7.6厘米（图一四二，14；图版五七，5左）。

C 型　标本 SH51:1，系用动物肢骨制成。正视作长三角形，镞体基本保留骨管原状，稍作削磨，铤扁平。长9.6厘米（图一四二，15；图版五七，5右）。

（四）石、蚌器

石斧　均打磨加工而成。平面皆作梯形，双面刃，刃部较宽。标本 T16④F:3，体较厚。长12厘米，刃宽7.8厘米，厚3.2厘米（图一四三，1；图版五八，3左2）。标本 SH36:2，体较厚，前端一侧残损。长13.4厘米，刃宽7厘米，厚3.2厘米（图一四三，2；图版五八，3左1）。标本 SH2:6，体短。长9厘米，刃宽8厘米，厚2.4厘米（图一四三，3；图版五八，5左3）。标本 SH64:1，后部残损。体较薄，陡刃。长10.2厘米，刃宽6厘米，厚2厘米（图一四三，4；图版五八，5左2）。标本 SH11:6，体宽大。后端残损。残长16.9厘米，刃宽10.4厘米，厚3厘米（图一四三，6；图版五八，3左

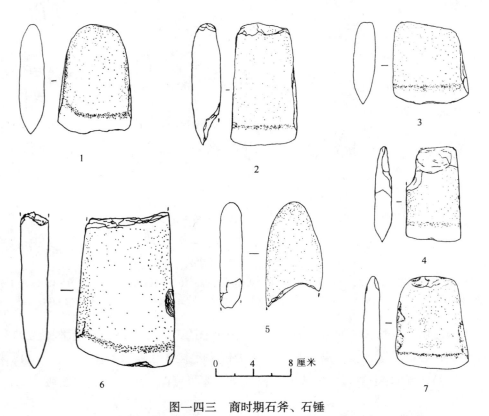

0　　4　　8厘米

图一四三　商时期石斧、石锤

1～4、6、7. 石斧 T16④F:3、SH36:2、SH2:6、SH64:1、SH11:6、SH42:2　5. 石锤 SH22:2

3）。标本 SH42∶2，体较薄。长 10.2 厘米，刃宽 7.6 厘米，厚 2 厘米（图一四三，7；图版五八，5 左 1）。

石锤　标本 SH22∶4，前端残失。体窄，背部一侧弧凹，便于手握。体前部有凹窝状使用痕迹。残长 11.6 厘米（图一四三，5；图版五九，1 左 2）。

石砧　标本 SH19∶11，打击加工为圆盘形，一面密布因砸击所产生的小凹窝，直径 7.4 厘米，厚 1.7 厘米（图一四四，9；图版五八，4）。标本 SH20∶5，椭圆形扁平状，系利用自然砾石片而使用，一面布满小凹窝。直径 4.8 厘米，短径 3.8 厘米，厚 0.6 厘米（图一四四，9；图版五九，1 左 3）。

砺石　标本 SH33∶1，残，不规则形，其一面较平，另一面从一端向另一端呈弧形下凹，磨砺痕迹十分明显。长 12.3 厘米，宽 5.2 厘米（图版五九，1 左 1）。

小石刀　标本 SH20∶2，大部残失。双面刃，磨制较精，刃锋利。残长 2.1 厘米（图一四四，5；图版五九，2 左 3）。

刮削器　系打击产生的石片，有刮削使用痕迹。标本 SH26∶9，梯形，保留有部分砾石面，宽端有使用痕迹。长 3.4 厘米，大端宽 1.9 厘米（图一四四，4；图版五九，2 左 2）。标本 SH27∶11，近三角形，两边平齐，一边圆弧，体厚，保留砾石面。圆弧一边有明显的刮削使用痕迹。长 3.2 厘米，宽 2 厘米（图一四四，6；图版五九，2 左 1）。

研磨器　系采用一块造型别致的天然砾石而使用。横剖面为长方形，上端圆头，一侧有垂下的叠层。下端为长方形平面，中间略下弧，研磨痕迹十分明显。高 3.8 厘米（图一四四，10）。

石圭　长条片状，三角形首，后端平直。分为 2 型。

A 型　圭首宽短，体侧方直。标本 M1∶4，仅见首端和后端两段，中间一段残失。体宽 2.8 厘米，厚 0.6 厘米，首端一段长 2.8 厘米，后端一段长 3 厘米（图一四四，1；图版五八，1 下）。

B 型　圭首为窄长三角形，体侧有斜边折棱。标本 M1∶2，仅存圭首部分，残长 4.5 厘米（图一四四，2；图版五八，1）。标本 M1∶3，仅存后端部分，残长 2.4 厘米，宽 2.3 厘米（图一四四，3；图版五八，1 中）。

石圭形器　体作三角形，底弧凹。通体磨制精良，弧凹处也作了精心磨制。标本 SH26∶27，长 3.4 厘米，底宽 2.4 厘米（图一四四，7；图版五八，2 左；彩版八，6 左）。

蚌圭形器　器体基本呈三角形，底圆凹。通体包括底部磨制甚光。标本 SH20∶1，长 4.7 厘米，底宽 1.6 厘米（图一四四，8；图版五八，2 右；彩版八，6 右）。

（五）其他

木骨泥墙烧土块　烧结程度甚高，呈橙红色。在本区商时期地层尤其是烧烤坑中大

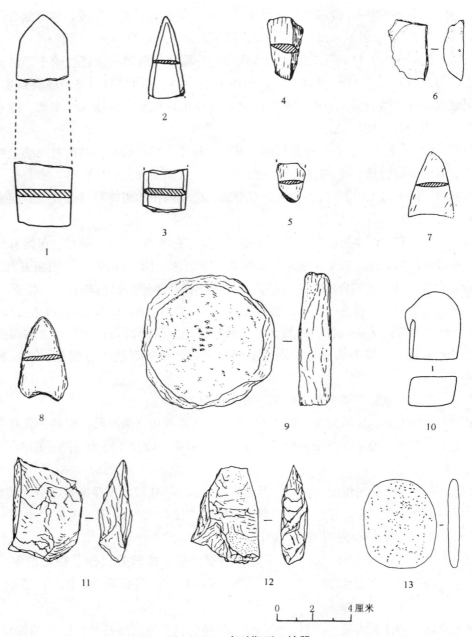

图一四四　商时期石、蚌器

1.A型石圭 M1：4　2、3.B型石圭 M1：2、3　4、6.石刮削器 SH26：9、SH27：11　5.小石刀 SH20：2
7、8.石、蚌圭形器 SH26：27、SH20：1　9、13.石砧 SH19：11、SH20：5　10.石研磨器 SH33：21
11、12.取火石 SH12：2、1

量见到。标本 SH33:2，烧土厚 8 厘米，见 3 道椽痕，显示椽径 2.5~4 厘米（图版五一，5 左上）。标本 SH45:1，烧土厚 8.2 厘米，见 4 道椽痕，显示椽径 3~4 厘米（图版五一，5 左下）。标本 SH22:5，烧土厚 9.4 厘米，见横、竖相叠的两层椽痕。横排椽痕 3 道，竖排椽痕 2 道，显示椽痕 3~4.5 厘米（图版五一，5 右）。

取火石　于商时期地层尤其是烧烤坑中常见。当地人称为"白火石"。呈不规则形片状，边沿均见有凹凸不齐的痕迹，为当时人们撞击取火之用。标本 SH12:1，长 5.4 厘米，宽 3.6 厘米，厚 1.4 厘米（图一四四，12；图版五九，3 下左 1）。标本 SH12:2，长 5.6 厘米，宽 3.6 厘米，厚 1.7 厘米（图一四四，11；图版五九，3 下左 2）。标本 SH27:64，长 5.5 厘米，宽 3.4 厘米，厚 1.5 厘米（图版五九，3 下左 3）。标本 SH26:19，长 1.6 厘米，宽 1.1 厘米，厚 0.4 厘米（图版五九，3 上左 1）。标本 SH26:18，长 3.7 厘米，宽 2.9 厘米，厚 1.3 厘米（图版五九，3 上左 2）。

骨料　在商时期烧烤坑中多见。基本上为鹿角，利器砍切痕迹清晰可见，如 SH26、SH27、SH48、SH20 所出者（图版五四，4 下；图版五七，2）。

鹿头骨　在商时期烧烤坑中较常见。头骨多朽残，角多保留。标本 SH40:13，额骨上下保留较好，左角残长 46 厘米（图版五七，4）。

第三节　分期与年代

一、分期

拟以地层学与类型学方法作综合分析。

宝山商时期遗存中，存在数组叠压打破关系，现选择与此间分期讨论有关的 5 组，示意如下（"→"代表叠压或打破）：

第一组　位于 T44

SH26→SH27

第二组　位于 T16

SH3→SH5→SH6→SH7→④E→SH8→④F→SH9→④G→SH11

第三组　位于 T35

SH33→SH34

第四组　位于 T18、T19、T29

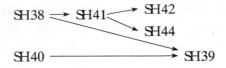

第五组　位于 T15

M2→SH1→SH2→SH17

上列 5 组中，以反映在 T44 南壁剖面、T16 东壁剖面的两组叠压与打破关系最为典型，现分析讨论如下。

第一组 SH26 与 SH27，遗迹皆保存较好，出土遗物丰富。SH26 开口较高，陶器面貌与被其叠压并打破的 SH27 中的陶器有明显区别。如 SH26 出 AbⅢ、CbⅢ式豆，AⅣ式鬲，CⅣ、EaⅢ式小底尊形杯，Ⅲ式细高柄尊形杯，Ⅳ式大口深腹罐，Ⅳ式高颈小平底尊，Ⅳ式扁腹壶。SH27 出 AbⅡ式豆，AⅠ、AⅡ式鬲，AbⅢ、CⅢ、EaⅡ式小底尊形杯，Ⅱ式细高柄尊形杯，Ⅲ式扁腹壶及Ⅲ式高柄器座等。

第二组叠压打破关系甚为丰富。其中自上而下堆积的 SH3、SH5、SH6 所出陶器，与 SH27 陶器面貌相同。堆积于 SH6 之下的 SH7、SH8、SH9 几个遗迹单位，其出土陶器有着共同的面貌特征，器型常见 AbⅠ式豆，AbⅡ、CⅡ、EaⅠ式小底尊形杯，Ⅱ式高颈小平底尊，Ⅱ式高柄器座，Ⅱ式细高柄尊形杯，Ⅱ式锥足鼎，AⅡ、BⅠ式高圈足尊形杯，有鋬圈足尊及觚等，为上举 SH6、SH5、SH3、SH27 及 SH26 所不见。SH11 是最下层的烧烤坑，所出陶器基本为 SH7、SH8、SH9 陶器种类所涵盖，但形制风格有差别，典型器物如Ⅰ式锥足鼎、AbⅠ式小底尊形杯、AⅠ式高圈足尊形杯、Ⅰ式高柄器座等。

后三组叠压打破关系中的相关遗迹单位出土陶器，与前两组叠压打破关系中遗迹单位出土陶器，所显示的群体面貌差别具有一致性（参见附表一、附表二）。据此可将以上 5 组叠压打破关系中的 21 个遗迹单位，分为 4 群：

SH11、SH17 为第一群。SH2、SH7、SH8、SH9、SH34、SH39 为第二群。SH1、SH3、SH5、SH6、SH27、SH33、SH42、SH44 为第三群。SH26、SH38、SH40、SH41、M2 为第四群。出土于不同地层的遗迹单位陶器所显示面貌上的区别，应是时间早晚的反映。第一、二、三、四群 4 群陶器，依次代表了本区商时期遗存前后发展的 4 个阶段，即第一群为第Ⅰ段，第二群为第Ⅱ段，第三群为第Ⅲ段，第四群为第Ⅳ段。

根据上举典型遗迹单位的陶器面貌特征，可将其他烧烤坑、墓葬等遗迹单位归入相应各段之中：

第Ⅰ段，包括 SH10、SH11、SH12、SH13、SH14、SH17、SH31 及 K01。

第Ⅱ段，包括 SH2、SH7、SH8、SH9、SH22、SH30、SH32、SH34、SH39、SH49、SH50、SH52、SH53、SH54、SH55、SH56、SH62。

第Ⅲ段，包括 SH1、SH3、SH4、SH5、SH6、SH18、SH20、SH21、SH25、SH27、SH29、SH33、SH37、SH42、SH44、SH47、SH48、SH51、SH57、SH58、SH59、SH61、SH65 及 M7 和 F6。

第Ⅳ段，包括 SH15、SH16、SH19、SH26、SH36、SH38、SH40、SH41、SH45、

SH64 及 M2、M8。

以上 4 段，其中第 I 段有 7 个烧烤坑及 1 个器物坑，共 8 个遗迹单位。第 II 段有 17 个烧烤坑。第 III 段有 23 个烧烤坑及 1 座墓葬和 1 座房屋基址，共 25 个遗迹单位。第 IV 段有 10 个烧烤坑及 2 座墓葬，共 12 个遗迹单位。

4 段之中，第 II、III、IV 段之间的陶器面貌差别较为明显。第 I 段与第 II 段的陶器面貌差别较小，时间应较接近。故可将这 4 段划分为 3 期。

第一期：第 I 段、第 II 段

第二期：第 III 段

第三期：第 IV 段

另外，SH43、SH46、SH60、SH63 及 F5，出土遗物残甚，难以判明型式；M3、M4、M5 和 M6，无随葬器物发现。故这几个遗迹单位，无法划归期段。M1 所出随葬器物，其陶釜的陶质、形制、纹饰，与本区其他遗迹单位所出同类器差别明显，可能晚于上述所分的第 IV 段，资料嫌少，不纳入本次讨论范围。

二、各期陶器的主要特征

第一期

第 I 段　泥质陶占大多数，夹砂陶所占比例较小。其中泥质陶中以灰陶常见，黑皮灰胎陶次之，再次为黑皮红胎陶。夹砂陶中灰陶多于褐陶。黑皮陶的陶质含极细的砂粒，表面不光亮，色呈灰褐色。纹饰以绳纹为多，阴弦纹次之，再次为窝状纹、凸棱纹、十字镂孔，还有三角折线纹、圆形镂孔等。阴弦纹中以细弦纹为主，粗弦纹少见。目纹中仅见 Ba 型目纹。典型器有 AaI 式豆，I 式高颈小平底尊，AaI、AbI、BaI、CI 式小底尊形杯，AI 式高圈足尊形杯，AI 式有錾圈足尊，I 式扁腹壶，BI、CI、DI 式罍，I 式高柄器座，AI、BI 式圈足罐，AaI、AcI、BI 式簋，I 式大口深腹罐，I 式锥足鼎，I 式器盖，AI、BI、CI、DI 式釜等。

第 II 段　以泥质陶为主，但比例较前段下降。其中黑皮灰胎陶较前段增加，灰陶和黑皮红胎陶数量减少。夹砂陶中褐陶大为增加，灰陶比例下降，并见少量黑皮红胎陶和黑皮灰胎陶。黑皮陶的陶质较细腻，表面磨光，呈黑褐色。纹饰中仍以绳纹最多，其次为阴弦纹、凸棱纹，还有线纹、方格纹、篮纹等。阴弦纹中细弦纹比例下降，粗弦纹增多，二者数量相若。三角形折线纹比例上升，十字镂孔、窝状纹比例下降。目纹中 Ba 型目纹比例增加，并见有 A 型和 Bb 型目纹。常见的典型器物有：AaII、AbI、CaI、CbI 式豆，II 式高颈小平底尊，AaII、AbII、BaII、CII、EaI 式小底尊形杯，I 式细高柄尊形杯，AII、BI、BII 式高圈足尊形杯，AII、AIII 式有錾圈足尊，I 式有柄尊，II 式扁腹壶，AaI、AbI、AcI、BII、CII、DII 式罍，II 式高柄器座，AII、BII 式圈足罐，AaII、AcII、BII 式簋，I 式圆腹罐，II 式大口深腹罐，II 式锥足鼎，II 式器盖，

Ⅰ式小底钵，AⅡ、BⅡ、CⅡ、DⅡ、EⅠ式釜等。

第二期（第Ⅲ段）

以泥质陶为多数，但比例较上期下降，夹砂陶比例上升。黑皮陶表面经磨光，呈灰黑色。纹饰中绳纹明显增多，阴弦纹以粗弦纹为主，细弦纹少见。三角形折线纹较上期增多，凸棱纹减少。窝状纹极少见，十字镂孔与短直线纹基本不见。目纹中 Bb 型目纹较上期增多，Ba 型目纹极少见，A 型目纹不见。器类与形制较上期有明显变化。常见的典型器物有：AaⅢ、AbⅡ、CaⅡ、CbⅡ、CcⅠ式豆，Ⅲ式高颈小平底尊，AaⅢ、AbⅢ、AbⅣ、BaⅢ、CⅢ、EaⅡ式小底尊形杯，Ⅱ式细高柄尊形杯，Ⅱ式有柄尊，Ⅲ式扁腹壶，AaⅡ、AbⅡ、CⅢ、CⅣ、DⅢ式罍，Ⅲ式高柄器座，AⅢ、BⅢ式圈足罐，AcⅢ、BⅢ、CⅠ式簋，Ⅱ式圆腹罐，Ⅲ式大口深腹罐，AⅠ、AⅡ、AⅢ、BⅠ、BⅡ式鬲，AⅡ、BⅠ、BⅡ式小底钵，Ⅲ式器盖，AⅢ、BⅢ、DⅢ、EⅡ式釜等。

第三期（第Ⅳ段）

陶系与上一期相比无多大变化。黑皮陶的陶质细腻，表面磨光，呈墨黑色。纹饰中以绳纹常见，但较第二期比例下降。其次为阴弦纹和凸棱纹，阴弦纹中细弦纹较上期有所增加。方格纹、圆形镂孔较上期比例上升。基本不见目纹。贝纹从一至三期皆有，比例无明显变化。常见的典型器物有：AbⅢ、CaⅢ、CbⅢ、CcⅡ式豆，Ⅳ式高颈小平底尊，AaⅣ、AbⅤ、CⅣ、EaⅢ式小底尊形杯，Ⅲ式细高柄尊形杯，Ⅳ式扁腹壶，CⅤ、DⅣ式罍，Ⅳ式高柄器座，CⅡ式簋，Ⅲ式圆腹罐，Ⅳ式大口深腹罐，AⅣ、BⅢ式鬲，AⅣ、BⅣ、DⅣ、EⅢ式釜等。

三、年代推定

以上我们通过对典型层位关系和陶器形制的分析，将宝山商时期遗存划分为 3 期 4 段。由于遗存本身没有可以确定各期年代的材料，因而只能与中原商文化及相关考古学文化中已知年代较明确的陶器、铜器等资料，进行对比分析而推定其年代。

首先从第一期第Ⅱ段着手分析。该段的 AaⅠ式陶罍，与郑州南关外遗址属于二里岗上层期的 C5·1H145：2 "敛口圆肩罍"[1] 形态近似，尤其是肩、腹部特征很相似。该段的 AbⅠ式陶罍，与郑州白家庄 M2[2] 所出青铜罍的形制相同，纹饰风格相像。该段Ⅱ式锥足陶鼎的作风，与二里岗期所流行铜鼎及陶鼎的锥足作风均十分相似。宝山锥足鼎应是吸收了商式铜鼎或陶鼎足的作风，在其作为主要炊器的釜下加三足而成。另外，该段陶器细弦纹发达，十字镂孔较流行，并见有联珠纹。凡此皆与二里岗期，尤其与二里岗上

①　河南省文物考古研究所：《郑州商城》，文物出版社，2001 年，第 55 页，图一一，1。

②　河南省文物工作队第一队：《郑州白家庄商代墓葬发掘简报》，《文物参考资料》1955 年第 10 期。

层文化面貌接近。上述白家庄 M2 的年代，邹衡先生将其归为早商期第Ⅵ组[①]，属二里岗上层偏晚阶段。该墓所出铜罍，是上述已作过比较的中原商文化器物中年代最晚者。因此，宝山商时期遗存第Ⅱ段的年代，约当二里岗上层晚段或稍晚。

第一期第Ⅰ段与第Ⅱ段的陶器面貌近似，但有些差别（见本节前述）。又本段主要遗迹单位的 SH10、SH11、SH12 等，与第Ⅱ段典型单位 SH9 之间，堆积有较厚、较大面积的黄沙层，淤结程度较严重。堆积于沙层上、下的遗迹单位，当存在一定的时间差距。而据陶器面貌情况，其相距不应较远。故该段的年代上限似不超过二里岗上层时期。因此，宝山商时期遗存第一期的年代，约当二里岗上层并延为稍晚的时期内。

第二期（第Ⅲ段）的 AⅠ、AⅡ式鬲，分别与扶风壹家堡遗址[②] H33：2、T23⑤：37 鬲的形制、纹饰及其制法近似或相同。BⅠ、BⅡ式鬲，与北村遗址[③] ⅠH5：1 鬲之造型特点相似。壹家堡 T23⑤和 H33，孙华将其划分在该遗址殷商时期遗存第一期第 1 段，年代推定在殷墟第一期第 1 组偏晚[④]。北村ⅠH5，徐天进将其划为该遗址商时期文化遗存第二期，年代约相当于二里岗上层或稍晚[⑤]。以上两个遗址的分期与年代结论，基本为学术界所认同，可作为我们推定本期年代的重要参照。同时，本期的 AⅢ式鬲，颈部变高，腹外鼓，裆稍矮，当是 AⅠ、AⅡ式鬲经过一段时间的演变形态。因此，宝山商时期遗存第二期的年代，拟推定在殷墟一、二期之交至殷墟二期之时。

第三期（第Ⅳ段）所见 AⅣ式鬲，在其他遗址出土实物中尚未见可与其作类比者，但形态与上述 AⅢ式鬲发生了较明显的变化，如口外侈，颈部更高，应是本地对陶鬲造型所作的进一步改造，当晚于 AⅢ式鬲。然其内裆折线明显以及足下部急收而足尖凸出的风格，为前几式同型陶鬲一脉相承的发展与延续。本期的 BⅢ式鬲，作侈口、束颈、鼓腹，与 AⅣ式鬲有某些相似的特征，与 BⅠ、BⅡ式鬲传承演变脉络清楚。又本期鬲之外其他类陶器，与第二期陶器亦可看出有明显的演进关系。故宝山商时期遗存第三期的年代，基本可推定在相当于殷墟二、三期之交至殷墟三期。

---

① 邹衡：《试论夏文化》，《夏商周考古学论文集》第叁篇，文物出版社，1980 年。
② 北京大学考古系商周组：《陕西扶风县壹家堡遗址 1986 年度发掘报告》，载北京大学考古系编《考古学研究》（二），北京大学出版社，1994 年。
③ 北京大学考古系商周组等：《陕西耀县北村遗址 1984 年发掘报告》，载北京大学考古系编《考古学研究》（二），北京大学出版社，1994 年。
④ 同③。
⑤ 孙华：《陕西扶风县壹家堡遗址分析》，载北京大学考古系编《考古学研究》（二），北京大学出版社，1994 年。

第五章 汉代遗存

第一节 遗迹

一、铺石遗迹

铺石遗迹（图一四五），发现于 T17③A 层底部，上距地表 85 厘米。其范围主要位于该方西北角，并延及 T16 东北角和 T28 西南角，由于③A 层上部近现代坑和堆积的破坏，铺石遗迹原有形状已不可知，现保留遗迹为不规则形，东西长约 210 厘米，南北最宽处约 190 厘米，北高南低。系用直径 1～3 厘米的小石子铺成，石子缝隙填黄沙，铺石厚 5 厘米左右。其南为与之相连接的一层黄沙堆积，南北长约 190 厘米，东西宽约 160 厘米，厚 5 厘米左右，有明显的踩踏痕迹。铺石与黄沙层东、南两面为范围较大的踩踏面土层，土为黑褐色，呈油饼层状。西边保留范围界限与铺石及沙层西边范围基本相等。东边范围，有东北西南向作拐角状的清楚界限。南、北两边被近现代坑破坏。保留范围，南北长约 430 厘米，东西宽约 300 厘米，厚 1～3 厘米。

铺石遗迹附近未发现同时期建筑遗迹，据与其相连的黄沙层和大面积踩踏面遗迹情况分析，可能是为便于活动和行走而专门铺设的。在黄沙层东南部，发现数块砾石及瓮等汉代陶器残片。

二、储藏坑

共发现 7 座，编号 K1～K7。依平面形状，有长方形、圆形和长条形子母坑 3 种（参见附表八）。现选择 K1、K7 介绍于下。

K1（图一四六；图版六〇，2），位于 T5 西中部，叠压于②层之下，打破 SH57 和仰韶堆积层及生土，上距地表 65 厘米。平面长方形，西端稍大于东端，略呈梯形。长 198 厘米，宽 151～178 厘米，深 45 厘米。坑口下 35 厘米堆积有一层卵石，坑底东半部置一层卵石，其间出有盆、罐、瓮等汉代陶器残片。坑中填土为红褐色土，夹少许灰屑。

K7（图一四七；图版六〇，1），位于 T56 西中部，叠压于②层之下，被近代坑打破，打破仰韶文化层及生土。上口距地表 55 厘米。平面长方形，东端略大于西端。坑中部偏东处，又往下挖一方形小坑。大坑口长 218 厘米，宽 185～178 厘米，深 30 厘米，小坑边长 150 厘米，自大坑底往下深 34 厘米。小坑底置较大直径的砾石多块，于坑西北部围成一半圆形。坑内填土为红褐色土，较纯净，出土瓮等汉代陶器残片。

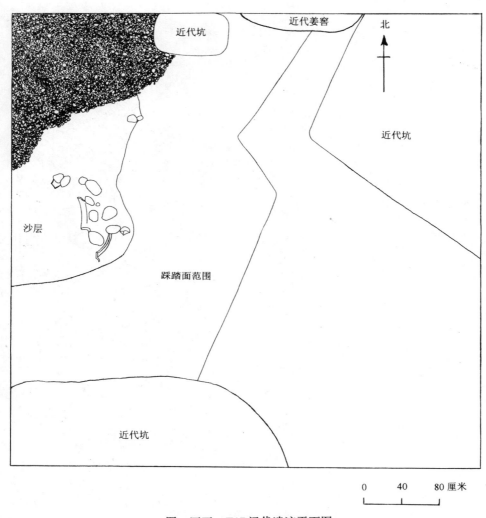

图一四五　T17 汉代遗迹平面图

第二节　遗物

一、陶器

盆　根据口部特征，分为 2 型。

A 型　据口、颈部特点，分为 2 个亚型。

Aa 型　标本 K1:1，泥质灰陶，仅存腹上部以上。侈口，宽平沿，方唇，束颈，微耸肩。肩部以下饰绳纹，纹路宽，纹痕深峻。口径 26 厘米，残深2.6厘米(图一四八,1)。

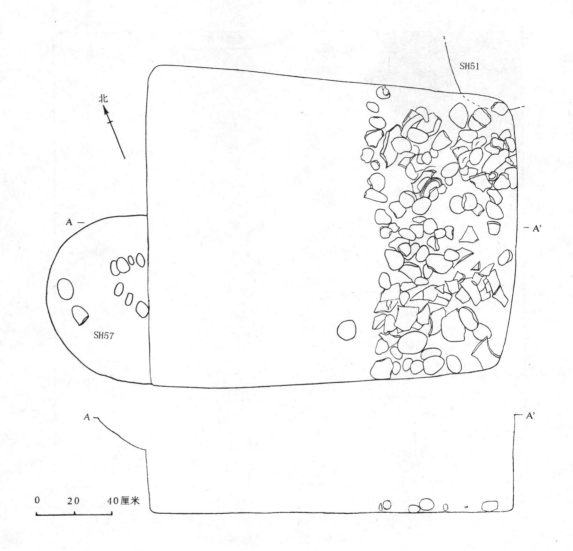

图一四六　K1 平、剖面图

Ab 型　标本 T28③A∶2，泥质灰陶。仅存腹上部以上。直口，宽平沿，方圆唇微下勾，弧腹。口沿下刻划竖直短线 1 周，其下饰刻划的竖直线纹。口径约 28 厘米，残深 5.6 厘米（图一四八，5）。

B 型　标本 T44③∶2，圆尖唇，唇高直，其下有 1 周宽凹槽，弧腹，平底假圈足。口径 20.8 厘米，底径 13.8 厘米，高 9.6 厘米（图一四八，8；图版六〇，4）。

罐　标本 K1∶5，仅存肩部以上。夹砂灰陶。侈口，尖唇，束颈，弧斜肩。颈部以下饰竖直粗绳纹。口径 17.6 厘米，残深 3.6 厘米（图一四八，2）。标本 K4∶3，仅存罐底

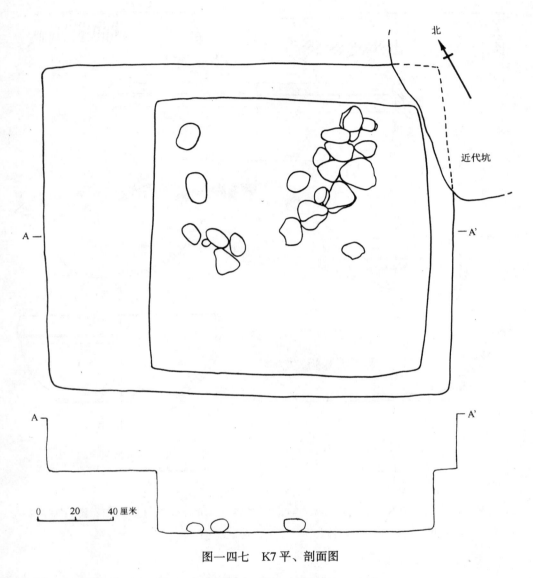

图一四七　K7 平、剖面图

部。夹砂灰陶。底径 8.2 厘米，残深 3.2 厘米（图一四八，6）。

瓮　依口沿特征，分为 2 型。

A 型　标本 T17③A：1，仅存肩部以上。泥质灰陶。宽圆唇，直束颈，鼓肩。口径
62.6 厘米，残深 8 厘米（图一四八，3）。

B 型　标本 K7：1，仅存肩部以上。泥质灰陶。厚方唇，斜直口，圆鼓肩。颈部以下
饰斜行绳纹。口径 44 厘米，残深 10.1 厘米（图一四八，4）。标本 K1：6，仅存底部。泥
质灰陶。饰斜行绳纹。底径 32.8 厘米，残深 15.7 厘米（图一四八，7）。

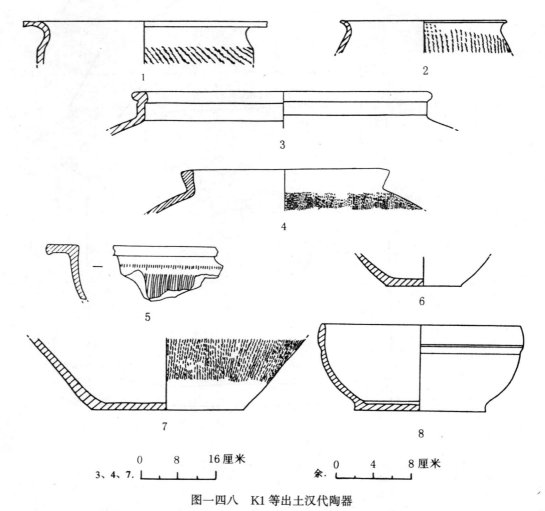

图一四八　K1 等出土汉代陶器

1、5、8.Aa、Ab、B 型盆 K1:1、T28③A:2、T44③:2　2、6. 罐 K1:5、K4:3　3、4.A、B 型瓮 T17③A:1、
K7:1　7. 瓮 K1:6

二、铜器

镞　出土 3 件，形制相同。镞体正视呈菱形，横剖面亦为菱形，有圆柱状长铤。标本 T28③A:4，长 6.3 厘米（图版六〇，4 左）。标本 T27③:4，长 6 厘米（图版六〇，4中）。标本 T27③:1，长 6.4 厘米（图版六〇，4 右）。

三、铜钱

货泉　标本 K2:1，圆形，方孔，有内、外部。钱面有"货泉"二字。直径 2.2 厘米，孔边长 0.7 厘米（图版六〇，3 左 1）。

五铢　圆形，磨郭，方孔较大。钱面有"五铢"二字。标本 T04③:3，"铢"由于磨郭而仅标"朱"。直径 1.7 厘米，孔边长 0.9 厘米（图版六〇，3 左 2）。标本 K3:2，钱面文字"五"仅存左半边，"铢"仅存"朱"。直径 1.7 厘米，孔边长0.9厘米(图版六〇，3 左 3)。标本 T28③A:3，钱体极小，钱面文字"五"仅存左边，"铢"仅存"朱"。直径 1 厘米，孔边长 0.6 厘米（图版六〇，3 左 4）。

结　语

　　宝山遗址的发掘，增加了人们对汉水上游新石器时代、商时期等古代文化面貌的认识，对研究该地区古代文化的内涵、分期与分布等，提供了新的重要资料。

一、宝山一期遗存

　　本次发掘的仰韶文化遗存即宝山一期遗存，基本上未发现遗迹。所出土的陶片等遗物，与河南陕县庙底沟遗址[①] 一期文化面貌相近，尤其与渭水流域关中地区的宝鸡福临堡遗址[②] 一期和扶风案板遗址[③] 一期文化面貌更为接近。如宝山一期遗存的Ⅰ式盆与福临堡一期B型Ⅰ式盆的形制与花纹相似；Ⅱ型缸与案板一期和福临堡一期的叠唇缸（瓮）形制大致相同；A型、B型罐与福临堡一期和案板一期的A型深腹罐形制相似。福临堡一期和案板一期属仰韶文化庙底沟类型遗存，宝山遗址一期遗存应与其属同一文化类型的遗存。宝山一期遗存较之庙底沟遗址一期更接近于福临堡一期、案板一期文化面貌，这是地缘因素决定的。但宝山一期遗存，与福临堡一期和案板一期的陶器特征尚有一些区别。如前者的Ⅰ式盆为短唇，唇下卷，后者为长唇，唇微下翻；前者B型罐口沿下窄棱显得尖突，后者的窄棱则普遍不甚突出。同时，前者彩陶纹饰的弧带纹略显端直，与后者彩陶弧带纹弧曲度较大的风格有所差别。可以看出宝山一期遗存尚具有一些半坡类型遗风。因此，宝山一期遗存当属庙底沟类型的偏早阶段。另外，宝山一期的A型罐，其唇长而斜出的作风，与关中等地同类器的口部特征有所不同，应属地方特点。

二、宝山二、三期遗存

　　本次发现的宝山二期遗迹、遗物十分有限，确切地层及遗迹仅见于T43、T44，但意义重要。据同属该期的T44⑤B层和F4所出的斜折沿罐、双耳罐及壶、罐类陶片看，其陶质主要为夹砂红褐陶和泥质黑皮红胎陶两种，纹饰有散漫不成片的绳纹和呈链环状堆塑纹等，自成特色。T44⑤B:2斜折沿（深腹）罐和F4:1双耳罐，与福临堡三期G型深腹罐、Ⅲ式双耳罐形制及纹饰十分相近。福临堡三期属半坡晚期类型偏晚阶段的遗存，发掘者认为"福临堡三期，特别是偏晚的遗存，与龙山早期有比较密切的关系"[④]。而且，宝山二期遗存中的链环状堆塑纹等，是新出现的文化因素，已不为仰韶文化所能涵盖，

---

① 中国科学院考古研究所：《庙底沟与三里桥》，科学出版社，1959年。
② 宝鸡市考古工作队等：《宝鸡福临堡》，文物出版社，1993年。
③ 西北大学文博学院考古专业：《扶风案板遗址发掘报告》，科学出版社，2000年。
④ 同②。

其年代当晚于仰韶文化，与仰韶文化晚期接近。据此，我们将宝山二期遗存初步推定为相当于庙底沟二期文化的早期，或称龙山时期早期早段。

宝山三期遗迹遗物的发现较为丰富。陶器的陶质以夹砂橙褐陶和泥质黑皮红胎陶为主，纹饰中篮纹极为发达，器形常见宽沿大口缸（罐）、喇叭口折肩壶、敛口钵以及敛口瓮、宽沿折腹尊等。自身面貌特色较突出。其中敛口钵、敛口瓮与关中地区的浒西庄庙底沟二期文化的钵、"敛口罐"形制相近，宽沿折腹尊也与浒西庄庙底沟二期文化的Ⅲ、Ⅳ式深腹盆有一定联系。与喇叭口折肩壶基本属同类型的器物，还有浒西庄庙底沟二期文化的"喇叭口圆肩罐"和赵家来遗址客省庄二期文化的"喇叭口折肩罐"①。"喇叭口圆肩罐"的特征为浑圆肩、深腹；"喇叭口折肩罐"为斜溜肩、斜直腹。喇叭口折肩壶则肩较平，腹弧鼓，形态处于上述两种"罐"之间。总的来看，宝山三期遗存的年代，大致相当于庙底沟二期文化至客省庄二期文化早期，或称龙山早期至龙山晚期早段。

宝山二期和三期遗存具有较强的个性特色，虽然从有的器物可看出其受渭水流域同时期文化的影响较明显，但自身因素占主流。与宝山二、三期遗存面貌相同或相近的文化遗存，在汉水上游已有发现，如龙岗寺②、李家村、何家湾③、红岩坝④ 等遗址，就有此类遗存的发现。龙岗寺的资料相对较为丰富，《龙岗寺》报告笼统称之为"龙山时期陶器"，似可以作分期。报告中图三八所列陶器，根据其形制和纹饰特征来看，应与宝山二期遗存相同。图三七所列基本为采集品的陶片，与宝山三期遗存面貌相近，二者应属同类遗存。何家湾与红岩坝遗址中被发掘者所称的"龙山文化陶器"，与宝山二期遗存的陶器面貌相近。李家村遗址所发现的"龙山文化陶器"，发掘者认为大约与庙底沟二期文化相当，年代基本可信，但文化面貌似与宝山二期遗存关系较密切。据我们近年的调查，与宝山二、三期遗存相同或相近的文化遗址，仅城固、洋县两县，已发现五六处⑤，说明此类文化遗存在汉水上游有较普遍分布。

据现有资料来看，宝山二、三期遗存的文化面貌差别较为明显，至少目前还看不出二者的直接源流关联。由于目前有关此类遗存的资料公布较少，关于二者的关系，有待今后讨论。

我们注意到，宝山二、三期遗存与以川西平原为主要分布区的宝墩文化存在某种程度的联系。宝山二期陶器的链环状堆塑纹和禽爪迹状纹饰，也见于宝墩文化陶器上。宝

①　中国社会科学院考古研究所：《武功发掘报告》，文物出版社，1988 年。

②　陕西省考古研究所：《龙岗寺》，文物出版社，1990 年。

③　陕西省考古研究所等：《陕南考古报告集》，三秦出版社，1993 年。

④　陕西省考古研究所汉水考古队：《陕西西乡红岩坝新石器时代遗址调查与试掘》，《考古与文物》1982 年第 5 期。

⑤　西北大学文博学院：《城固、洋县古文化遗址调查》，待刊。

山三期遗存的宽沿折腹尊，在宝墩文化中有不少发现。与前者常见器类宽沿大口缸相似的器物，亦见于后者[①]。两地文化的联系，是发生较早的。宝山二、三期遗存，与主要分布于川东长江沿岸的新石器时代文化如哨棚嘴一期遗存等，亦可见有一些联系，尚需进一步认识。

三、宝山商时期遗存

宝山商时期遗存是该遗址的主体文化遗存，本次发掘所获得的商时期遗存资料也最为丰富，为我们认识该地区商时期考古学文化的内涵与性质，及其与中原商文化和周邻地区相关考古学文化的关系等，提供了难得的资料。

宝山商时期遗存内涵丰富而具有特色。在所发现的宝山商时期遗迹中，烧烤坑是数量最多的一类。烧烤坑遗迹，在国内以往的考古发掘中，尚未见报道。根据其坑内皆存在有意摆放用于支撑炊器和烧烤物的卵石，堆满灰烬并遗留有较多的陶片等遗迹现象，我们将其命名为烧烤坑。它是当时人们主要的生活活动场所。烧烤坑大部分建于露天，或许在其上造有简单的庵棚类建筑；有的烧烤坑建于室内，兼有取暖功能，可能在冬季时使用。有些较大型者如 SH9 等烧烤坑中，有用树皮铺成的较平坦空间，似被利用作为寝宿之处。据烧烤坑内一般遗留有较多动物骨骼的情况分析，当时人们所烧烤的食物，基本以肉食类为主。烧烤坑在使用前，可能要举行某些祭奠礼仪活动，在 SH19、SH27、SH33、SH51 等烧烤坑下部，各发现有一个较完整的牛头骨；SH9、SH17 等烧烤坑底部，发现有较完整的鹿头骨、兽头骨及龟背骨；SH48 底部，除见有一堆动物骨骼外，还发现一个高颈尊形罐，其内装满如粟粒大小的植物果实。上述这些动物骨骼，据其位置和形状观察，不应是烧烤的对象，而更像是由于某种特殊用途而有意摆放，当为祭奠类活动的遗迹。烧烤坑在此地的使用，至迟可追溯到新石器时代晚期，宝山龙山时期遗存中，已发现有烧烤坑（见本书第三章第二节），可见其有着悠久的传统。

由于烧烤坑在使用过程中，是将烧烤和生活活动中的废弃物连同灰烬等皆堆积于坑中，堆满之后，再造新坑，因此，便没必要专门构造用于堆置废弃物的"灰坑"。宝山商时期遗迹没有发现灰坑，却增添了又一特色。

宝山商时期房屋建筑，其平面形状，有长方形较大面积建筑和隔为小空间的长条形建筑等形式。前者为当时人住处自当没有问题，而小空间建筑的功能与用途，则有待进一步发现和认识。在 F5 的墙槽遗迹中，发现了用于立椽以作墙体的椽窝遗迹，而印有椽痕的红烧土（泥）块，在本次发掘的商时期地层及烧烤坑中有大量发现，它应是附着于立椽的泥经火烧后坍塌的遗留物，说明这里的房屋建筑普遍采用木骨泥墙形式。

---

① 　马继贤：《广汉月亮湾遗址发掘追记》，《南方民族考古》第 5 辑，四川科学技术出版社，1993 年；成都市文物考古研究所等：《宝墩遗址》，（日）有限会社阿普（ARP），2000 年。

墓葬皆为竖穴土坑形制，绝大多数作浅穴式。葬式以直肢葬常见，并有少量屈肢葬。随葬品为一至数件陶器，并见有石圭等。可能存在殉埋动物的习俗。

宝山商时期遗存的特色，还体现在以陶器为主要内容的遗物方面。陶器的特色，首先表现为其类型的丰富性。陶器总种类达二十多种，几种主要器类如豆、小底尊形杯、罍、簋等，型式多样，多姿多彩。陶器制作精致而造型美观，陶质普遍较好，烧制火候较高，器型规整，饰纹精细（主要指泥质陶纹饰）。圈足与高柄的普遍施用以及对较多器物的高颈、小底等夸张造型处理，使多种陶器显得高峻挺拔，玄妙而神奇。炊器釜之外的多数陶器，被普遍施以磨光工艺，增加了器物的美感。小底尊形杯等器类中的不少器物，胎体厚度仅 1～2 毫米，显示出精湛的制陶技艺和高超的艺术水平。这一点，在同时期考古学文化中显得十分突出。另外，陶器中存在有数量较多的礼器。如高柄器座、细高柄尊形杯、高圈足尊形杯、有柄尊以及簋、豆、小底尊形杯中的部分器物等，大约皆属于礼器类。这是一种特殊的陶礼器组合，可能有着特殊的使用形式。

较多陶礼器于烧烤坑中的出土，说明当时人们在烧烤坑使用前，一般要作祭奠类礼仪活动外，平时也经常进行可能包括宗教祭祀在内的多种礼仪活动，而此类活动多与烧烤坑密切关联。这里，K01 是需要引申说明的。此为本次发掘所见惟一的陶器坑。值得注意的是，该坑出土陶器基本都为盛储器和礼器而没有炊器，烧制皆较好，坑里未见灰烬等烧烤遗迹。因此，其既不会是制陶废品丢弃处，也不会是烧烤坑，而可能是一处祭祀遗迹即祭祀坑。尽管由于遭受破坏过甚，使我们对遗迹全貌不知其详，但起码反映出这里可能存在专门祭祀坑的基本事实。

铜器与骨器亦具有一定的特色。青铜器中镰的直銎做法，在目前所见镰造型中，是很特别的。而铜针四棱体针身和尾端的精心装饰，则显示出别致的设计构思与考究的制作技艺，同时该针也是迄今所见我国古代最早的青铜针实例。骨器中，首先值得一提的是骨发饰。宝山发现的骨发饰有 3 种样式，形制大同小异。起初我们难辨其为何物，后终于从三星堆二号祭祀坑 K2②:58 青铜人头像[①] 的发饰受到启发，因而得以名之。宝山骨发饰与三星堆青铜人头像发饰相像，但造型简单，器形短小。是由于前者为普通人的实用品，后者则为神祇形象的装饰物。较多骨签存在亦是具有特色的，它用小动物肢骨等做成，器形细小，尖端锐利而非锥类，大概是剔挖骨缝中肉等的餐具类生活用品，故将其定名为骨签。骨叉和小型骨匕连同陶匕，可能也与进餐活动有关。这些富有特色的生活用具的发现，当然是耐人寻味的，从一个方面反映出当时人们的经济生活状况。大量骨镰的发现，亦从另一个侧面给我们提供了同样的信息。

宝山商时期遗存的陶器纹饰中，即使是常见的纹饰种类，也显示出自身的特点。如

---

① 　四川省文物考古研究所：《三星堆祭祀坑》，图九六，彩图 48，文物出版社，1999 年。

绳纹一般是散漫而带有随意性；篮纹的纹痕较浅，松散而不够紧凑。贝纹、蛙纹、目纹、鸟纹及卍形纹，是特色突出的几类纹饰。贝纹在宝山商时期遗存一至三期都存在，说明它是备受重视的一类纹饰，其也常见于鄂西、三峡和川西地区夏商时期文化遗存中。蛙纹在中国古代陶器纹饰中是出现较早的，尤其在马家窑文化中极为流行，商周时期一些考古学文化遗存中，亦发现有蛙纹，但数量皆不多，而宝山商时期遗存的蛙纹则较为丰富。目纹也始见于新石器时代，在夏商时期的二里头遗址、郑州商城和殷墟遗址中，偶见有刻画在陶器上的目纹符号，此类目纹符号在鄂西地区商时期遗存的江陵荆南寺遗址、清江香炉石遗址、宜昌路家河遗址和川西地区的三星堆遗址陶器上也有发现，宝山商时期陶器上刻画的目纹，数量较多，有几种式样，具有自己的特点。宝山发现的目纹和蛙纹，都是刻画在作为主要陶礼器之一的高颈小平底尊的肩部，当具有特殊的意义，不排除作为符号或文字的可能性。卍形纹在仰韶文化时期即已见到，马家窑文化马厂类型中最为盛行，夏商周时期此种纹饰在中原地区少见，见于报道商时期的卍形纹仅有数例，宝山卍形纹的数量相对较多。宝山发现的鸟纹，为鸾鸟形象，其刻画于宝山商时期遗存二期的器物上，年代较早。该鸟纹口衔灵芝，刻画生动，堪称早期鸟纹的精美之作，具有丰富的内涵。上述几种纹饰，在以上地区同时流行，透露出其文化联系是较密切的。

宝山商时期遗存发现有可能为高等级礼仪性的大型建筑[①]，并出土大量具有特殊用途的陶礼器以及青铜器，这些非一般性遗址所能够具备。现已发现的与宝山商时期遗存属同类文化遗存的其他一些遗址，其遗址规模及文化堆积的丰富性，皆不能够与宝山遗址相比。同时，在宝山遗址附近，发现有多处商时期青铜器埋藏地点，其间的密切联系不可忽视。因此，宝山商时期遗存性质，应属一处中心聚落遗址，不排除作为政治中心的可能性。

上个世纪50年代以来，城固、洋县境内陆续出土多批商代青铜器[②]，总数逾600件，已构成一个群体，我们称为城洋铜器群[③]。其年代约当二里岗上层至殷墟期之末。器物种类丰富，计有礼容器尊、罍、瓿、鼎、簋、鬲、觚、爵、斝、卣、壶、盘，兵器戈、钺、戚、矛、镞、刀，生产工具斧、锛，还有仪仗器的"镰形器"、璋形器以及面具、尖顶泡与透顶泡等，以兵器数量最多。其中礼容器基本为中原商式风格，或在商式风格基础上有所改造，兵器表现出明显的个性特色。

城洋铜器群总体面貌以地方性特点为主流，已为诸多学者所认同，但关于其文化性

---

① 赵丛苍：《宝山遗址发掘取得重大收获》，《中国文物报》2000年1月23日。

② 唐金裕、王寿芝、郭长江：《陕西城固县出土殷商铜器整理简报》，《考古》1980年第3期；王寿芝：《陕西城固出土的商代青铜器》，《文博》1988年第6期；李烨、张历文：《洋县出土殷商铜器简报》，《文博》1996年第6期。

③ 赵丛苍：《城固洋县铜器群综合研究》，《文博》1996年第4期。

质，却存在不同的认识，目前发表的观点可概括为：巴人遗存说①；早期蜀文化遗存说②；巴蜀文化遗存说③；羌人遗存说④；"商代西南夷的一支"遗存说⑤ 等。由于铜器皆为群众在生产作业中挖得而非科学发掘品，且未有同时期遗址资料作印证，要得出令人信服的结论，难免是有困难的。宝山遗址的发掘，不但获得了丰富的陶器资料，而且发现了镞、镰等青铜器，从而使城洋铜器群与宝山商时期遗存找到联系，为全面认识这一问题带来希望。

宝山 SH51 所出铜镞，与洋县范坝铜器点出土的有些铜镞标本的形制相同。SH26、SH64 出土的青铜镰，与城洋商代铜器群中的"镰形器"形制风格近同。宝山出土的 Ab 型 I 式陶罍，与城洋铜器群重要地点之一的城固龙头镇铜器点所出青铜罍形制颇为相似，当为仿此种铜罍而制作的陶礼器。宝山 SH17 出土的陶质钺类残器柄，可看出其为直内，身近阑处有大圆孔，城洋铜器群中就有同类器物的存在。宝山商时期遗存中有不少蛙纹，而其也见于城洋铜器群，如范坝铜器点出土钺的身中部，就透雕有一蛙纹图案。同时，在总体文化面貌上，二者皆是以地方性特色为主。

据现有资料，宝山商时期遗存上限约当二里岗上层，下延年代，依本次分期涉及内容，推定为约当殷墟三期。则城洋铜器群的主要存续年代，与宝山商时期遗存基本同步。文化面貌上的相似性以及年代上的一致性，说明二者有可能是同一个人类共同体所创造的文化。这一认识的获得，对于城洋铜器群文化性质的确认，同时对于汉水上游青铜时代文化内涵及其文化性质的全面认识，意义是重要的。

宝山商时期丰富的遗迹遗物反映出它是具有独特面貌的文化遗存。据我们调查掌握，此类遗存在汉水上游地区分布比较普遍。仅城固、洋县境内，已发现六七处遗址⑥，算上铜器出土地点，数量有数十处之多。在该地区东部的紫阳白马石等遗址⑦ 出土的以陶釜（原报告称"罐"）、高柄豆、青铜深銎钺等为主要内涵的商时期遗存，当亦属于此类文化遗存。而宝山遗址在此类遗存中面积最大，堆积最丰富。

此类文化遗存有着特色鲜明的器物群。陶器以圈足与高柄器、小平底、圜底器为主，典型器类有高柄豆、高颈小平底尊、尊形小底杯、高柄器座、大口深腹罐、有銎圈足尊、

① 尹盛平：《西周的弤国与太伯仲雍奔"荆蛮"》，载《陕西省文博考古科研成果汇报会论文选集》，1981 年；唐金裕：《汉水上游巴文化的探讨》，《文博》1984 年创刊号。
② 李伯谦：《城固铜器群与早期蜀文化》，《考古与文物》1983 年第 2 期。
③ 使用此称呼者较多见，如王炜林、孙秉君：《汉水上游巴蜀文化的踪迹》，载《中国考古学会第七次年会论文集》，文物出版社，1992 年。
④ 宝鸡市博物馆卢连成、胡智生：《宝鸡弤国墓地》，文物出版社，1988 年。
⑤ 李学勤：《论洋县范坝铜牙璋等问题》，《文博》1997 年第 2 期。
⑥ 西北大学文博学院：《城固、洋县古文化遗址调查》，待刊。
⑦ 陕西省考古研究所等：《陕南考古报告集》，三秦出版社，1988 年。

有柄尊、扁腹壶、釜以及罍、簋等。铜器中以兵器占大宗；中原式传统礼容器占较小比例，其中以尊、罍、瓿较为常见，并为基本组合。兵器中的三角援戈、深銎钺，仪仗器的"镰形器"、璋形器以及面具、尖顶泡与透顶泡等，个性特点明显。遗迹方面，普遍采取木骨泥墙的结构，存在小空间连作的特殊建筑形式；墓葬流行浅穴土坑墓，多见仰身直肢葬，并有屈肢葬式；大量使用烧烤坑，没有灰坑。渔猎经济为其主要生计方式。与同期其他考古学文化相比，文化面貌特色突出，并有自己相对独立的分布区域，文化存续年代较长。我们认为其已具备了单独命名为一种考古学文化的条件，因此可以将宝山商时期遗存为代表，较普遍分布于汉水上游的此类文化遗存，命名为宝山文化。

　　这一种文化，在汉水上游尚未发现直接早于它的同类文化遗存。对于其文化渊源，我们只有通过与之邻近地区同时期考古学文化的对比作分析考察。

　　前已述及，宝山文化的存续年代属于商时期，其文化内容中虽有较多商文化因素，但占主流的则为特色鲜明的地方因素，因此不能够将其归入商文化系统，当然其也不可能源自商文化。

　　据目前所知，在宝山文化分布范围的周邻，除商文化之外，与其基本同时或年代接近的文化遗存，有以关中西部为主要分布区的"先周文化"[①]，甘肃东部、陕甘交界地带的辛店文化、寺洼文化，川西平原为中心的三星堆文化、十二桥文化以及鄂西、川东地区的"夏商时期文化"。宝山文化与上述诸文化的关系究竟如何呢？

　　先周文化的陶器以联裆鬲、联裆甗、侈沿盆、折肩罐、折肩瓮、真腹豆等为主要组合[②]，铜器中富有自身特点的典型器物有方座簋、罐形盉、凸刃銎内戈、歧形当卢等[③]。可以看出其主体文化面貌与宝山文化明显不同，二者在文化性质上不可能有内在关联。

　　辛店文化的典型陶器有颈或肩部附双大耳的彩陶罐，颈、肩部附双耳或双钮的鬲以及瓮等，寺洼文化最具代表性的陶器是马鞍形双耳罐，这些陶器皆不见于宝山文化。此两种文化虽亦有青铜器发现，但多为装饰品等小件器物，基本没有与宝山文化青铜器作类比的器物。可见它们是各有源流的不同考古学文化。

　　三星堆文化和十二桥文化同以川西平原为中心分布区，其中三星堆文化的陶器主要

---

① "先周文化"指西周建立之前周人所创造的文化。这一以族称冠名的考古学文化称谓，已为大家普遍认同。

② 依郑家坡遗址为代表的文化遗存所反映的陶器面貌。多数学者认为，郑家坡类遗存属先周文化。

③ 此据邹衡先生研究结论，详见邹衡：《夏商周考古学论文集》第七篇《论先周文化》，文物出版社，1980 年。

种类有袋足封口盉、高柄豆和"豆形器"①、耸肩小平底盆、鸟头柄勺、束颈垂腹壶、瘦体瓶、带沿瓶形器等，青铜器中除有中原式器类外，更多的则是神像、人像、动物、"神树"一类特色突出的器物，并且有"金杖"、"黄金面罩"等独特器类。十二桥文化除继承了三星堆文化的有些陶器如耸肩小平底盆、高柄豆、瘦体瓶、袋足封口盉等器物种类外，还出现了新的器类如小底尊形杯、圈足罐（原报告分别称为尖底杯、簋形器）以及釜② 等。青铜器与金器以及玉器亦继承了三星堆文化的不少传统③，显示出它们的关系是较密切的。此两种文化的面貌与宝山文化虽有一定的相似性，但主要器物组合及特征各有不同，因此不能把它们看作是同一种考古学文化。

在汉水上游以东的鄂西、川东和峡江地区，长期以来陆续有一些青铜时代文化遗存的发现，但材料较零散，一般被称为"夏商时期遗存"或"商周时期遗存"。近年来在三峡库区工程的推动下，此方面的发现大为增多，收获较丰富并较集中发表资料的如湖北秭归朝天嘴遗址、宜昌中堡岛遗址④、路家河遗址⑤ 以及清江香炉石遗址⑥ 等。这些新发现对于进一步认识该地区青铜文化的年代与文化性质等，无疑是重要的。《宜昌路家河》一书在对本遗址文化遗存作典型分析的基础上，将鄂西及长江三峡地区青铜时代遗存作了文化类型划分及年代推断。其中以"路家河遗址第二期后段遗存"为代表的商时

---

①　这种器物的基本造型是上有杯形盛部，下有高柄，大多数的柄部与盛部透通，少见盛部有底者，以往在四川、湖北有较多发现，报告和论文多以"豆形器"或"灯座形器"呼之。宝山遗址出土大量此类器物，皆为盛、柄部透通形，制造精美，我们认为其是有着特殊用途的陶礼器。此类器最初应为实用器，据我们观察分析，其功能大概与承载小底类器物有关，因而称其为"高柄器座"。

②　四川省文物管理委员会、四川省文物考古研究所、成都市博物馆：《成都十二桥商代建筑遗址第一期发掘简报》，《文物》1987 年第 12 期。

③　资料参见成都市文物考古研究所、北京大学考古文博院：《金沙淘珍》，文物出版社，2002 年。

④　国家文物局三峡考古队：《朝天嘴与中堡岛》，文物出版社，2001 年。

⑤　长江水利委员会：《宜昌路家河》，科学出版社，2002 年。见到这本书时，正值我们准备将业已定稿的本报告（《城固宝山》）书稿送交出版社，《宜昌路家河》中显然有不少以往未公布的新材料，与此前我们在本报告编写中所引用的相关资料相比，具有更多的参考信息，因此以其替代原引用资料对结语相应部分作了充实性改动。

⑥　湖北清江隔河岩考古队：《湖北清江香炉石遗址的发掘》，《文物》1995 年第 9 期。

期遗存，年代为"商代二里岗下层至殷墟早中期"[①]，文化面貌与宝山文化相近，引起我们注意。

路家河二期后段遗存的陶器种类主要有"釜、高领罐、鼓腹杯、尊形器、灯座形器和大口缸等"[②]。若将宝山文化的陶器与之相比，可以看出二者有颇多相似点，如陶器中的夹砂陶皆以褐陶为主，泥质陶中黑皮红（褐）胎陶较为常见；釜在其陶器种类中占最大比例，且形制都是小口、圜底的特点；小底尊形杯、高柄器座皆为常见器类。两者共有的器物还有高柄豆、高圈足尊形杯、细高柄尊形杯（《朝天嘴与中堡岛》称为豆）、圈足罐（《宜昌路家河》称为簋）、大口深腹罐、有柄簋等。陶器纹饰方面，两者均以绳纹最常见，并都有方格纹、三角折线纹、贝纹等。尤其是散漫而排列不规则的绳纹做法和常见于釜颈部压印浅窝纹的作风，以及方洛纹、线纹、麦粒状绳纹的特征，皆十分相似，应是相同技术、相同文化传统的产物。同时，二者皆以釜作为主要炊器，而日用炊器通常被认为在考古学文化中是反映年代、地域关系、文化性质最为重要的器物，说明二者的联系非一般意义的交流关系而有着直接的亲缘关系。宝山文化应来自以釜作炊器这一古老文化传统所在的鄂西地区，很可能是由路家河二期后段遗存稍早时期分化出来的一种考古学文化遗存。

宝山文化与路家河二期后段遗存的陶器尚存在一定的差别。如后者的典型器类高领罐、大口小底缸等不见于前者，罐类器数量和种类较前者丰富。前者的高柄豆数量和种类为后者所不及，高颈小平底尊、扁腹壶、有鋬圈足尊、有柄尊等器类不见于后者，当为宝山文化在其发展过程中产生的新因素，包括融进当地土著文化或吸收邻近地区的文化因素。其与路家河二期后段遗存是既有联系又有区别的两种考古学文化遗存。

作为宝山文化重要组成部分的城洋铜器群，具有丰富的内容与突出的特色，鄂西一带商时期遗存的铜器目前发现较少，两者在青铜器方面的联系，有待进一步研究。

在古史与考古学研究中，巴蜀史与"巴蜀文化"是一个重大的命题。学术界一般认

---

① 此类遗存主要包括路家河遗址第二期后段遗存、中堡岛遗址"商时期遗存"、香炉石遗址夏商时期遗存（主要为5、6层），以及荆南寺遗址商时期遗存C、D两群中的一定因素。何驽著有《荆南寺遗址夏商时期遗存分析》一文，载北京大学考古系编《考古学研究》（二），北京大学出版社，1994年。何先生在该论文中将荆南寺遗址商时期遗存分为6群，认为其中的C群属土著文化因素；D群为早期蜀文化典型器物组合，来自成都平原。但此文列于D群的"杯"，其年代属该遗址第二期即相当于二里岗下层时期，而此器类于成都平原的出现，是在商后期，理应解释为后者接受了前者的影响。路家河遗址第二期后段遗存发现有大量此类器物，可见其为该遗存基本器物组合中的重要器类。荆南寺C群因素中，釜为常见器类之一，说明该遗址土著因素中主要炊器也是釜，可看作属路家河二期后段遗存的因素。又，《宜昌路家河》将路家河二期后段遗存称为"路家河文化"。

② 这里的"鼓腹杯"，即我们所定名的小底尊形杯；"尊形器"基本与我们称谓的尊形小罐为同类器物；"灯座形器"则包括了我们所分类定名的高柄器座和高圈足尊形杯两类陶器。

为，古代的巴、蜀基本活动于今天湖北、四川及汉中盆地一带的范围内，并为该范围内早期两个主要的部族（或国家）。在这一范围内的商时期考古学文化遗存中，以川西平原为中心分布区的三星堆文化（该文化包括相当于夏、商两个时期的遗存），被指为早期蜀文化的代表性遗存，为多数学者所认可。以鄂西及川东地区为主要分布区的路家河二期后段遗存，是上述范围内三星堆文化之外，文化内容丰富、涵盖地域较广的文化遗存，与三星堆文化存在并行发展的阶段，但主体文化因素却存在明显的差别，因此其应是与三星堆文化属不同性质的文化遗存。三星堆文化既为早期蜀文化的代表，那么路家河二期后段遗存当为巴文化则是可以推断的。此亦与史籍记载巴人的起源地和早期活动地域相符[①]。而从路家河二期后段遗存分化而来的宝山文化，也理应属于巴文化的性质。路家河二期后段遗存和宝山文化，各为巴文化的不同类型。使用宝山文化的人类共同体，应为巴人的一支。

鄂西巴文化向汉水上游传播的路线，应当是在峡江地区某个较方便进入汉水流域的河谷通道，其中与长江交汇于小三峡一带的大宁河流域，是不可忽视的[②]。

宝山文化为富有特色的一种考古学文化，但与相关考古学文化有一定的联系。

宝山文化与商文化有较多联系。宝山文化青铜器中的鼎、鬲、罍、瓿、壶、觚、爵等，皆为中原传统礼器的常见器类。其中一部分器物与郑州、殷墟出土商代青铜器的形制、纹饰等特征相同，当来自中原地区；一部分器物与中原地区同类器在形制或纹饰、制作技术方面表现出一些差异，应为当地所仿制。宝山遗址出土的AⅠ、AⅡ式陶鬲，与扶风壹家堡遗址殷商时期遗存的"折裆鬲"形制相似，制作及饰纹方法也相同，如壹家堡的折裆鬲"制法为三袋足整体模制，成形后取出模具，缩小接领部位，然后加接领部（有的还需加接足根）而成。……其中 A 型鬲绳纹几乎从领下施及足尖。"[③] 上举宝山鬲的制法亦与之基本相同，并且采用包裹的方法加接足根，绳纹装饰也是从颈下施至足尖。

---

① 古籍记载巴人起源或最早活动于湖北西部清江流域一带，见《后汉书·南蛮西南事列传》引《世本》。

② 大宁河沿岸不少新石器时代及商周时期文化遗存的发现（资料见国家文物局三峡工程文物保护领导小组湖北工作站：《三峡考古之发现》，湖北科学技术出版社，1998 年；重庆市文物局、重庆市移民局编：《重庆库区考古报告集》1997 卷，科学出版社，2001 年），似乎使我们看到了这方面的线索。而且，由鄂西至汉水上游，此条通道相对较为便当。龙岗寺遗址仰韶文化遗存中具有大溪文化特点遗物的发现（参见陕西省考古研究所：《龙岗寺》，文物出版社，1990 年），说明至少在距今6000 多年前，汉水上游与川东乃至鄂西地区文化交流就已发生了，联系两地的文化通道由来已久，而大宁河流域有可能是两地文化通道的重要路线之一。此方面的问题，尚需更具体的考古资料证明，容待进一步探讨。

③ 孙华：《陕西扶风县壹家堡遗址分析》，载北京大学考古系编《考古学研究》（二），北京大学出版社，1994 年。

鬲本不属宝山商时期遗存的传统器类，可能主要受到京当型商文化①的影响而产生。宝山鬲的绳纹特点有别于京当型商文化鬲的绳纹，如纹路一般较细而纹痕较浅，纹饰排列比较随意，应是在接受过程中融入了自己的文化传统。宝山有些鬲的造型与老牛坡等遗址出土的陶鬲形制风格相似，因此也可能吸收了老牛坡晚商遗存等关中东部商文化的某些因素。

这似乎说明，宝山文化在接受商文化方面，铜器受到典型商文化的影响较大，陶器则主要受到关中地区商文化的影响。

同时，其影响也是相互的。如1973年出土于关中西部周原范围内的商代中晚期"饕餮纹高足杯"②，其形制作直腹，底、足相接处有折棱，下附高圈足，在现存商周青铜器中是极少见的器形，显然不是中原青铜器传统的器类。但它与宝山遗址出土的A型Ⅱ式陶高圈足尊形杯酷似，应系模仿宝山文化陶杯的造型而制作。又如老牛坡遗址③晚商文化遗存中，发现有数件人面形面具和兽面形面具，其造型特征与城固苏村铜器点④出土的同类器物（原简报分别称为脸壳、铺首）相同，只是大小稍异。该遗址还发现少量尖顶铜泡，与城固出土同类器的形制完全相同。老牛坡这几种遗物，远不如宝山文化中同类器的数量多，不属于其自身传统器类，显然是受后者影响所致。

商统治中心的文化同样受到宝山文化的一些影响，如在殷墟遗址出土的铜兵器中，就见有与宝山文化中形制基本相同的三角援戈⑤。这种戈在殷墟发现数量很少，而在宝山文化兵器中则是占主流的铜戈类型，其影响当来自后者。

这种三角援戈，还见于先周文化、寺洼文化遗存中，但数量不多，同样应是来自宝山文化的影响，说明宝山文化与先周文化和寺洼文化有着文化上的交往。我们还注意到，宝山文化有鋬圈足尊双鋬或单鋬的夸张造型，与辛店文化陶器中双大耳的作风相像，它们是否也存在文化方面的交流影响，有待进一步认识。

---

① "京当型"商文化首先由邹衡先生提出，见邹衡：《夏商周考古学论文集》第三篇《试论夏文化》，第七篇《论先周文化》，文物出版社，1980年。后张天恩对这类遗存引申界定为"以其代表泾河下游至西安以西，周原地区以东的商文化遗存，区别于郑州、安阳的典型商文化和关中东部较典型的商文化。"见张天恩：《关中西部商文化研究》（北京大学博士研究生学位论文打印本，1997年）。我们基本同意这样的认识。壹家堡遗址位于周原地区，理当属于"京当型"商文化范畴。

② 陕西省考古研究所等：《陕西出土商周青铜器》（一），文物出版社，1979年，本书图四三。关于此杯的出土地点，该书记载为扶风法门镇出土。实际上是出于周原遗址范围内，与铜杯同出的还有陶高足杯等器物，陶高足杯形制与铜高足杯相同。参见张天恩：《周原遗址殷商时期文化遗存试析》，《中原文物》1998年第1期。

③ 西北大学历史系考古专业：《西安老牛坡商代墓葬的发掘》，《文物》1988年第6期。

④ 唐金裕、王寿芝、郭长江：《陕西城固县出土殷商铜器整理简报》，《考古》1980年第3期。

⑤ 中国社会科学院考古研究所：《殷墟的发现与研究》，科学出版社，1994年。

　　宝山文化与三星堆文化有一定的联系。如陶器中都有高柄豆等器类，陶器纹饰皆见有贝纹、人字纹以及目纹等。宝山文化圈足罐上的鸾鸟形象与三星堆二号祭祀坑出土神树上的人首鸟身铜像身部的刻画十分相似。两者在铜器方面的相似点相对还多一些，三星堆文化青铜器中的尊、罍、三角援戈和带刺异形戈，与宝山文化的同类铜器具有相同或近似的造型风格，铜鸟等动物形饰件在两种文化中都可见到，等等。三星堆文化的年代与宝山文化存在并行发展的阶段[①]，两者有较多的文化交流是理所当然的。

　　三星堆文化中存在一定的商文化因素，如三星堆祭祀坑出土青铜器中的尊、罍、盘以及玉器璧、瑗、璋、戈等，即为商文化传统的常见器类。宝山文化较之三星堆文化与中原商文化的相同因素更明显，中原商文化青铜礼容器的主要种类，在宝山文化青铜器中几乎都可见到。汉水上游与中原地区的地域较川西为接近，交往当亦较便利[②]。可以认为，中原商文化对三星堆文化的影响，主要是通过宝山文化所在的汉水上游地区实现的。

　　十二桥文化，四川省的同志将其年代推定在"自殷墟三期左右至春秋前期"的范围内，分为两期四段[③]。若依此分期法，其中一期早段的陶器面貌与宝山文化有明显的相似点，如两者都有小底尊形杯、高柄器座、圈足罐、扁腹壶[④]、釜等。这几种陶器，为川西地区出现的新器类，是需要注意的。从器物形态观察，小底尊形杯为瘦体、深腹，形制

---

① 关于三星堆文化的年代，学者中有不同的认识，最近江章华等先生将其推定在二里头文化第四期至殷墟二期，见江章华、王毅、张擎：《成都平原先秦文化初论》，《考古学报》2002 年第 1 期。

② 汉水上游与中原地区在交通方面以秦岭较难逾越，史载汉代曾开辟子午道、故道、褒斜道等作为贯通秦岭南北的道路，实际上这些以自然河谷为基础的通道，很早就被利用作为穿越秦岭的路线了。老官台文化时期秦岭南北文化面貌的一致性，证明至少在距今七千多年前，两地的人类文化交往就已很活跃，壹家堡、老牛坡等关中地区商文化与宝山文化的诸多联系，更直接反映出青铜时代秦岭南北文化的频繁交往。这些通道在联系中原地区与汉水上游乃至西南地区古代文化方面，一定发挥了重要作用。

③ 同①引文。

④ 十二桥文化的圈足罐，在今所见资料中，除前述发现于十二桥遗址下层者外，也见于新繁水观音遗址，该遗址还发现有扁腹壶，原简报分别称为"豆形器"和"罐"（四川省博物馆：《四川新凡水观音遗址试掘简报》，《考古》1959 年第 8 期）。"豆形器"即宝山文化的同类器圈足罐；"罐"的形制为细颈、扁腹，与宝山文化的扁腹壶可视为同种器物。水观音遗址发掘者将该遗址居址分为上、下两层，墓葬分为早、晚两期，扁腹壶与圈足罐属于"晚期墓葬"出土。水观音"早期墓葬"和十二桥下层遗存，被研究者划入十二桥文化一期早段（江章华、王毅、张擎：《成都平原先秦文化初论》，《考古学报》2002 年第 1 期），但水观音居址、墓葬出土的陶器，总体面貌风格接近，将它们基本划入十二桥文化一期早段，似无多大问题。

特点接近宝山文化第三期同类器，是该类器物中年代较晚者。高柄器座中的某些标本[①]，与宝山文化的同类器造型雷同，但制作已失之精整，可能是此类器物的退化形态。十二桥文化一期早段圈足罐与宝山文化的圈足罐，虽都属于罐下加圈足的基本造型，但前者的形制发生了变化；前者的扁腹壶，亦应是后者同类器发展演变的退化形态。这几种器物，除扁腹壶之外，皆见于年代较早的路家河二期后段遗存[②]，可见其源在鄂西地区，而扁腹壶可视为宝山文化的创造。十二桥文化一期早段遗存的釜数量少见，反映了此类文化因素在其文化内涵中相对比较薄弱。十二桥文化一期早段的年代，从上面的对比分析中，可看出其较宝山文化相对为晚。不少迹象显示，川西地区的十二桥文化取代三星堆文化，可能与外来文化主要是东边文化的介入有关，其中不排除来自汉水上游地区文化的影响。

宝山文化与西周早中期的"弜国"墓地[③]文化面貌有颇多相似点。如"弜国"墓地普遍作为随葬品的铜尖底和平底罐以及陶尖底罐，与宝山Ⅱ、Ⅲ式陶圆腹罐尤其是Ⅲ式圆腹罐的造型特征十分相似。竹园沟七号墓的BZM7：28"仿铜陶罍"，与宝山D型陶罍有着相似的造型风格。与"仿铜陶罍"同墓出土的附圈足"Ⅳ式尖底罐"，腹较深，圈足低矮，可视为宝山圈足罐类器物的衍变形态。同时，"弜国"墓地随葬青铜兵器中较多见的三角援戈，在属于宝山文化的城洋铜器群中大量存在。"弜国"墓地出土的圆刃钺（原报告称为"斧"），如竹园沟四号墓和茹家庄一号墓所出者，全器近似舌形，两侧刃端上翘，一定是城洋铜器群中的深銎钺经改造、演化的结果。这几类器物，属"弜国"文化的地方因素，亦即其文化内涵主流所在。只是"弜国"文化较多融入了西北地区青铜文化因素和接受了一定的周文化传统，表现出自己的文化面貌特点，但其与宝山文化内在

① 在三星堆遗址工作站，笔者见到一件此种器物标本，承蒙陈德安先生惠告，其出土于属该遗址第三期的地层中。三星堆遗址第三期属于十二桥文化（"十二桥文化"的命名，是孙华先生对三星堆遗址文化内涵作深入分析的基础上首先提出，见孙华：《试论广汉三星堆遗址的分期》，《南方民族考古》第5辑，1993年，此文又载孙华：《四川盆地的青铜时代》，科学出版社，2000年。文中将三星堆第三期遗存指为属十二桥文化，认为其"年代一定在商代末期以前一段时间"）。金沙遗址工作站见有较多此种器物，据朱章义先生介绍，其主要发现于兰苑发掘区，年代基本属于十二桥文化一期早段及稍后之时。

② 小底尊形杯在鄂西地区不但较为常见，而且出现年代较早，路家河遗址所发现者始见于路家河二期晚段遗存第一年代组，即相当于二里岗下层时期，江陵荆南寺遗址发现者（原报告称"杯"）亦为二里岗下层时期。圈足罐与高柄器座，路家河遗址出土者皆始见于路家河二期晚段遗存第一年代组。实际上，高柄器座在鄂西地区相当于二里头文化时期的遗存中就有发现（林春：《宜昌地区长江沿岸夏商时期的一支新文化类型》，《江汉考古》1984年第2期）。釜在鄂西地区出现更早，新石器时代城背溪文化中已有陶釜存在。2000年我们在宜昌博物馆文物陈列室见到过城背溪文化的陶釜实物。

③ 宝鸡市博物馆卢连成、胡智生：《宝鸡弜国墓地》，文物出版社，1988年。

的亲缘关联，则是显而易见的。它们有着相同的文化根源，"弜国"文化当源自宝山文化，即它们同为不同时期的巴人所创造的文化。

宝山文化的发现和初步研究，扩大了我们的认识。

考古发现表明，二里岗时期商文化呈现向四周大扩张的局势。关中等地诸多商代早期文化遗存的发现，已证明这一点。宝山文化中尤其是青铜器方面所表现出较多受到商文化的影响，反映了二里岗时期商文化在向西推进的同时，也曾向南推进。

宝山文化可基本看作为路家河二期后段遗存与"弜国"文化乃至十二桥文化之间的一类遗存，其处于东、西与南、北文化的交接地带，是连接鄂西、川东与川西及秦岭之北文化的交互作用区。宝山文化性质的确认，从考古学上说明了早期巴文化的分布往西至少达到汉水上游地区。

宝山文化有着一脉相承的连续发展进程，其在发展中，不断吸收周邻地区文化因素而丰富自己的文化内容。在宝山文化一期，其主要受到典型商文化的影响。自二期开始又吸收了一定关中商文化的因素，突出表现即具有关中商文化作风的陶鬲于此期的出现。而其与三星堆文化、十二桥文化则保持着紧密联系的态势。三期文化之后，我们看到的是，关中商文化因素基本消失，而先周文化因素出现于这一地区，如吕村乳钉纹簋等具有先周文化特征的铜器及陶器遗物[①] 的发现即为证明，这应该与殷墟二期之后先周文化在关中地区的崛起和商文化的退缩这一大的文化背景有关。

现有考古资料显示，鄂西及峡江地区、四川、汉水上游至秦岭北麓清江河沿岸这一广大地域，早期青铜时代文化面貌相近，具有较密切的联系，可看作是一个文化圈。在这一大文化圈内，至少存在着三星堆文化、十二桥文化、路家河二期后段遗存、宝山文化、"弜国"文化等属于巴、蜀文化性质的考古学文化。因此将其称为巴蜀文化圈也是合适的。

在"巴蜀文化"研究中，早期的巴与蜀使用的是同一种文化还是不同的文化，是考古界长期探索的问题，但一直未能解决。通过这里的研究可以认为，至少从商时期起，巴与蜀就使用着内涵有别的文化。巴、蜀文化虽然在文化面貌方面表现出较多的相似性，但主体内涵是能够区别的。古代的巴与蜀很可能一开始就使用的是不同的文化，他们有着各自的文化渊源。

需要指出的是，在鄂西地区，较普遍地存在以耸肩小平底盆、袋足盉、高柄器座、鸟头柄勺等为典型陶器组合，年代相当于二里头文化时期（夏时期）的文化遗存。由于这些器物亦为川西平原同时期文化遗存的典型器类，一些学者主张二者属同一种考古学

---

① 吕村乳钉纹簋资料见《考古》1980 年第 3 期，图版贰：3；陶器资料为宝山遗址 2000 年发掘资料，待发表。

文化即三星堆文化。实际上，鄂西一带该时期文化遗存的耸肩小平底盆等上举几类陶器，往往与大口深腹罐、小口圜底釜等同出，而这些器物不见于川西平原，说明他们的文化内涵并不相同。两者究竟是否同种性质的文化遗存，尚是值得讨论的问题。

综观宝山文化的发展，可使我们获得如下历史线索：

较早活动于鄂西一带巴人的一支，于商代早期晚些时候向西北方向迁徙，逆江而上，大约于大宁河或其他河谷通道北上进入汉水流域，其主体遂至秦岭南麓漹水河沿岸的城洋地区驻足，联合或控制当地土著，发展经济、军事和文化，谱写自己的历史。宝山一带则可能为其政治中心所在。

种种迹象表明，该巴人族体此时已是社会分层明显、经济发达、军事强盛、文化先进而处于较高发展阶段的文明社会形态，是当时汉水上游最强大的政治集团，或为商代为数众多的方国之一。在其存续于此地的时期中，曾与中原地区的商人和以川西平原为中心的蜀人集团有较多交往及文化交流。约当殷墟文化三期以后，随着周族势力的扩大，周人的影响渗透到这个地区，从而其与周人的交往日渐频繁。由于多方面的原因，该族体中至少有一部分由此迁往秦岭以北今宝鸡市竹园沟、茹家庄一带，寻求发展，其间与周人关系遂更密切，"弜国"墓地及其同时期遗址的发现，即是其立足关中的见证。如此，发生在商周时期与之相关的一系列历史事件，可能会得到应有的解释了。

附表

附表一　　　　　　　　　宝山遗址商时期烧烤坑登记表

编号	探方层位	期段	形　状		尺　寸(厘米)					出 土 器 物	备注
			口平面	底剖面	长	宽	口径	底径	深度		
SH1	T15③下	Ⅲ	椭圆形	弧形	296	256			20	Ab 型 Ⅱ 式豆 2(残)、Ⅲ 式高颈小平底尊 1(残)、Aa 型 Ⅲ 式小底尊形杯 1(残)、B 型 Ⅲ 式釜 1(残)、Ⅲ 式大口深腹罐 1(残)	被 M2、M3 打破；打破 F1
SH2	T15③下	Ⅱ	圆角三角形	弧形	282	216		长 250 宽 196	37	Aa 型 Ⅱ 式豆 2(残)、Ab 型 Ⅰ 式豆 3(残)、Ⅱ 式高颈小平底尊 2(残)、A 型 Ⅰ 式釜 1(残)、B 型 Ⅱ 式釜 2(残)、陶环 1(残)、石斧 1	被 SH1 打破；打破 SH17、F1
SH3	T16④A 下	Ⅲ	不规则形	弧形	244	228			35	Ab 型 Ⅱ 式豆 1(残)、Ca 型 Ⅱ 式豆 1、Cb 型 Ⅱ 式豆 3(残)、D 型 Ⅱ 式豆 3(残)、Ⅲ 式高颈小平底尊 3(残)、Ab 型 Ⅲ 式小底尊形杯 4(残)、Ab 型 Ⅳ 式小底尊形杯 1、C 型 Ⅲ 式蠶 1(残)、D 型 Ⅳ 式蠶 1(残)、Ⅲ 式高柄器座 2(残)、Ac 型 Ⅲ 式簋 1、A 型 Ⅰ 式釜 1(残)、B 型 Ⅱ 式釜 1(残)、B 型 Ⅲ 式釜 4(残)、B 型 Ⅰ 式小底钵 1、B 型 Ⅱ 式小底钵 1、Ⅱ 式纺轮 1	打破 SH5
SH4	T17④A 下	Ⅲ	圆形	弧形			143		48	Ab 型 Ⅱ 式豆 1(残)、Ea 型 Ⅱ 式豆 2、Aa 型 Ⅲ 式小底尊形杯 2(残)、Ⅱ 式细高柄尊形杯 1(残)、B 型 Ⅲ 式簋 1(残)、A 型 Ⅲ 式釜 1(残)、B 型 Ⅲ 式釜 3(残)	
SH5	T16④B 下	Ⅲ	不规则形	弧形	242	201			42	Bb 型豆 1(残)、Ca 型 Ⅱ 式豆 3(残)、D 型 Ⅱ 式豆 1(残)、Ⅲ 式高颈小平底尊 2(残)、Ab 型 Ⅲ 式小底尊形杯 1(残)、Ba 型 Ⅲ 式小底尊形杯 1(残)、C 型 Ⅲ 式小底尊形杯 2(残 1)、Ⅲ 式高柄器座 3(残)、A 型 Ⅲ 式釜 3(残)、B 型 Ⅲ 式釜 3(残)、A 型 Ⅲ 式鬲 1	打破 SH6
SH6	T17④C 下	Ⅲ	椭圆形	平底	252	222			35	Aa 型 Ⅱ 式豆 2(残)、Ab 型 Ⅱ 式豆 1、Bb 型豆 1(残)、Cc 型 Ⅰ 式豆 1(残)、D 型 Ⅰ 式豆 1(残)、Ⅲ 式高颈小平底尊 2(残)、Aa 型 Ⅲ 式小底尊形杯 4(残)、Ab 型 Ⅲ 式小底尊形杯 1(残)、C 型 Ⅲ 式小底尊形杯 1(残)、Ea 型 Ⅱ 式小底尊形杯 2(残 1)、C 型 Ⅳ 式蠶 2(残)、D 型 Ⅲ 式蠶 1(残)、Ⅲ 式高柄器座 6(残)、B 型 Ⅲ 式釜 8(残)、D 型 Ⅲ 式釜 2(残)、Ⅲ 式大口深腹罐 1(残)、B 型 Ⅱ 式鬲 1(残)	打破 SH7
SH7	T17④D 下	Ⅱ	椭圆形	平底	430	358			70	Aa 型 Ⅱ 式豆 6(残)、Ab 型 Ⅰ 式豆 4(残)、Ba 型豆 2、Ea 型 Ⅰ 式豆 1、Ⅱ 式高颈小平底尊 7(残)、Aa 型 Ⅲ 式小底尊形杯 4(残)、Ea 型 Ⅰ 式小底尊形杯 1(残)、Ⅰ 式细高柄尊形杯 1(残)、蠶 1、C 型 Ⅰ 式蠶 2(残)、Ⅰ 式高柄器座 6(残)、A 型 Ⅱ 式釜 4(残)、B 型 Ⅱ 式釜 8(残)、Ⅱ 式大口深腹罐 1(残)、B 型骨发饰 1	
SH8	T17④E 下	Ⅱ	不规则形	弧凹	468	452			114	Aa 型 Ⅱ 式豆 18(残 15)、Ab 型 Ⅰ 式豆 16(残 14)、Ac 型豆 4(残)、Ca 型 Ⅰ 式豆 1(残)、D 型 Ⅰ 式豆 1(残)、Ⅱ 式高颈小平底尊 14(残)、Aa 型 Ⅱ 式小底尊形杯 5(残)、Ab 型 Ⅱ 式小底尊形杯 7(残 5)、Ba 型 Ⅱ 式小底尊形杯 3(残 2)、Bb 型 Ⅰ 式小底尊形杯 2(残 1)、C 型小底尊形杯 5(残)、Ea 型 Ⅰ 式小底尊形杯 2、Ⅰ 式高圈足尊形杯 1、B 型 Ⅰ 式高圈足尊形杯 2(残)、B 型 Ⅱ 式高圈足尊形杯 5(残 3)、A 型 Ⅲ 式有鋬圈足尊 5(残)、Ⅰ 式有柄尊 4(残)、Ⅱ 式扁腹壶 4(残)、Aa 型 Ⅰ 式蠶 1(残)、蠶圈足 1、Ad 型蠶 2(残 1)、蠶底 1、Ⅱ 式高柄器座 15(残 14)、A 型 Ⅱ 式圈足罐 5(残)、B 型 Ⅱ 式圈足罐 1、Ab 型簋 2(残 1)、Ac 型 Ⅱ 式簋 1、A 型 Ⅰ 式釜 11(残)、B 型 Ⅱ 式釜 21(残 19)、C 型 Ⅱ 式釜 1、Ⅲ 式大口深腹罐 4(残 3)、Ⅱ 式锥足鼎 4(残 3)、瓢 2(残 1)、器柄 1、Ba 型 Ⅰ 式骨镞 1(残)	

续附表一

编号	探方层位	期段	口平面	底剖面	长	宽	口径	底径	深度	出　土　器　物	备注
SH9	T16④F下	Ⅱ	椭圆形	弧形	656	433			61	Aa型Ⅰ式豆32(残28)、Ab型Ⅰ式豆39(残37)、Ba型豆5(残4)、Cb型Ⅰ式豆2(残1)、Ⅱ式高颈小平底尊38(残37)、Aa型Ⅱ式小底尊形杯27(残24)、Ab型Ⅱ式小底尊形杯19(残16)、C型Ⅱ式小底尊形杯13(残10)、A型Ⅱ式高圈足尊形杯9(残8)、B型Ⅰ式高圈足尊形杯4(残3)、A型Ⅱ式有鋬圈足尊2(残1)、A型Ⅲ式有鋬圈足尊11(残10)、Ⅰ式有柄尊14(残)、Ⅱ式扁腹壶14(残)、Aa型Ⅰ式罍2(残1)、Ab型罍3(残)、B型Ⅰ式罍1(残)、Ad型罍1(残)、D型Ⅱ式罍1(残)、Ⅱ式高柄器座49(残47)、A型Ⅱ式圈足罐7(残)、B型Ⅱ式圈足罐1(残)、Aa型Ⅱ式簋1、B型Ⅱ式簋1(残)、A型Ⅱ式釜19(残)、B型Ⅱ式釜64(残63)、D型Ⅱ式釜9(残)、E型Ⅰ式釜2(残)、Ⅰ式圆腹罐1、Ⅱ式大口深腹罐8(残)、Ⅱ式锥足鼎6(残3)、A型Ⅰ式小底钵2(残1)、瓿4(残3)、Ⅱ式器盖1、铜器柄1、A型骨笄1、骨锥1、A型Ⅰ式骨镞1(残)、A型Ⅱ式骨镞1(残)	被M1打破
SH10	T17④G下	Ⅰ	椭圆形	平底	366	210		长312 宽180	83	Aa型Ⅰ式豆4(残3)、Ⅰ式高颈小平底尊5(残2)、Aa型Ⅰ式小底尊形杯2(残1)、A型Ⅰ式高圈足器座3(残)、C型Ⅰ式釜1(残)、Ⅰ式高柄器座3(残)、尊形小罐1	
SH11	T16④G下	Ⅰ	圆角三角形	平底	312	255		长236 宽210	75	Aa型Ⅰ式豆2(残)、Ab型Ⅰ式小底尊形杯2(残1)、A型Ⅰ式高圈足尊形杯1(残)、Ⅰ式罍1(残)、C型Ⅰ式罍1(残)、Ⅰ式高柄器座2(残)、Ac型Ⅰ式簋1(残)、B型Ⅰ式釜1(残)、D型Ⅰ式釜2(残)、A型筒形杯1(残)、Ⅰ式锥足鼎3(残)、Ⅰ式器盖1、A型盅1、Ⅰ式纺轮1、石斧1(残)	被M1打破
SH12	T16④G下	Ⅰ	圆形	平底			238	206	17	Aa型Ⅰ式豆3(残)、Ⅰ式高颈小平底尊3(残)、Aa型Ⅰ式小底尊形杯2(残1)、C型Ⅰ式小底尊形杯3(残)、A型Ⅰ式高圈足尊形杯1(残)、B型Ⅰ式圈足罐2(残)、Aa型Ⅰ式簋1(残)、B型Ⅰ式釜2(残)、B型Ⅰ式釜1(残)、尊形双耳罐1(残)、B型筒形杯1(残)、圈足1	
SH13	T16④G下	Ⅰ	不规则形	弧形	240	115			52	有A型Ⅰ式高圈足尊形杯、Ⅰ式高颈小平底尊等残片	夹于SH11与SH17之间；与SH14、SH12连接
SH14	T16④G下	Ⅰ	不规则形	弧形	238	213			30	有Aa型Ⅰ式豆等残片	被M1打破；打破F1；与SH13、SH11相接
SH15	T17③B下	Ⅳ	椭圆形	弧形	?	177			42	Ab型Ⅲ式豆1(残)、B型Ⅳ式釜1	被SH40和近代姜窑打破
SH16	T17③B下	Ⅳ	椭圆形	弧形	203	196			25	Ab型Ⅲ式豆等残片	
SH17	T16④G下	Ⅰ	椭圆形	平底	488	320		长254 宽186	185	Aa型Ⅰ式豆1(残)、Ⅰ式高颈小平底尊2(残)、器柄1	被SH1、SH2打破
SH18	T33③下	Ⅲ	椭圆形	弧形	165	151		长485 宽152	27	Ba型Ⅲ式小底尊形杯1(残)、Ba型Ⅰ式骨镞1(残)	

续附表一

编号	探方层位	期段	形状		尺寸(厘米)					出土器物	备注
			口平面	底剖面	长	宽	口径	底径	深度		
SH19	T28③B下	Ⅳ	8字形	平底	600	260			150	Ab型Ⅲ式豆4(残3)、Ca型Ⅲ式豆2(残)、Cb型Ⅲ式豆2(残1)、Cc型Ⅱ式豆2(残)、Eb型豆1、Ⅳ式高颈小平底尊6(残4)、Ab型Ⅴ式小底尊形杯1、Ea型Ⅲ式小底尊形杯3(残2)、长颈圈足尊1、D型Ⅱ式罍2、Ⅳ式高柄器座1、Ⅳ式釜3(残2)、B型Ⅳ式釜12(残11)、D型Ⅳ式釜3(残)、Ⅲ式圆腹罐1、Ⅳ式大口深腹罐2(残)、B型骨笄1、骨铲1、角锥1、骨匕2、骨锥1、骨签1、A型Ⅲ式骨镞1(残)、A型Ⅳ式骨镞1、Ba型Ⅱ式骨镞1(残)、石砧1	
SH20	T27③下	Ⅲ	圆形	弧形			222		48	Ab型Ⅱ式豆3(残)、Cb型Ⅱ式豆4(残3)、Ⅲ式高颈小平底尊3(残)、Bb型Ⅱ式小底尊形杯1、C型Ⅲ式小底尊形杯2(残1)、Ea型Ⅱ式小底尊形杯1、Ⅲ式扁腹壶1、A型Ⅲ式釜2(残)、B型Ⅲ式釜3(残)、A型Ⅱ式鬲1、B型Ⅰ式鬲1(残)、Ⅲ式纺轮1、Ⅱ式铜镞1、小石刀1(残)、蚌圭形器1、石砧1	被汉代坑K6打破
SH21	T27③下	Ⅲ	圆形	弧形			150		23	有Ⅲ式高颈小平底尊、B型Ⅲ式釜等残片	被近代坑打破
SH22	T33③下	Ⅱ	不规则形	弧形	177	169			52	Aa型Ⅰ式豆1(残)、Ab型Ⅰ式豆2(残)、Ⅱ式高颈小平底尊2(残)、敞口尊1(残)、Ⅱ式高柄器座3(残)、A型Ⅱ式釜1(残)、B型Ⅱ式釜3(残)、Ba型盅1、Bb型盅1、陶环1(残)、骨锥1、A型Ⅲ式骨镞1(残)、石锤1(残)	
SH25	T39③下	Ⅲ	椭圆形	弧形	195	114			41	有Ab型Ⅱ式豆以及釜等残片	
SH26	T44③下	Ⅳ	圆角三角形	弧形	366	303			57	Ab型Ⅲ式豆6(残5)、Ca型Ⅲ式豆5(残3)、Cc型Ⅱ式豆1(残)、D型豆1、Ⅳ式高颈小平底尊7(残)、C型Ⅰ式小底尊形杯4(残3)、Ea型Ⅲ式小底尊形杯6(残3)、Eb型小底尊形杯2(残1)、F型Ⅱ式小底尊形杯1(残)、Ⅲ式细高柄尊形杯1(残)、D型Ⅳ式罍1(残)、Ⅳ式高柄器座2(残)、C型Ⅱ式簋1(残)、A型Ⅳ式釜4(残3)、B型Ⅳ式釜23(残22)、Ⅳ式釜11(残10)、E型Ⅲ式釜2(残)、Ⅳ式大口深腹罐3(残)、A型Ⅳ式鬲2(残1)、B型Ⅲ式鬲1(残)、陶棒1、铜镰1(残)、Ⅲ式铜镞1、B型骨笄1、B型骨叉3、骨匕1、骨锥3、骨饰1、A型Ⅱ式骨镞1(残)、A型Ⅲ式骨镞10(残3)、A型Ⅳ式骨镞2、Bb型骨镞1、石刮削器1、石圭形器1	打破SH27、SH30
SH27	T44④A下	Ⅲ	椭圆形	弧形	550	255			76	Aa型Ⅲ式豆3(残)、Ab型Ⅱ式豆4(残3)、Ⅲ式高颈小平底尊8(残)、Ab型Ⅲ式小底尊形杯4(残2)、C型Ⅲ式小底尊形杯6(残4)、Ea型Ⅲ式小底尊形杯5(残4)、D型Ⅰ式小底尊形杯1(残)、Ⅱ式细高柄尊形杯3(残)、Ⅲ式扁腹壶3(残)、Ab型Ⅱ式罍1、Ⅲ式高柄器座6(残2)、A型Ⅱ式釜3(残)、B型Ⅱ式釜28(残)、D型Ⅲ式釜4(残)、E型Ⅱ式釜1(残)、Ⅲ式大口深腹罐4(残)、A型Ⅰ式鬲1、A型Ⅱ式鬲1(残1)、A型Ⅱ式小底钵1、器柄1、A型骨发饰1、C型骨发饰1、A型骨叉1(残)、骨匕1、骨锥1、骨饰1、A型Ⅱ式骨镞5(残3)、A型Ⅲ式骨镞1、Ba型Ⅰ式骨镞1(残)、石刮削器1	打破SH30、SH28、F4
SH29	T40③下	Ⅲ	8字形	弧形	251	126			15	有Aa型Ⅱ式豆、Ⅱ式高颈小平底尊等残片	打破SH30
SH30	T40③下	Ⅱ	椭圆形	弧形	204	158			31	有Ab型Ⅱ式豆、B型Ⅲ式釜等残片	
SH31	T40②下	Ⅰ	圆形	弧形			114		19	B型有鋬圈足盆1(残)、Aa型Ⅰ式簋1(残)、Ba型Ⅰ式骨镞1(残)	

续附表一

编号	探方层位	期段	口平面	底剖面	长	宽	口径	底径	深度	出　土　器　物	备注
SH32	T45③下	Ⅱ	椭圆形	弧形	?	136				有有鋬圈足尊、小底尊形杯等残片	被近代坑打破
SH33	T35③下	Ⅲ	椭圆形	弧形	258	175			41	Ab 型Ⅱ式豆2(残)、D 型Ⅲ式豆1(残)、Ⅲ式高颈小平底尊6(残)、C 型Ⅲ式小底尊形杯3(残2)、D 型Ⅰ式小底尊形杯2(残)、Ⅲ式高柄器座4(残)、A 型Ⅲ式釜3(残)、B 型Ⅲ式釜8(残7)、D 型Ⅲ式釜3(残)、Ⅱ式圆腹罐1、Ⅲ式大口深腹罐2(残1)、石研磨器1	打破SH34
SH34	T35③下	Ⅱ	椭圆形	弧形	210	128			35	Ⅱ式高颈小平底尊3(残)、C 型Ⅱ式小底尊形杯1、Ac 型Ⅰ式鬶1(残)、C 型Ⅱ式鬶2(残)、D 型Ⅱ式釜1(残)、B 型Ⅱ式釜2、角锥1	
SH36	T29③下	Ⅳ	圆形	弧形			192		21	角锥1、石斧1、豆残片等	被 M5、汉代坑K4打破
SH37	T29③下	Ⅲ	?	弧形	?	?	?		23	有 Ab 型Ⅲ式小底尊形杯、A 型Ⅲ式釜等残片	被SH36、汉代坑K4打破
SH38	T18③下	Ⅳ	椭圆形	平底	229	154			61	Cb 型Ⅲ式豆3(残)、C 型Ⅳ式小底尊形杯2(残1)、A 型Ⅳ式釜2(残)	打破SH39、SH41
SH39	T29③下	Ⅱ	8字形	弧形	256	195			25	Ab 型Ⅰ式豆3(残)、Ⅱ式高颈小平底尊2(残)、Ⅱ式高柄器座2(残)、A 型Ⅱ式釜1(残)、B 型Ⅱ式釜3(残)、D 型Ⅱ式釜1(残)	被SH38、SH40打破
SH40	T29③下	Ⅳ	圆形	弧形			182		23	Cb 型Ⅲ式豆2(残)、Ec 型Ⅳ式豆1(残)、Ⅳ式高颈小平底尊1(残)、Ac 型Ⅱ式鬶1(残)、D 型Ⅳ式鬶2(残)、Ⅳ式高柄器座1(残)、B 型Ⅳ式釜2(残)、Ⅳ式大口深腹罐1(残)	被汉代坑K4打破
SH41	T19③下	Ⅳ	椭圆形	平底	179	149			45	Ca 型Ⅲ式豆1(残)、Ⅳ式高颈小平底尊2(残)、Aa 型Ⅳ式小底尊形杯1、Ea 型Ⅲ式小底尊形杯1(残)、C 型Ⅴ式鬶1(残)、D 型Ⅳ式鬶1(残)、B 型Ⅳ式釜2(残)、D 型Ⅳ式釜1(残)、铜镰2(残)、角锥1	打破SH42、SH44
SH42	T19③下	Ⅲ	椭圆形	弧形	141	88			25	Aa 型Ⅲ式豆2(残)、Ea 型Ⅱ式小底尊形杯1(残)、B 型Ⅲ式釜2(残)、D 型Ⅲ式釜1(残)、A 型Ⅱ式骨镞1(残)、石斧1	
SH43	T19②下		椭圆形	弧形	203	161			27	有豆等残片	
SH44	T19②下	Ⅲ	椭圆形	弧形	149	112			23	Ab 型Ⅱ式豆2(残)、C 型Ⅲ式鬶1(残)、Ⅲ式高柄器座2(残)、A 型Ⅲ式釜1(残)、B 型Ⅲ式釜1(残)	
SH45	T12③下	Ⅳ	椭圆形	弧形	169	149			28	Aa 型Ⅳ式小底尊形杯1、A 型Ⅳ式釜1(残)	打破红烧土圈南边沿
SH46	T12③下		圆形	平底			44		26	有小底尊形杯等残片	
SH47	T11③下	Ⅲ	圆形	平底			48		120	Ⅲ式高颈小平底尊3(残2)、Aa 型Ⅲ式小底尊形杯3(残2)、Ab 型Ⅲ式小底尊形杯2(残1)、C 型Ⅰ式鬶1(残)、A 型Ⅲ式釜1(残)、D 型Ⅲ式釜4(残2)、圆陶片1、铜针1(残)、骨匕1、陶匕1、骨锥3	打破红圈烧土圈南边沿、F1东壁
SH48	T06③下	Ⅲ	椭圆形	弧形	249	181			57	Ca 型Ⅱ式豆2(残)、Cb 型Ⅱ式豆1(残)、Ⅲ式高颈小平底尊2(残)、Ⅲ式小底尊形杯1(残)、Ea 型Ⅱ式小底尊形杯1(残)、A 型Ⅲ式釜1(残)、B 型Ⅲ式釜2(残1)、Ⅲ式大口深腹罐1(残)、高颈尊形罐1、Ⅲ式器盖1、陶环1(残)	被近代坑打破
SH49	T10③下	Ⅱ	椭圆形	弧形	129	91			26	有Ⅱ式高颈小平底尊、B 型Ⅱ式釜等残片	被近代坑打破

续附表一

编号	探方层位	期段	口平面	底剖面	长	宽	口径	底径	深度	出 土 器 物	备注
SH50	T10③下	Ⅱ	圆形	平底			93		21	有豆、Aa型Ⅱ式小底尊形杯等残片	被近代坑打破
SH51	T5③下	Ⅲ	圆角三角形	平底	174	164			29	Ab型Ⅱ式豆3(残)、Ca型Ⅱ式豆2(残)、Cb型Ⅱ式豆2(残)、Ⅲ式高颈小平底尊3(残)、Ab型Ⅲ式小底尊形杯1(残)、Ea型Ⅱ式小底尊形杯1(残)、Ⅱ式细高柄尊形杯1(残)、Aa型Ⅱ式鬶1(残)、鬶底1(残)、A型Ⅲ式釜1(残)、B型Ⅲ式釜5(残)、Ⅲ式大口深腹罐2(残)、鸟喙形器柄1(残)、Ⅰ式铜镞1、A型Ⅲ式骨镞1(残)、C型骨镞1	被汉代坑K1打破
SH52	T5②下	Ⅱ	不规则形	弧形	280	?			32	有A型Ⅱ式高圈足尊形杯等残片	部分在探方外未清理
SH53	T04②下	Ⅱ	椭圆形	弧形	?	202			30	有Aa型Ⅱ式小底尊形杯、Ⅱ式高颈小平底尊等残片	被近代坑打破;部分在探方外未清理
SH54	T04②下	Ⅱ	?	弧形	?	?	?		27	有Ab型Ⅰ式豆等残片	部分在探方外未清理
SH55	T04②下	Ⅱ	椭圆形	弧形	195	133			25	有Ab型Ⅰ式豆等残片	
SH56	T04②下	Ⅱ	?	弧形	?	?	?		30	有Ⅱ式大口深腹罐等残片	被近代坑打破;部分在探方外未清理
SH57	T04③下	Ⅲ	圆形	弧形			93		27	D型Ⅱ式豆2(残)、Ⅲ式高颈小平底尊4(残)、Ⅱ式有柄尊1(残)、Ⅲ式高柄器座1(残)、A型Ⅲ式釜2(残)、B型Ⅲ式釜1(残)、E型Ⅱ式釜1(残)、Ⅲ式大口深腹罐2(残1)	被汉代坑K1打破
SH58	T06③下	Ⅲ	8字形	弧形	?	110			21	Ⅲ式高颈小平底尊1(残)、C型Ⅲ式小底尊形杯1、B型Ⅲ式釜4(残)、D型Ⅲ式釜2(残1)、A型Ⅱ式鬶1	被汉代坑K2和近代坑打破
SH59	T06③下	Ⅲ	?	弧形	?	?	?	?	26	Aa型Ⅲ式小底尊形杯2(残)、Ⅲ式高柄器座2(残)、A型Ⅰ式鬶1(残)	被M6和近代坑打破
SH60	T06③下		?	弧形	?	?	?	?	38	有小底尊形杯、釜等残片	被近代坑打破
SH61	T06③下	Ⅲ	?	弧形	?	?	?		23	Ⅲ式扁腹壶1、B型Ⅱ式釜1(残)	被近代坑打破;打破SH62
SH62	T04③下	Ⅱ	椭圆形	弧形	?	158			28	有Ab型Ⅱ式小底尊形杯等残片	被汉代坑K2和近代坑打破
SH63	T08③下		?	弧形	?	?			32	有豆等残片	被近代坑打破
SH64	T08③下	Ⅳ	椭圆形	弧形	310	151			20	B型Ⅳ式釜1(残)、角锥1、石斧1(残)	
SH65	T30②下	Ⅲ	圆形	平底			149		38	C型Ⅰ式簋1(残)、支垫1	

※表内"出土器物"栏内未注明质地的皆为陶质。

附表二   **宝山遗址商时期墓葬登记表**

墓号	墓向度	墓底长×宽－深(厘米)	人数	性别	年龄(岁)	葬式	随葬品	备注	期段
1	300	178×82～73－157	1	男	40±	仰身屈肢	F型釜1、A型石圭1、B型石圭2	打破SH9、SH11、SH14等	
2	108	200×64－58－10	1	男	40±	仰身直肢	Ab型V式小底尊形杯2	打破SH1	Ⅳ段
3	122	107×30～19－6	1	？	儿童	仰身直肢		打破SH1	？
4	139	残长83×38－6	1	女	成年	？		被SH1打破	？
5	28	残长168×49～36－10	1	？	成年	仰身直肢		被汉代坑K4及近代姜窖打破	？
6	297	残长117×58～37－10	1	？	成年	仰身直肢		被近代坑打破；打破SH59	？
7	98	150×55～49－15	1	女	50～60	仰身屈肢	Ⅲ式高颈小平底尊1，A型Ⅲ式、B型Ⅲ式圈足罐各1		Ⅲ段
8	294	220×98－16	1	女	60±	仰身直肢	Ca型Ⅲ式豆3、Ⅳ式高颈小平底尊1		Ⅳ段

※表内"随葬品"栏内未注明质地的皆为陶质。

附表三　　　　宝山遗址商时期烧烤坑出土陶片陶系统计表

期段	数量单位 陶系	夹砂陶				小计	泥质陶			小计	合计
		褐色	灰色	黑皮红胎	黑皮灰胎		灰色	黑皮红胎	黑皮灰胎		
Ⅰ段	SH10	17	25			42	86	29	53	168	210
	SH11	39	48			87	124	26	51	201	288
	SH12	19	41			60	107	36	48	191	251
	合计	75	114			189	317	91	152	560	749
	%	10.01	15.22			25.23	42.32	12.15	20.29	74.78	100
Ⅱ段	SH2	33				33	30	16	38	84	117
	SH7	268	6	9	7	280	203	25	189	417	697
	SH8	766	123	47	21	957	534	131	754	1419	2376
	SH9	1326	439	112	68	2945	1714	422	1851	3987	6932
	SH22	58	8			66	50	18	40	108	174
	SH34	28		25	28	81	27	21	37	85	166
	SH39	102			5	107	91	26	75	192	299
	合计	3571	576	193	129	4469	2649	659	2984	4292	10761
	%	33.18	5.35	1.79	1.20	41.53	24.62	6.12	27.73	58.47	100
Ⅲ段	SH1	36				36	21		26	47	83
	SH3	172	7		12	191	100	5	105	210	401
	SH4	69		3	5	77	30		31	61	138
	SH5	161		4		165	107	6	84	197	362
	SH6	219		4		223	144	14	102	260	483
	SH20	72	5	4		81	71	9	80	160	241

续附表三

期段	数量 单位	夹砂陶				小计	泥质陶			小计	合计
		褐色	灰色	黑皮红胎	黑皮灰胎		灰色	黑皮红胎	黑皮灰胎		
Ⅲ段	SH27	518		18	20	556	140	91	426	657	1213
	SH33	242	3		3	248	120	18	123	261	509
	SH42	21	2			23	28	6	8	42	65
	SH44	30				30	28	7	13	48	78
	SH47	108	17	8		133	43	20	72	135	268
	SH48	147			4	151	54	34	50	138	289
	SH51	90	3	25	4	122	120	25	71	216	338
	SH57	65		4		69	13	8	31	52	121
	SH58	68	4			72	71	10	30	111	183
	SH59	41				41	12	14	14	40	81
	合计	2059	41	70	48	2218	1102	267	1266	2635	4853
	%	42.42	0.85	1.44	0.99	45.70	22.70	5.50	26.10	54.30	100
Ⅳ段	SH19	293	39	13	13	358	183	83	163	429	787
	SH26	815		9	31	855	456	118	392	966	1821
	SH38	79	2	6		87	77	24	60	161	248
	SH40	76				76	16		51	67	143
	SH41	72	4	3	10	89	134	27	90	251	340
	合计	1335	45	31	54	1465	866	252	756	1874	3339
	%	39.98	1.35	0.93	1.62	43.88	25.93	7.55	22.64	56.12	100
	总计	7040	776	294	231	8341	4934	1269	5158	11361	19702
	%	35.73	3.94	1.50	1.17	42.34	25.04	6.44	26.18	57.66	100

附表四　　宝山遗址商时期烧烤坑出土陶片纹饰统计表

期段	单位	绳纹	线(绳)纹	方格纹	篮纹	阴弦纹 细弦纹	阴弦纹 粗弦纹	凸棱纹	绳纹+阴弦纹	三角形折线纹	圆形镂孔	十字镂孔	圆饼饰	贝纹	短直线纹	窝状纹	目纹 A型	目纹 B型 Ba型	目纹 B型 Bb型	其他	素面	合计
I段	SH10	38				25	5	11		2	4	4	3		5	17	1			2	93	210
	SH11	98				41	7	14			6	12	2			16					92	288
	SH12	29		3		48	5	15		6	7	9	3	2		11	1			4	108	251
	合计	165		3		114	17	40		8	17	25	8	2	5	44	2			6	293	749
	%	22.03		0.40		15.22	2.27	5.34		1.07	2.27	3.34	1.07	0.26	0.67	5.88	0.26			0.80	39.12	100
II段	SH2	31				9	6	13	2		6	1	1		4	7					37	117
	SH7	150			6	74	43	79	12	13	21	4	3	1	13	11		1	1		265	697
	SH8	457	63	74	17	128	144	253	94	78	131	29	42	10	41	78		19		101	617	2376
	SH9	1628	101	49	91	397	421	784	113	99	247	111	51	33	154	171	8	67	3	87	2317	6932
	SH22	61	5		3	22	7	18			3					7					48	174
	SH34	35				11	12	9		14					5	12		6		3	59	166
	SH39	75		2	4		13	25		5	2								2	6	165	299
	合计	2437	169	125	121	641	646	1181	221	209	410	145	97	44	217	286	8	93	6	197	3508	10761
	%	22.65	1.57	1.16	1.13	5.96	6.00	10.98	2.05	1.94	3.81	1.35	0.90	0.41	2.00	2.66	0.08	0.86	0.06	1.83	32.60	100
III段	SH1	19			3	2	7	4		3	3		1							2	39	83
	SH3	101	7		14	12	81	46	7	3	13		5								112	401
	SH4	43	5		5		14	7	3		5		2	3							51	138
	SH5	84			8	12	23	36	17	12	3		2					2		4	159	362
	SH6	167	12		5	16	67	41	8	8	14		15					2			128	483
	SH20	94				12	13	29		9	5		5	4		1				5	64	241
	SH27	453	23	9	17	31	63	40	9	42	8		15	3		5				13	482	1213
	SH33	221	21		5		32	24		31	7		5	2				3	2	2	180	509
	SH42	29			1	4	5						3								23	65
	SH44	21				13	6						1							7	28	78
	SH47	124	28		9		24	15		3			3							3	59	268
	SH48	112			6	3	39	21	4	5	4	2						1		2	90	289
	SH51	91			8	6	31	14		29			1			2				9	132	338
	SH57	34			13	16	8	6		8			2								34	121
	SH58	47	2		3	21	9	5	11				1							1	83	183
	SH59	35		1		5	3	3		2											32	81

续附表四

期段	数量/单位	绳纹	线(绳)纹	方格纹	篮纹	细弦纹	粗弦纹	凸棱纹	绳纹+阴弦纹	三角形折线纹	圆形镂孔	十字镂孔	圆饼饰	贝纹	短直线纹	窝状纹	目纹A型	目纹Ba型	目纹Bb型	其他	素面	合计
	合计	1675	98	10	87	104	453	308	62	161	71		69	15		1		4	18	47	1670	4853
	%	34.52	2.02	0.21	1.79	2.14	9.33	6.35	1.28	3.32	1.46		1.42	0.31		0.02		0.08	0.37	0.97	34.41	100
IV段	SH19	175		31	53	19	38	4		31	8		13	5		6				13	391	787
IV段	SH26	604	31	46	51	21	47	111	15	37	7		32	2						27	790	1821
IV段	SH38	52	3		7		22	13			4											147	248
IV段	SH40	50					7	9					4									73	143
IV段	SH41	47	6		8		38	15		9	4		2								5	206	340
	合计	928	40	77	119	40	152	152	15	77	23		51	7		6					45	1607	3339
	%	27.79	1.20	2.31	3.56	1.20	4.55	4.55	0.45	2.31	0.69		1.53	0.21		0.18					1.34	48.13	100
	总计	5205	307	212	330	899	1268	1681	298	455	521	170	225	68	222	337	8	99	24	295	7078	19702
	%	26.42	1.56	1.08	1.67	4.56	6.44	8.53	1.51	2.31	2.64	0.86	1.14	0.35	1.13	1.71	0.04	0.50	0.12	1.50	35.93	100

附表五　宝山遗址商时期烧烤坑等典型遗迹单位出土陶器器形统计表

（主要以口沿为据）

期段	数量单位 \ 器类	豆	高颈小平底尊	小底尊形杯	细高柄尊形杯	高圈足尊形杯	有鋬圈足尊	有柄尊	扁腹壶	罍	高柄器座	圈足罐	篮	釜	圆腹罐	大口深腹罐	鬲	锥足鼎	小底钵	筒形杯	器盖	觚	其他·长颈圈足尊	其他·尊形双耳罐	其他·尊形小罐	其他·高颈尊形罐	其他·敞口尊	合计
I段	SH10	4	5	2		2					3			1												1		18
	SH11	2		2		1				2	2		1	3				3		1	1							18
	SH12	3	3	4		3				1		3	2	3						1				1				24
	K01		4	14			14		3		7					2												44
	合计	9	12	22		6	14		3	3	12	3	3	7		2		3		2	1			1		1		104
	%	8.66	11.54	21.15		5.77	13.46		2.88	2.88	11.54	2.88	2.88	6.73		1.92		2.88		1.92	0.97			0.97		0.97		100
II段	SH2	5	2											3														10
	SH7	13	7	5	1					3	6			12		1												48
	SH8	40	14	24		8	5	6	4	4	15	6	3	33		4		4				2						172
	SH9	78	38	59		13	13	14	14	9	49	8	2	94	1	6		6	2	1		4						411
	SH22	5	2								3			4													1	15
	SH34		3	1						4				2														10
	SH39	3	2								2			5														12
	合计	144	68	89	1	21	18	20	18	20	75	14	5	153	1	11		10	2	1		6					1	678
	%	21.24	10.03	13.13	0.15	3.10	2.65	2.95	2.65	2.95	11.06	2.07	0.74	22.57	0.15	1.62		1.47	0.29	0.15		0.88					0.15	100
III段	SH1	2	1	1										1			1											6
	SH3	6	3	5						3	2		1	7			2											29
	SH4	3		2	1							1		4														11
	SH5	5	3	4							3			6					1									22
	SH6	6	2	9						3	6			10		1	1											38
	SH20	5	3	4					2					5	1	1												21
	SH27	7	8	16	3				3	1	6		1	36		4	4		1									90
	SH33	3	6	6							4			14		2	1											36
	SH42	3		1										3														7
	SH44	2						1		1				3														7
	SH47		3	5								1		5														14
	SH48	5	2	2							3					1					1					1		15
	SH51	7	3	2	1								2	6		2												23
	SH57	2	4											6		2												14
	SH58		1											6			1		1									9
	SH59		1							1	2																	4
	M7		1							2																		3
	合计	56	40	59	5			1	5	10	26	2	4	112	1	13	10		3		1					1		349
	%	16.05	11.46	16.90	1.43			0.29	1.43	2.87	7.45	0.57	1.15	32.09	0.29	3.71	2.87		0.86		0.29					0.29		100

续附表五

期段	数量/器类/单位	豆	高颈小平底尊	小底尊形杯	细高柄尊形杯	高圈足尊形杯	有銴圈足尊	有柄尊	扁腹壶	叠	高柄器座	圈足罐	篮	釜	圆腹罐	大口深腹罐	禹	锥足鼎	小底钵	筒形杯	器盖	瓿	其他					合计
																							长颈圈足尊	尊形双耳罐	尊形小罐	高颈尊形罐	敞口尊	
Ⅳ段	SH19	11	6	10						2	1			18	1	2							1					52
	SH26	16	7	15	1				1	1	2		1	50		5	5											104
	SH38	3		2										2														7
	SH40	3	3							3	1			2		1												13
	SH41	1	2	2						2				3														10
	合计	34	18	29	1				1	8	4		1	75	1	8	5							1				186
	%	18.28	9.68	15.59	0.54				0.54	4.30	2.15		0.54	40.31	0.54	4.30	2.69							0.54				100
	总计	243	138	199	7	27	32	21	27	41	117	19	13	347	3	34	15	13	5	2	3	6		5				1317
	%	18.45	10.48	15.11	0.53	2.05	2.43	1.59	2.05	3.11	8.88	1.44	0.99	26.35	0.23	2.58	1.14	0.99	0.38	0.15	0.23	0.46		0.38				100

附表六

宝山遗址商时期各期主要陶器型式分布表

※"√"表示该型所在期段

附表七

宝山遗址商时期典型陶器分期表

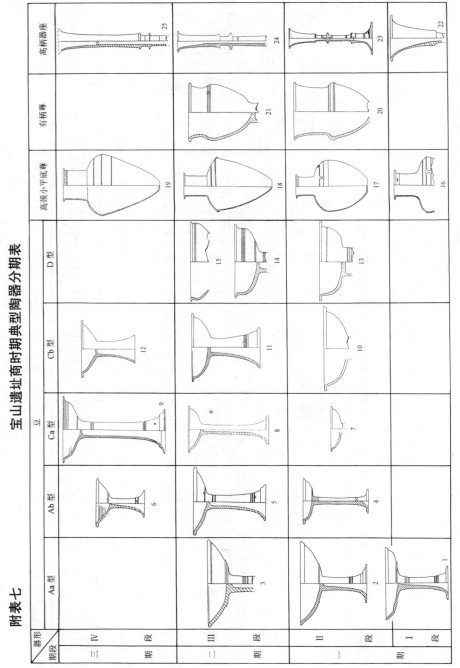

1~3．Ⅰ、Ⅱ、Ⅲ式 SH10:1，SH8:62，SH6:11　4~6．Ⅰ、Ⅱ、Ⅲ式 SH8:61，SH6:4，SH26:41　7~9．Ⅰ、Ⅱ、Ⅲ式 SH8:35，SH3:3，SH26:73　10~12．Ⅰ、Ⅱ、Ⅲ式 SH9:26，SH3:5，SH19:30　13~15．Ⅰ、Ⅱ、Ⅲ式 SH8:59，SH57:6，SH33:24　16~19．Ⅰ、Ⅱ、Ⅲ、Ⅳ式 K01:19，SH9:64，M7:3，SH19:14　20,21．Ⅰ、Ⅱ式 SH9:59，SH57:1　22~25．Ⅰ、Ⅱ、Ⅲ、Ⅳ式 SH10:2，SH9:39，SH27:58，SH40:6

续附表七

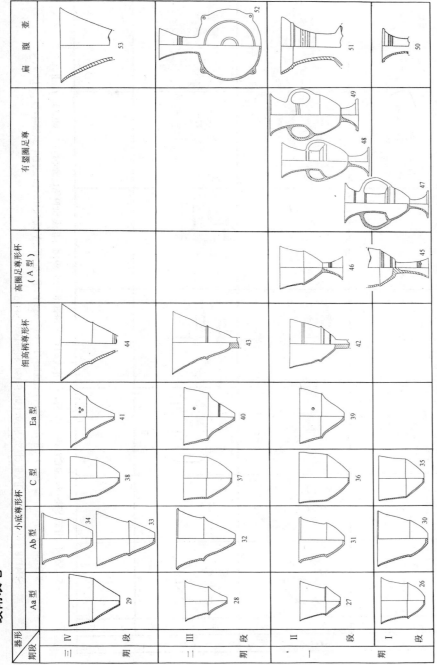

器形 期段	小底尊形杯				细高柄尊形杯	高圈足尊形杯（A型）	有銎圈足尊	扁腹壶
	Aa型	Ab型	C型	Ea型				
三期 IV段	29	34　33	38	41	44			53
二期 III段	28	32	37	40	43			52
一期 II段	27	31	36	39	42	46	49　48　47	51
一期 I段	26	30	35			45		50

26～29. I、II、III、IV式 SH10:9、SH9:36、SH47:16、SH41:10　30～34. I、II、III、IV、V式 K01:13、SH9:5、SH47:10、SH3:2、M2:1　35～38. I、II、III、IV式 SH12:31、SH9:32、SH27:59、SH19:55　39～41. I、II、III式 SH8:41、SH6:1、SH26:70　42～44. I、II、III式 SH7:29、SH27:40、SH26:55　45、46. I、II式 SH12:28、SH8:34　47～49. I、II、III式 K01:1、SH9:79、SH8:20　50～53. I、II、III、IV式 K01:10、SH8:30、SH20:21、SH26:56

续附表七

期　段	小型 A型	体 B型	Aa型	Ab型	罐 B型	C型	D型
三期　Ⅳ段	55	56 / 57	59	61		68	72
二期　Ⅲ段						66 / 67	71
一期　Ⅱ段	54		58	60	63	65	70
一期　Ⅰ段					62	64	69

54.55.Ⅰ、Ⅱ式SH9:84,SH27:19　56,57.Ⅰ、Ⅱ式SH3:6,SH3:8　58,59.Ⅰ、Ⅱ式SH9:81,SH51:17　60,61.Ⅰ、Ⅱ式
SH9:80,SH27:20　62,63.Ⅰ、Ⅱ式SH11:16,SH9:71　64~68.Ⅰ、Ⅱ、Ⅲ、Ⅳ、Ⅴ式SH12:16,SH34:2,SH44:1,SH3:4,
SH41:8　69~72.Ⅰ、Ⅱ、Ⅲ、Ⅳ式SH9:130,SH34:4,SH3:9,SH26:58

续附表七

73~75. I、II、III式SH11:10,SH8:57,SH3:7　76~78. I、II、III式SH12:4,SH9:35,SH4:2　79,80. I、II式SH65:6、SH26:61　81~83. I、II、III式SH9:106,SH33:1,SH19:31　84~87. I、II、III、IV式SH27:16,SH27:17,SH5:9,SH26:34　89~90. I、II、III式SH20:29,SH6:17,SH26:59

续附表七

器形 期段	圈足罐		大口深腹罐	器盖	釜		
	A型	B型			A型	B型	D型
三期　IV段	93	96	100		107	111	115
二期　III段	92	95	99	103	106	110	114
II段	91	94	98	102	105	109	113
一期　I段			97	101	104	108	112

91～93. I、II、III式 SH12:18、SH8:32、M7:1　94～96. I、II、III式 SH12:12、SH8:26、M7:2　97～100. I、II、III、IV式
K01:16、SH7:15、SF57:12、SH26:65　101～103. I、II、III式 SH11:14、SH9:131、SH48:6　104～107. I、II、III、IV式
SH12:12、SH22:16、SH27:28、SH19:21　108～111. I、II、III、IV式 SH11:17、SH9:108、SH48:4、SH19:29　112～115.
I、II、III、IV式 SH11:18、SH9:103、SH47:17、SH19:57

附表八　　　　　　　**宝山遗址汉代储藏坑登记表**

编号	所在探方	形制	尺寸(厘米)				出土器物	备注
			长	宽	口径	深度		
K1	T5	长方形	198	178~151		45	陶盆、罐、瓮等残片	打破商时期 SH57、SH51
K2	T04	长方形	248	190~150		21	"货泉"铜钱、陶罐等残片	打破商时期 SH58、SH62、F6
K3	T13	长方形		195~180		68~47	"五铢"铜钱、陶罐、盆等残片	部分在探方外,未清理完;分南、北两部分,南半部深,北半部浅
K4	T29	圆形			120	25	陶罐等残片	打破商时期 SH40、M5、SH36、SH37
K5	T38	圆形			181	83		打破商时期 SH25
K6	T26	长方形	245	178		49		被近代姜窖打破;打破商时期 SH20
K7	T56	长方形	218	185~178		64	陶瓮等残片	坑底往下挖一小坑

编 后 记

宝山遗址的发掘工作由西北大学文博学院承担。本次发掘由赵丛苍主持，赵胜利、张志勤参加了发掘的全过程，史来兴参加了部分发掘，城固县文化馆多名干部参加发掘见习，西北大学文博学院考古专业96级研究生田小娟参加了实习发掘。

本报告由赵丛苍执笔编写。报告中的插图由赵丛苍、黎霞、康娟绘制底图，陈新儒、黎霞、吴遵林、张小丽清描墨线图。器物照相由赵丛苍、赵胜利、杨建祥协作完成。英文提要由何建木翻译。出土文物的修复主要由赵胜利承担，张志勤、杨建祥等先后参加了修复工作。郭妍利、田小娟、丁岩等参加了发掘资料整理的部分工作。

国家文物局、陕西省文物局对本次发掘给予了大力支持与资助。该发掘与研究还被列为国家教委人文社会科学"九五"规划基金研究项目、陕西省教委专项科研基金项目。汉中市文物局、汉中市博物馆、城固县文物局暨文化馆、宝山镇政府与宝山村委会及洋县文博馆、凤翔县博物馆等，对发掘和资料整理工作予以积极配合并提供了诸多方便。西北大学及其所属文博学院十分重视本次发掘与研究工作，学校并从"211"工程经费划拨专款用于报告的出版。以上各方面的关心与支持，保证了整个工作任务的顺利完成。

李学勤先生热情地为本书作序，张天恩先生对报告编写提过宝贵意见，文物出版社葛承雍先生和窦旭耀先生为本书的出版付出了艰辛努力。

值此报告付梓之际，谨对关心和帮助此项工作的单位和个人表示衷心感谢。

本报告的编写，时间十分仓促，缺点与错误是难免的，希望学界专家、同仁批评指正。

THE SITE OF BAOSHAN

——Report on the Excavation in 1998

Abstract

The Baoshan site is situated 8 kilometers to the north bank of the Hanjiang River, at Baoshan village of Baoshan town, Chenggu county, which located in the south margins of Qinling Mountain, Shaanxi Province. Under the auspices of the State Bureau of Cultural Relics and its Shaanxi Branch, a series of large – scaled excavations were carried out by the School of Archaeology and Museology of Northwest University, from 1998 – 1999, and exciting fruits were yielded.

The excavated area of the Baoshan site covers about 50000 square meters, and it can be divided into two areas, marked A and B. Area A covers 1200 square meters, where plentiful cultural remains were discovered. Therefore, this report as a whole deal with the data which was gleaned from Area A.

The chief cultural remains of excavation from 1998 – 1999 in Baoshan site include Yang-shao Culture, Longshan culture, Shang culture and Han Dynasty culture.

Among the above cultures, Shang culture is the most plentiful one, and it is the main part of this site. The cultural remains include a large number of Shaokaokeng, which were stands for the use of toasting and cooking food. Among the unearthed objects of scientific value are ceramics, bronzes and bone artifacts. The most important discovery in Shang culture is the un-precedent Shaokaokeng. This kind of trace was not seen on previous excavation reports. They are oval, and the diameter of it is 200 centimeters, deep about 40 centimeters, and a lot of cobbles, charcoal ashes, animal bones and shards were shed on the ground of Shaokaokeng. The major types of pottery in this period were ring foot vessels. The second important types of pottery were round bottom vessels and small flat bottom vessels. And high – stemmed vessels are also the most common type in this site. There are only a small amount of flat bottom vessels and tripod ones. The types of pottery contain *fu* cauldron, *dou* stem vessels, high necked *zun* container with narrow bottom, narrow bottom *zun* – shaped cup, high stemmed bases vessels, wide mouth *guan* jars with deep belly.

The main cultural deposits of Longshan period can be divided into two phases. In the early phase, there are a few survival deposits such as pots with two ears and deep belly pots, while in the late phase, a lot of remains and deposits are found. And in the latter, the main remains include Shaokaokeng and houses and ceramics. The main feature of ceramics is its flat bottom and occasionally ring foot can be found in vessels. The most common types of pottery are *gang* jars with wide rim and deep belly, contracted mouth flat bottom *bo* bowl. In addition, there are also horn − shaped mouth and torsion belly *hu* urn, contracted mouth jars, swell − bellied pots, wide rim *zun* with torsion belly, *dou* stem, and so on. The date of early phase of Longshan culture in Baoshan site is equal to that of early in Central Plain. The late phase Longshan culture in Baoshan site can be traced back to that of early in Central Plain and it continued to develop until the early section of Longshan Culture in Central Plain.

The excavations of the Baoshan site especially the Shang period have the following great significance to archaeological study and research.

1. It was a breakthrough to the study of Shang culture in the upper section of the Hanjiang river. It was the first time to carry out a systematic and large − scale excavation in this region since some remains and deposits of Shang period was found in the previousexcavations here. By the time of the excavation from 1998 − 1999, the sequence of Shang culture in this region was never clarified. The excavation from 1998 − 1999 in Baoshan site got a great achievement in this job, relying on the plentiful remains and deposits unearthed here.

2. For many years groups of Shang period bronzes, for the total of more than 600 objects were found in Chenggu county and Yangxian county, where the Baoshan site is located in. However, the study of these bronzes and its relating issues was limited for the reason of the absence of findings of the same period site. So the excavation of the remains of Shang culture from 1998 − 1999 in Baoshan site provide a clue for the relations among these bronzes. It also provide the possibility of revealing the culture nature hidden behind the bronzes groups.

3. The remains of Shang period in the Baoshan site have a certain relation to that of the same period in Sichuan Basin, the west of Hubei Province and Chongqing Region. And it also has more or less similarity with the typical Shang culture in Central Plain and the Shang and Zhou Culture in the west of Guanzhong Plain. So the Baoshan site is of greatimportance to the study of the linkage among these cultures.

4. The Shang culture found in Baoshan site had a long term of development and the se-

quence of stratum is clear, and there are many types of pottery, which can be regarded as analogy with those having clear dates in Central Plain. And because the periods can be divided definitely, so it is expected to benefit for the research of dividing archaeological period of the relevant archaeological cultures.

5. The Shang culture found in Baoshan site has a strong regional feature. Although it has a close linkage with other cultures of the same period, it was quite distinctly different from others. The same kind of culture are also found all over the upper section of Hanjiang River, such as Yangxian county and Chenggu county. Because of the variants and typical characters the Baoshan site has show, it's about to be dubbed as "Baoshan Culture" in future.

The following are the main value of the Longshan period remains found in Baoshan site to archaeological researches:

1. Quite a lot of the Longshan culture remains were found in the upper section of Hanjiang River, but were often odd findings. The remains of somewhat late period of Longshan culture got in Baoshan site were quite plentiful, so the excavation helps to discover the complete feature of the Shang culture of this region.

2. Although the early period of Longshan culture in Baoshan site is not abound, its stratum sequence from early to late period is quite clear. Depending on the stratum sequence, we can divide the archaeological cultures' periods, which were found but could not be divided into how many periods.

3. The Longshan culture found in Baoshan site has a strong regional feature, while it shows a close linkage with the cultures of the same period in the west of Guanzhong Plain of Shanxi Province, in the west of Sichuan Province, in Chongqing Region and in the west of Hubei Province. There must have some similarity or same characters between the upper section of Hanjiang River and the above regions. So the Longshan culture found in Baoshan site have its noteworthy significance in revealing the relations among relevant archaeology cultures.

The remains of Yangshao culture and Han Dynasty culture also have some regional distinctions; for this part, because of the scarcity of discoveries in this region, it will brush aside for further study and research.

1．宝山遗址远景（自湑水河床由西南向东北摄）

2．A区局部发掘场景

宝山遗址远景及 A 区状况

1.A区遗迹分布情况(由东北向西南摄)

2.SH48 底部遗迹

3.SH17 底部龟背骨(左上角)及动物头骨
　　(右下角)等遗迹

A 区遗迹分布及商时期烧烤坑

1. 龙山时期喇叭口折肩壶 SH28∶4

2. 龙山时期宽沿折腹尊 SH28∶5

3. 商时期Ⅳ式高颈小平底尊 SH19∶15

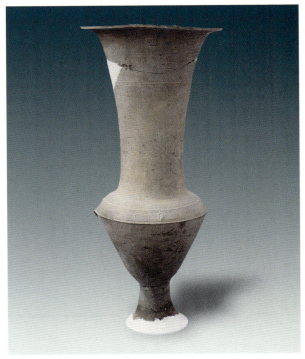

4. 商时期长颈圈足尊 SH19∶16

龙山时期、商时期陶器

1.Ad 型罍 SH27:20

2.Ⅲ式扁腹壶 SH20:21

3.A 型Ⅱ式高圈足尊形杯 SH9:16

4.Ⅱ式高柄器座 SH9:39

商时期陶器

1. Aa 型 Ⅰ 式小底尊形杯 SH10∶9

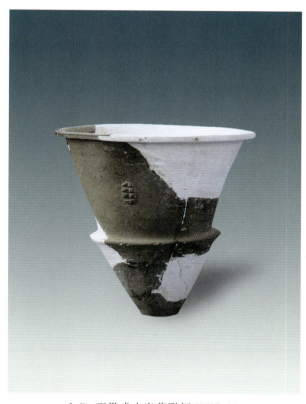

2. Ba 型 Ⅲ 式小底尊形杯 SH20∶22

3. Ea 型 Ⅲ 式小底尊形杯 SH26∶69

4. 觚 SH9∶38

商时期陶器

1.Aa 型Ⅱ式豆 SH9：20

2.Ca 型Ⅱ式豆 SH3：3

3.A 型Ⅲ式有錾圈足尊 SH8：19

4.尊形双耳罐 SH12：30

5.A 型Ⅱ式鬲 SH27：18

商时期陶器

1.Aa 型Ⅱ式簋 SH9:28

2.Ac 型Ⅰ式簋 SH11:10

4.B 型Ⅳ式釜 SH19:21

3.Ⅱ式锥足鼎 SH8:84

5.A 型Ⅱ式圈足罐 SH9:75

商时期陶器

1. 目纹陶片 左 Aa 型 SH9：72 右 Ac 型 SH9：42

2. 青铜镰 上 SH41：2 下 SH41：3

3. 青铜镞 左起Ⅰ式 SH51：5 Ⅲ式 SH26：21 Ⅱ式 SH20：3

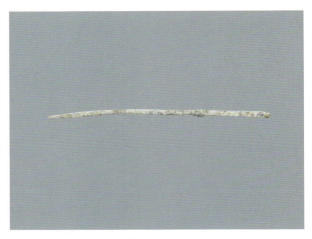

4. 青铜针 SH47：1

5. 骨发饰 左起 B 型 SH7：1 A 型 SH27：6 C 型 SH27：2

6. 左石圭形器 SH26：27 右蚌圭形器 SH20：1

商时期目纹陶片，青铜器，骨、石、蚌器

1.A区遗迹分布情况（由西北向东南摄）

2.F1南半部遗迹（由东向西摄）

3.F4（上为F3，由东向西摄）

A区遗迹分布及龙山时期房屋基址

1.F3 南半部遗迹(由西向东摄)

2．第一处铺石遗迹(由北向南摄)

3．第二处铺石遗迹(东段,由西向东摄)

4.SH7 底东部柱洞遗迹

龙山时期房屋基址,商时期铺石遗迹,烧烤坑

1.SH1(上左)、SH2(上右)底部遗迹

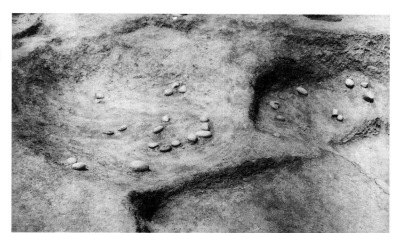

2.SH12底部遗迹

3.SH17底部龟背骨(左中)
与动物头骨(右中)等遗迹

商时期烧烤坑

1.SH8 底部遗迹

2.SH9 底中部鹿头及石块、灰烬等堆积

3.SH7 南部石柱础

商时期烧烤坑

1. SH26(左下)、SH27(中)、SH28(右上)
底部遗迹(由东向西摄)

2. SH27南半部灰烬及小灶坑

3. SH27北半部牛头、石块与灰烬堆积

商时期烧烤坑

1.SH33(中)与 SH34(中上)及 F6 柱洞等遗迹

2.SH51 底部遗迹

商时期烧烤坑及房屋基址

1.SH59 底部遗迹

2.SH47 中部灰烬与石块等堆积

3.SH3 底部灰烬及石块等堆积

商时期烧烤坑

1.SH5 灰烬、石块等堆积

2. 自下往上:SH44、SH41(右为 SH42)、SH38、SH39、SH40(由东向西摄)

商时期烧烤坑

1.SH19 第四层石块、骨头与灰烬等堆积

2.K01 陶片堆积

3.K02 动物骨架遗迹

4.M7

商时期烧烤坑、器物坑与墓葬

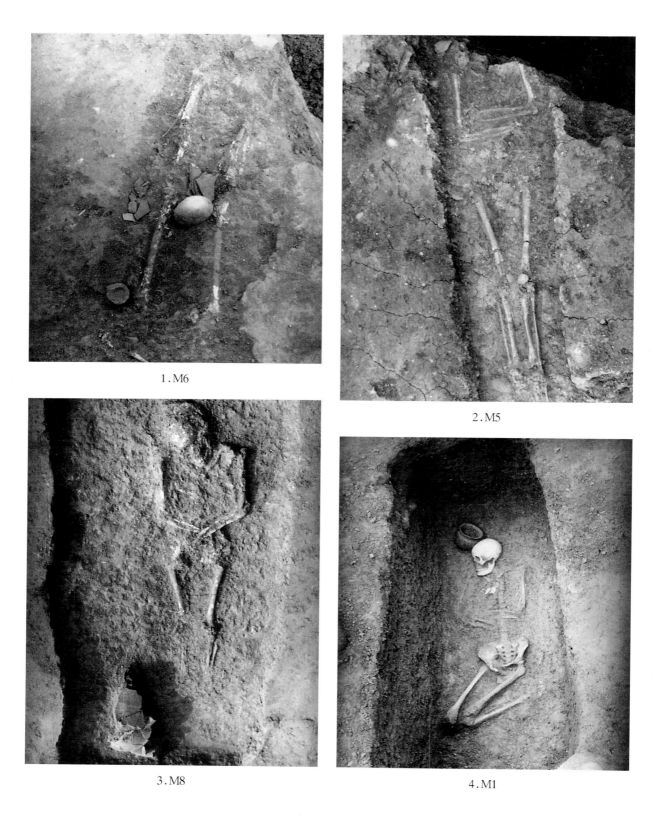

1. M6

2. M5

3. M8

4. M1

商时期墓葬

1. 仰韶文化陶锉　左起 T11⑥:3 T44⑥:1 T11⑥:2 T15⑥:1

2. 龙山时期喇叭口折肩壶 SH28:4

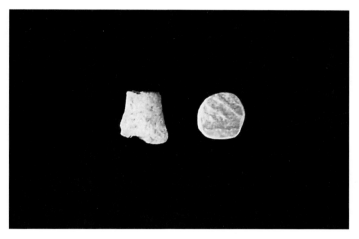

3. 左龙山时期骨匕 SH28:2　右龙山时期圆陶片 SH28:1

4. 龙山时期陶纺轮 T11⑤:1

5. 龙山时期敛口陶瓮 SH28:3

仰韶文化、龙山时期陶器及骨器

1. 宽沿大口缸 SH28：27

2. 宽沿折腹尊 SH28：5

3. 鼓腹罐 SH28：26

4. 敛口平底钵 SH28：6

龙山时期陶器

1.Aa 型Ⅰ式 SH10：1

2.Aa 型Ⅱ式 SH9：30

3.Aa 型Ⅱ式 SH8：60

4.Aa 型Ⅱ式 SH8：65

商时期陶豆

1.Aa 型Ⅱ式 SH9:10

2.Aa 型Ⅱ式 SH8:62

3.Aa 型Ⅱ式 SH9:29

4.Aa 型Ⅱ式 SH9:20

商时期陶豆

1.Ab 型Ⅰ式 SH9:11

2.Ab 型Ⅰ式 SH9:22

3.Ab 型Ⅰ式 SH8:61

4.Ab 型Ⅰ式 SH8:66

商时期陶豆

1.Ab 型Ⅱ式 SH6:4

2.Ab 型Ⅲ式 SH19:41

3.Ab 型Ⅲ式 SH26:41

4.Ab 型Ⅲ式 SH26:40

商时期陶豆

2.Ba 型 SH9：56

1.Ab 型 Ⅱ式 SH27：60

3.Ba 型 SH7：3

4.Bb 型 SH5：13

商时期陶豆

1.Ca 型 Ⅱ 式 SH3：3

2.Cb 型 Ⅱ 式 SH3：5

4.Cb 型 Ⅲ 式 SH26：36

3.Ca 型 Ⅲ 式 SH26：73

5.Cb 型 Ⅲ 式 SH26：35

商时期陶豆

1. Cb 型Ⅲ式 SH19:30

2. Ea 型Ⅱ式 SH4:1

3. Ea 型Ⅰ式 SH7:9

4. Eb 型 SH19:43

5. Ea 型Ⅱ式 SH4:6

6. F 型 SH26:71

商时期陶豆

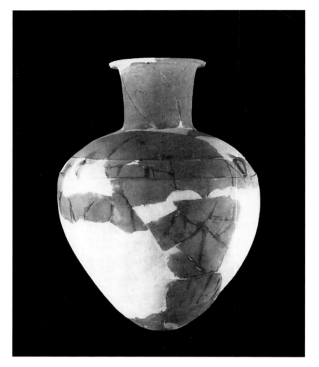

1. Ⅱ式 SH9∶86

2. Ⅲ式 M7∶3

3. Ⅳ式 SH19∶15

4. Ⅳ式 SH19∶14

商时期陶高颈小平底尊

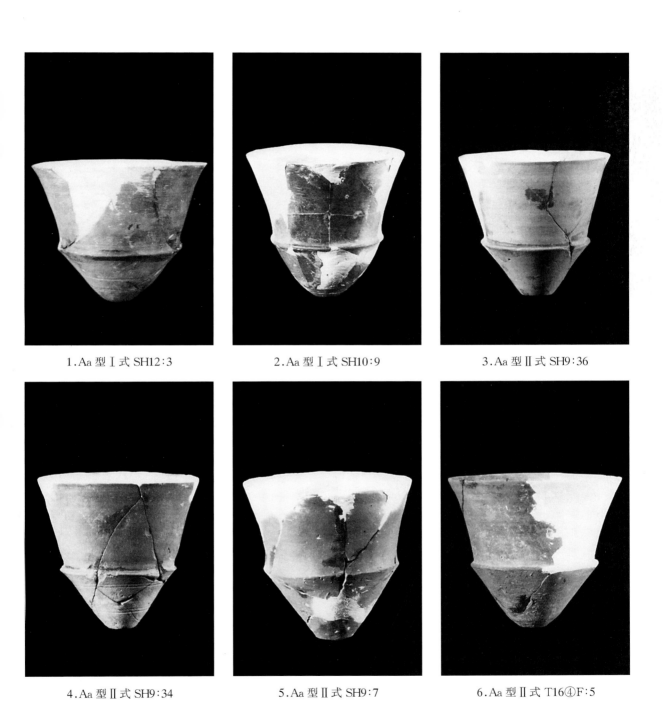

1.Aa 型Ⅰ式 SH12:3　　　2.Aa 型Ⅰ式 SH10:9　　　3.Aa 型Ⅱ式 SH9:36

4.Aa 型Ⅱ式 SH9:34　　　5.Aa 型Ⅱ式 SH9:7　　　6.Aa 型Ⅱ式 T16④F:5

商时期陶小底尊形杯

1.Aa 型Ⅲ式 SH47:16　　　　2.Aa 型Ⅳ式 SH41:10　　　　3.Aa 型Ⅳ式 SH45:1

4.Ab 型Ⅰ式 K01:12　　　　5.Ab 型Ⅰ式 K01:13　　　　6.Ab 型Ⅰ式 K01:14

商时期陶小底尊形杯

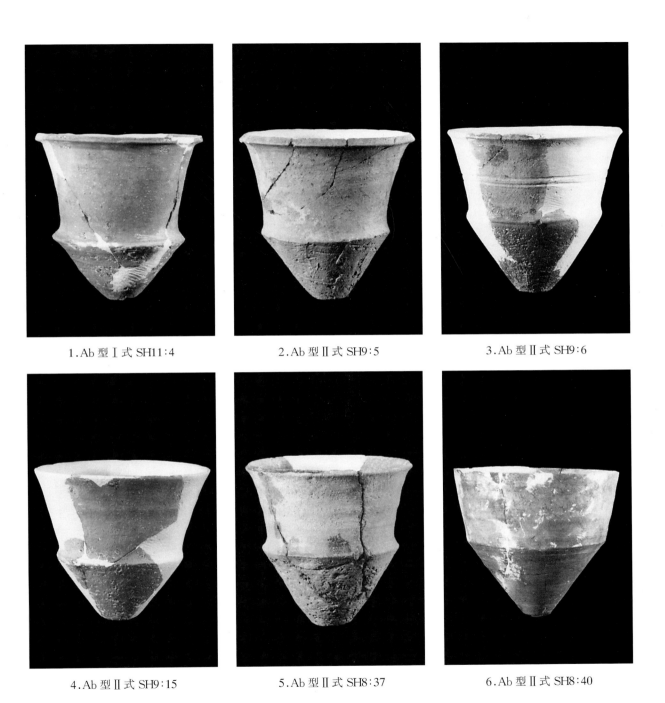

1.Ab 型 I 式 SH11:4　　　　2.Ab 型 II 式 SH9:5　　　　3.Ab 型 II 式 SH9:6

4.Ab 型 II 式 SH9:15　　　　5.Ab 型 II 式 SH8:37　　　　6.Ab 型 II 式 SH8:40

商时期陶小底尊形杯

1.Ab 型Ⅲ式 SH27:41　　2.Ab 型Ⅲ式 SH47:10　　3.Ab 型Ⅲ式 SH27:39

4.Ab 型Ⅳ式 SH3:2　　5.Ab 型Ⅴ式 M2:1　　6.Ab 型Ⅴ式 SH19:32

商时期陶小底尊形杯

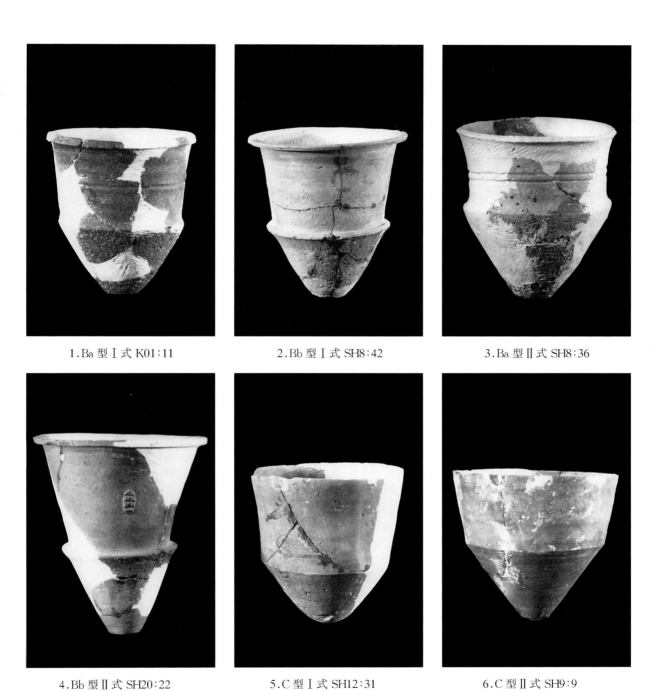

1.Ba 型Ⅰ式 K01:11　　　　　2.Bb 型Ⅰ式 SH8:42　　　　　3.Ba 型Ⅱ式 SH8:36

4.Bb 型Ⅱ式 SH20:22　　　　　5.C 型Ⅰ式 SH12:31　　　　　6.C 型Ⅱ式 SH9:9

商时期陶小底尊形杯

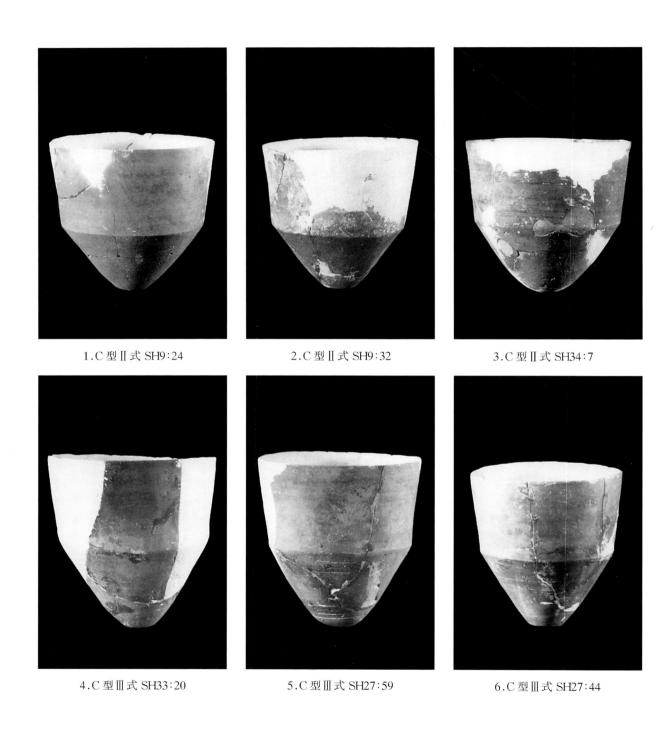

1. C 型 Ⅱ 式 SH9∶24

2. C 型 Ⅱ 式 SH9∶32

3. C 型 Ⅱ 式 SH34∶7

4. C 型 Ⅲ 式 SH33∶20

5. C 型 Ⅲ 式 SH27∶59

6. C 型 Ⅲ 式 SH27∶44

商时期陶小底尊形杯

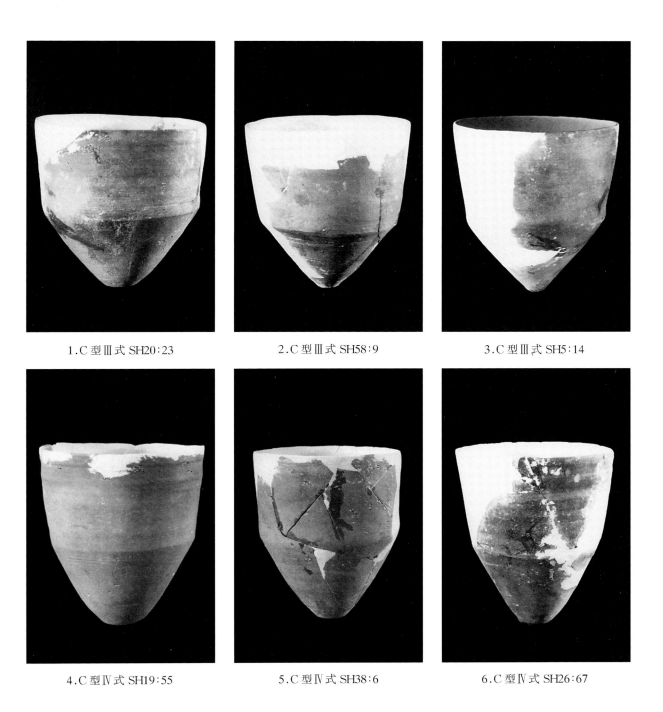

1.C型Ⅲ式 SH20:23　　　　　2.C型Ⅲ式 SH58:9　　　　　3.C型Ⅲ式 SH5:14

4.C型Ⅳ式 SH19:55　　　　　5.C型Ⅳ式 SH38:6　　　　　6.C型Ⅳ式 SH26:67

商时期陶小底尊形杯

1.C 型Ⅳ式 SH19∶33　　　　2.D 型Ⅰ式 SH33∶3　　　　3.D 型Ⅱ式 SH19∶42

4.Ea 型Ⅰ式 SH8∶4　　　　5.Ea 型Ⅰ式 SH8∶41　　　　6.Ea 型Ⅱ式 SH6∶1

商时期陶小底尊形杯

1．Ea 型Ⅱ式 SH27：61　　　2．Ea 型Ⅲ式 SH26：68　　　3．Ea 型Ⅲ式 SH26：70

4．Ea 型Ⅲ式 SH19：44　　　5．Ea 型Ⅲ式 SH26：69　　　6．Eb 型 SH26：38

商时期陶小底尊形杯

1．Ⅰ式细高柄尊形杯 SH7：29

2．Ⅱ式细高柄尊形杯 SH27：43

3．A 型Ⅱ式高圈足尊形杯 SH9：16

4．A 型Ⅱ式高圈足尊形杯 SH8：34

商时期陶细高柄尊形杯、高圈足尊形杯

1.B型Ⅰ式高圈足尊形杯 SH9:17

2.B型Ⅱ式高圈足尊形杯 SH8:33

3.长颈圈足尊 SH19:16

4.A型Ⅰ式有錾圈足尊 K01:1

商时期陶高圈足尊形杯、长颈圈足尊、有錾圈足尊

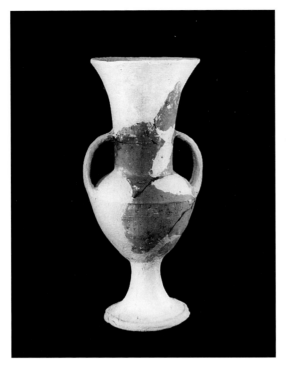

1.A型Ⅱ式 SH9:79

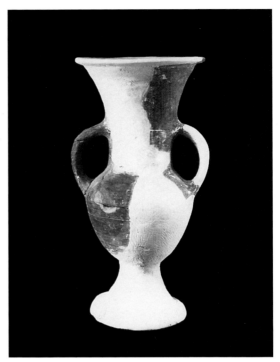

2.A型Ⅲ式 SH9:78

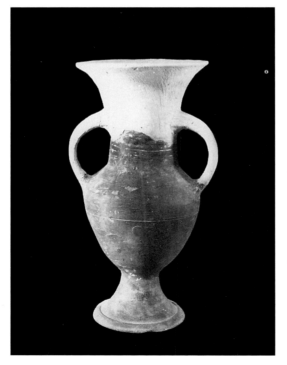

3.A型Ⅲ式 SH8:20

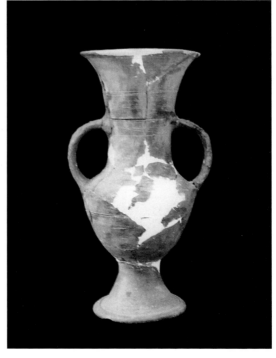

4.A型Ⅲ式 SH8:19

商时期陶有鋬圈足尊

1. Ⅱ式有柄尊 SH57：1

2. Ⅲ式扁腹壶 SH20：21

3. Ⅲ式扁腹壶 SH61：4

商时期陶有柄尊、扁腹壶

1.Ab 型Ⅰ式 SH9：80

2.Aa 型Ⅰ式 SH9：81

3.Ab 型Ⅱ式 SH27：20

4.Ad 型 SH8：67

商时期陶罍

1. Ⅱ式 SH9∶39

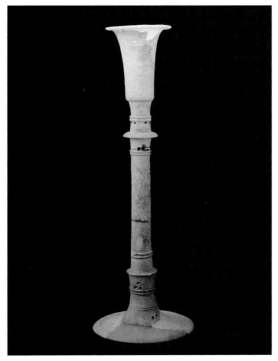

2. Ⅱ式 SH9∶41

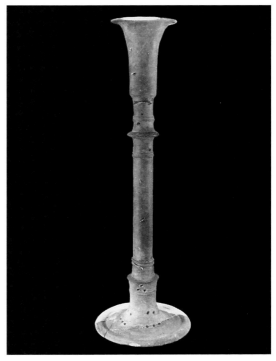

3. Ⅱ式 SH8∶28

商时期陶高柄器座

1.A 型Ⅱ式 SH9:75

2.B 型Ⅱ式 SH8:26

3.A 型Ⅲ式 M7:1

4.B 型Ⅲ式 M7:2

商时期陶圈足罐

1.AC 型 Ⅰ 式 SH11：10

2.Aa 型 Ⅱ 式 SH9：28

3.AC 型 Ⅱ 式 SH8：57

4.AC 型 Ⅲ 式 SH3：7

商时期陶簋

1. Ab 型簋 SH8:58

2. B 型 Ⅱ 式簋 SH9:35

3. 尊形双耳罐 SH12:30

商时期陶簋、尊形双耳罐

1.A型Ⅳ式 SH26:43

2.B型Ⅱ式 SH8:18

3.B型Ⅱ式 SH9:108

4.B型Ⅲ式 SH33:2

商时期陶釜

1.B 型Ⅲ式 SH48:4

2.B 型Ⅲ式 SH51:6

3.B 型Ⅳ式 SH19:29

4.B 型Ⅳ式 SH19:21

商时期陶釜

1.B 型Ⅳ式 SH26：45

2.C 型Ⅱ式 SH8：21

3.D 型Ⅲ式 SH58：6

4.D 型Ⅲ式 SH47：13

商时期陶釜

1.D 型 Ⅳ 式釜 SH26∶42

2.F 型釜 M1∶1

3.Ⅰ式圆腹罐 SH9∶106

4.Ⅱ式圆腹罐 SH33∶1

商时期陶釜、圆腹罐

1. Ⅲ式圆腹罐 SH19∶31

2. Ⅱ式大口深腹罐 SH8∶16

3. Ⅲ式大口深腹罐 SH33∶16

4. Ⅲ式大口深腹罐 SH57∶12

商时期陶圆腹罐、大口深腹罐

1.A型Ⅰ式 SH27：16

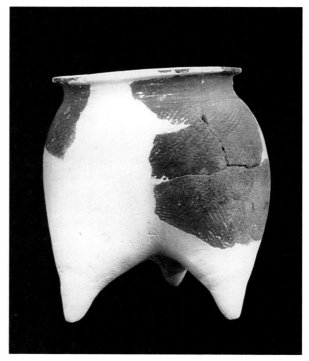

2.A型Ⅱ式 SH27：17

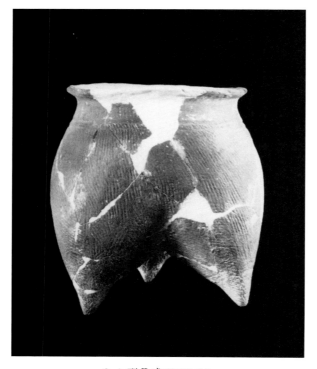

3.A型Ⅱ式 SH27：18

4.A型Ⅱ式 SH58：8

商时期陶鬲

1. A型Ⅲ式 SH20：18

2. A型Ⅲ式 SH5：9

3. A型Ⅳ式 SH26：34

商时期陶鬲

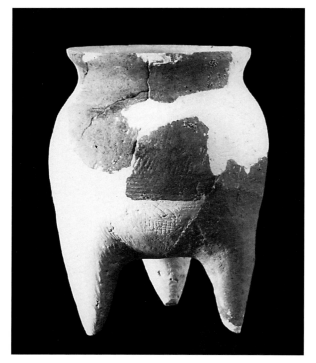

1. Ⅱ式 SH9:31

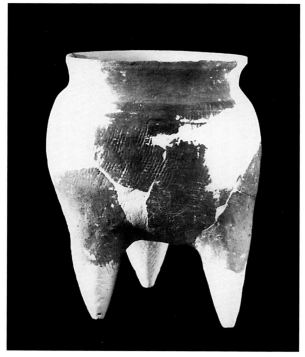

2. Ⅱ式 SH9:13

3. Ⅱ式 SH8:84

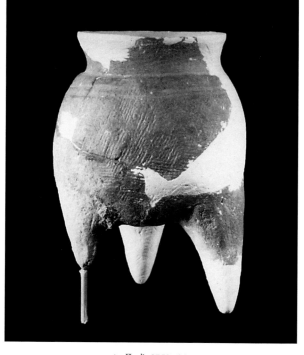

4. Ⅱ式 SH9:23

商时期陶锥足鼎

1.A型Ⅰ式小底钵 SH9:84

2.B型Ⅰ式小底钵 SH3:6

3.A型Ⅱ式小底钵 SH27:19

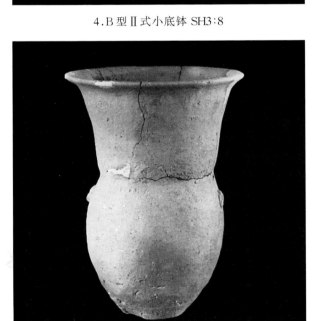

4.B型Ⅱ式小底钵 SH3:8

5.尊形小罐 SH10:7

6.高颈尊形罐 SH48:5

商时期陶小底钵、尊形罐

1. 觚 SH8：27

2. 觚 SH9：38

3.A 型筒形杯 SH11：15

4.B 型筒形杯 SH12：27

商时期陶觚、陶觚形杯

1. Ⅰ式器盖 SH11∶14

2. Ⅱ式器盖 SH9∶131

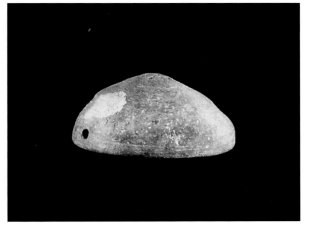

3. Ⅲ式器盖 SH48∶6

4. A 型盅 SH11∶12

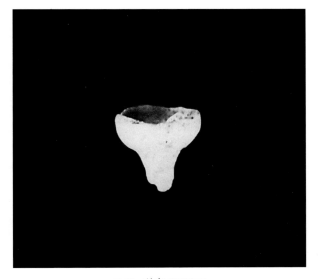

5. Ba 型盅 SH22∶1

6. Bb 型盅 SH22∶6

商时期陶器盖、陶盅

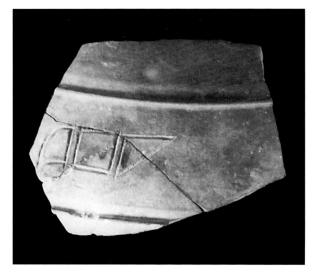

1. AC 型目纹 SH9:42

2. Aa 型目纹 SH9:72

3. Ba 型目纹 上左 SH9:126 右 SH7:32 下 T16④G:6

4. 器柄 SH17:1

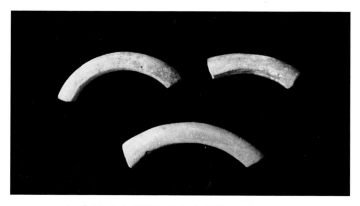

5. 陶环 上左 SH22:1 上右 SH2:1 下 SH48:2

商时期目纹陶片、陶环、器柄

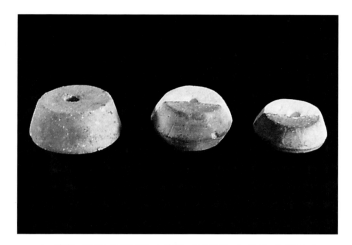

1．纺轮 左Ⅲ式 SH20：4 中Ⅰ式 SH11：1 右Ⅱ式 SH3：1

2．陶支垫 SH65：1

3．陶鸟喙形器柄 SH51：2

4．左陶棒 SH26：23　右圆陶片 SH47：2

5．木骨泥墙烧土块 左上 SH33：2
左下 SH45：1 右 SH22：5

商时期陶纺轮、支垫等

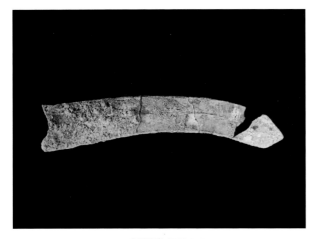

1. 青铜镰 SH26:4

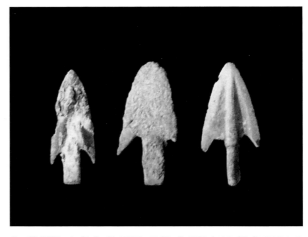

2. 青铜镞 左起 I 式 SH51:5 Ⅲ式 SH26:21 Ⅱ式 SH20:3

3. 青铜镰 上 SH41:2 下 SH41:3

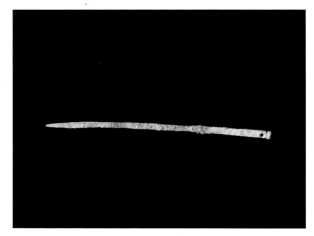

4. 青铜针 SH47:1

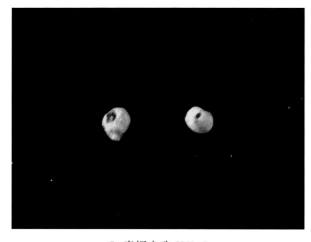

5. 青铜串珠 SH9:5

6. 青铜器柄 SH9:1

商时期青铜器

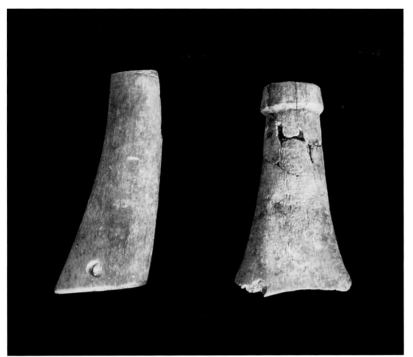

1. 骨发饰 左 A 型 SH27∶6 右 B 型 SH7∶1

2.C 型骨发饰 SH27∶2

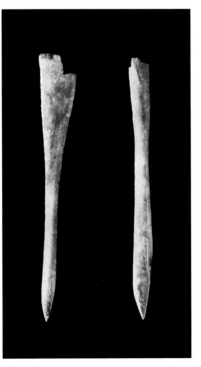

3.A 型骨笄 SH9∶1　　4.B 型骨笄 左 SH26∶13 右 SH19∶4　　5. 骨铲 SH19∶13

商时期骨发饰、骨笄、骨铲

1. 左起 A 型 I 式 SH9：3　A 型 II 式 SH27：13、SH27：14、SH26：22

2. A 型 III 式 上左起 SH26：20、32、6 下左起 SH26：24、5、15、7

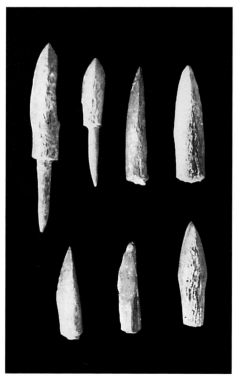

4. A 型 II 式　左起 SH27：5、SH9：2、SH27：4、SH42：1、SH27：15

3. A 型 III 式 上左起 SH27：8、SH26：10、SH22：2、SH51：3
　　下左起 SH26：33、SH19：7、SH26：1

商时期骨镞

1.A 型 Ⅳ 式镞 左起 SH26:16、SH19:5、SH26:26

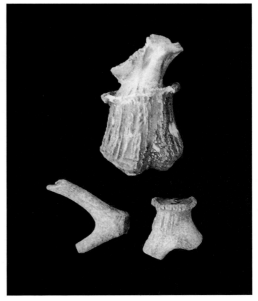

2.骨料 上 SH26:29 下左 SH48:1 下右 SH20:5

3.左起 Ba 型 Ⅰ 式镞 SH8:1、SH18:1、
　　SH27:3、SH31:1、Ba 型 Ⅱ 式镞 SH19:3

4.鹿头骨 SH40:13
5.左 Bb 型镞 SH26:2
　　右 C 型镞 SH51:1

商时期骨镞等

1. 石圭 上 B 型 M1：2
中 Ab 型 M1：3 下 Aa 型 M1：4

2. 左石圭形器 SH26：27 右蚌圭形器 SH20：1

3. 石斧 左起 SH36：2、T16④F：3、SH11：6

4. 石砧 SH19：11

5. 石斧 左起 SH42：2、SH64：1、SH2：6

商时期石、蚌器

1. 左起砺石 SH33:1、
   石斧 SH22:4、石砧 SH20:5

2. 左起石刮削器 SH26:9、小石刀 SH20:2

3. 取火石　上 SH26:19、SH26:18
   下左起 SH12:1、SH12:2、SH27:64

商时期石砧、取火石等

1. K7

2. K1 底层遗迹及其打破的商时期 SH57

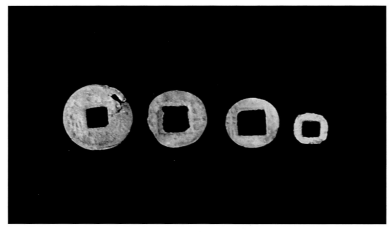

3. 左起"货泉"铜钱 K2:1 "五铢"铜钱 T04③:3、K3:2、T28③A:3

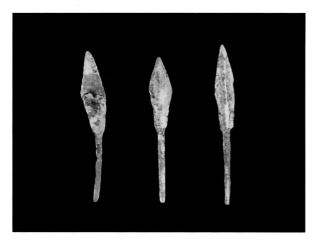

4. 铜镞 左起 T28③A:4、T27③:4、T27③:1

5. B型陶盆 T44③:2

汉代储藏坑及汉代遗物